新时代长三角地区资源型城市

创新驱动转型发展研究

韩建雨◎著

XINSHIDAI CHANGSANJIAO DIQU
ZIYUANXING CHENGSHI CHUANGXIN QUDONG ZHUANXING
FAZHAN YANJIU

中国经济出版社
CHINA ECONOMIC PUBLISHING HOUSE
·北京·

图书在版编目（CIP）数据

新时代长三角地区资源型城市创新驱动转型发展研究 / 韩建雨著 . --北京：中国经济出版社，2022. 10

ISBN 978-7-5136-7140-8

Ⅰ. ①新… Ⅱ. ①韩… Ⅲ. ①长江三角洲—城市经济—转型经济—研究 Ⅳ. ①F299. 275

中国版本图书馆 CIP 数据核字（2022）第 197546 号

责任编辑　郭国玺
责任印制　马小宾
封面设计　任燕飞工作室

出版发行　中国经济出版社
印 刷 者　北京建宏印刷有限公司
经 销 者　各地新华书店
开　　本　710mm×1000mm　1/16
印　　张　15
字　　数　220 千字
版　　次　2022 年 10 月第 1 版
印　　次　2022 年 10 月第 1 次
定　　价　98. 00 元
广告经营许可证　京西工商广字第 8179 号

中国经济出版社 **网址** www. economyph. com **社址** 北京市东城区安定门外大街 58 号 **邮编** 100011
本版图书如存在印装质量问题，请与本社销售中心联系调换（联系电话：010-57512564）

本书为
安徽省哲学社会科学规划项目（项目批准号：AHSKHQ2018D07）
研究成果

目　录

引　言 …………………………………………………………………… 1

第一章　长三角地区资源型城市发展现状与转型效果评价 ……………… 4
　第一节　长三角地区资源型城市发展现状及特征 ……………………… 4
　　一、长三角地区资源型城市数量与类型 ……………………………… 4
　　二、长三角地区资源型城市空间分布特征 …………………………… 5
　　三、长三角地区典型资源型城市转型发展情况 ……………………… 6
　第二节　新时代长三角地区资源型城市转型发展 SWOT 分析 ………… 10
　　一、新时代长三角地区资源型城市转型发展优势 …………………… 10
　　二、新时代长三角地区资源型城市转型发展劣势 …………………… 14
　　三、新时代长三角地区资源型城市转型发展机遇 …………………… 16
　　四、新时代长三角地区资源型城市转型发展威胁 …………………… 21
　第三节　长三角地区资源型城市转型效率 ……………………………… 23

第二章　长三角地区资源型城市转型发展的实践探索与经验总结 ………… 26
　第一节　长三角地区资源型城市转型发展的实践探索 ………………… 26
　　一、安徽省资源型城市转型发展实践探索历程与政策实施要点 ……… 26
　　二、江苏省资源型城市转型发展实践探索历程与政策实施要点 ……… 32
　　三、浙江省资源型城市转型发展实践探索历程与政策实施要点 ……… 34
　第二节　长三角地区资源型城市转型发展的经验总结 ………………… 36
　　一、政府主导顶格谋划 ……………………………………………… 36
　　二、传统优势与新兴产业并重 ……………………………………… 37

三、双招双引汇聚创新资源 …… 37
四、凝聚共识聚力转型 …… 38

第三章 新时代长三角地区资源型城市转型发展新内涵与目标 …… 40
第一节 经济转型实现高质量发展 …… 40
第二节 产业结构转型升级 …… 41
第三节 社会和谐和共享发展 …… 42
第四节 绿色低碳转型发展深入推进 …… 43
第五节 城镇化发展质量优化提升 …… 44

第四章 新时代长三角地区资源型城市转型发展动能转换机制 …… 46
第一节 构筑转型发展动能转换机制需要处理好的关系 …… 46
一、统筹规划与分类指导的关系 …… 46
二、资源型产业与战略性新兴产业的关系 …… 47
三、工业与农业、城市与农村的关系 …… 47
四、城市转型发展与社会发展、共同富裕的关系 …… 48
五、经济发展与绿色发展的关系 …… 49
六、城市转型与统一大市场的关系 …… 50
七、政府财力支持与可持续发展长效机制建设的关系 …… 51
第二节 构筑转型发展动能转换机制的长效保障 …… 52
一、创新资源型城市可持续发展的体制机制 …… 52
二、完善资源型城市可持续发展的财政支持机制 …… 52
三、健全资源型城市转型与可持续发展的投融资机制 …… 52
四、强化科技人才支撑机制，培育资源型城市创新能力 …… 53
五、实施项目带动机制，支持重大项目向资源型城市布局 …… 54
第三节 资源型城市转型发展动能转换模型的构建 …… 54
一、资源型城市转型发展动能转换模型的理论借鉴 …… 55
二、资源型城市转型发展动能转换模型的理论构建 …… 56

第四节　新时代资源型城市转型发展动力要素分析 …………………… 58
一、资源要素承载力系统动力不足，亟须寻求更高级生产要素 ……… 59
二、政府外生推动力系统作用显著，市场竞争原动力系统作用滞后 …………………………………………………………………… 59
三、资源型经济挤出创新特征明显，科技创新驱动力系统乏力 ……… 60
第五节　新时代资源型城市转型发展的动力选择 …………………… 61
一、新时代对资源型城市转型发展的动力要求 ………………………… 61
二、新时代资源型城市转型和可持续发展的动力转换机制 …………… 61
第六节　新时代长三角地区资源型城市转型发展动力转换系统及其作用机制 ……………………………………………………………… 68
一、优化升级资源要素承载力系统，最大限度发挥市场竞争原动力系统作用 …………………………………………………………… 68
二、强化科技创新驱动力系统，促进单一资源型产业转型现代产业体系 …………………………………………………………………… 69
三、注重政府外生推动力系统辅助动力作用，保障系统有效运行 …… 70

第五章　国内外典型资源型城市转型发展经验比较与政策启示 ………… 72
第一节　国外典型资源型城市转型发展实践探索与实施政策 ………… 72
一、北美洲典型资源型城市——美国休斯敦 …………………………… 72
二、欧洲典型资源型城市——德国鲁尔、法国洛林、英国伯明翰 …… 73
三、亚洲典型资源型城市——日本九州 ………………………………… 77
第二节　国内典型资源型城市转型发展实践探索与实施政策 ………… 78
一、东北地区典型资源型城市——辽宁阜新、黑龙江大庆 …………… 78
二、西南地区典型资源型城市——四川攀枝花 ………………………… 82
三、中部地区典型资源型城市——河南焦作、江苏徐州贾汪区、安徽铜陵 ………………………………………………………………… 84
第三节　国内外典型资源型城市转型发展经验比较 …………………… 87
一、资源型城市相同转型发展经验 ……………………………………… 87

二、资源型城市不同转型发展经验 …………………………………………… 88
第四节　国内外典型资源型城市转型发展政策启示 …………………… 89
一、适时开启转型，及早及时谋划 ………………………………………… 89
二、破除观念樊笼，主动寻求转型 ………………………………………… 90
三、市场主导资源配置，政府通过规划引导 ……………………………… 90
四、产业转型带动城市转型，着重发展接续替代产业 …………………… 91
五、强化发展要素保障，汇聚科技创新力量 ……………………………… 92
六、践行“两山”理念，努力打造绿色低碳城市 ………………………… 92

第六章　新时代长三角地区资源型城市创新驱动转型发展战略思路 ……… 94
第一节　新时代长三角地区资源型城市创新驱动转型发展的总体战略思路与路径 ……………………………………………………………… 94
一、新时代长三角地区资源型城市创新驱动转型发展的总体战略思路 ……………………………………………………………………… 94
二、新时代长三角地区资源型城市创新驱动转型发展的路径 ………… 95
第二节　不同类型资源型城市转型发展的基本路径与思路 ……………… 97
一、煤炭资源型城市转型发展的基本路径与思路 ………………………… 97
二、石油资源型城市转型发展的基本路径与思路 ………………………… 98
三、综合型资源型城市转型发展的基本路径与思路 ……………………… 100

第七章　新时代长三角地区资源型城市创新驱动转型发展长效机制 …… 101
第一节　创新赋能升级产业结构是长三角地区资源型城市创新驱动转型发展的基础 …………………………………………………………… 101
第二节　协调发展加强区域统筹是长三角地区资源型城市创新驱动转型发展的抓手 …………………………………………………………… 103
第三节　生态优先坚持绿色发展是长三角地区资源型城市创新驱动转型发展的前提 …………………………………………………………… 104

第四节 内外联动聚焦开放合作是长三角地区资源型城市创新驱动转型发展的关键 …… 105
第五节 注重共享切实改善民生是长三角地区资源型城市创新驱动转型发展的根本 …… 106

第八章 新时代长三角地区资源型城市创新驱动转型发展实施保障与政策建议 …… 108
第一节 总体实施保障与政策建议 …… 108
一、盘活存量 …… 108
二、扩增流量 …… 112
三、创新引领 …… 113
四、务实突破 …… 114
五、融合共赢 …… 115
六、制度保障 …… 116
第二节 分省实施保障与政策建议 …… 117
一、安徽省资源型城市转型发展政策建议 …… 117
二、江苏省资源型城市转型发展政策建议 …… 118
三、浙江省资源型城市转型发展政策建议 …… 119

第九章 新时代安徽省资源型城市创新驱动转型发展问题与政策建议 …… 121
第一节 安徽省资源型城市转型发展历程与成效 …… 121
一、安徽省资源型城市转型发展历程 …… 121
二、安徽省资源型城市转型发展成效 …… 125
第二节 安徽省资源型城市创新驱动转型发展的基础条件与现实问题 …… 127
一、安徽省资源型城市创新驱动转型发展的基础条件 …… 127
二、安徽省资源型城市可持续发展面临的挑战 …… 129
三、安徽省资源型城市发展面临的难题 …… 129

第三节　安徽省资源型城市创新驱动转型发展政策建议 ……………… 131
一、因地制宜优化产业结构，统筹推进三产发展 ………………… 131
二、目标导向健全生态保护体系，不断改善环境质量 ……………… 132
三、协调各方补齐民生“短板”，提高生活保障水平……………… 132
四、深化投资壮大人力资本，夯实创新驱动根本 ………………… 133
五、市场牵引坚持对外开放，打造高水平合作新格局 ……………… 133
六、政府主导强化政策支撑，建立精确化长效机制 ………………… 134

第十章　新时代安徽省资源型城市可持续发展能力评价与长效机制构建 ……………………………………………………………… 135
第一节　安徽省资源型城市可持续发展能力评价 …………………… 135
一、评价方法和指标构建 ………………………………………… 135
二、安徽省资源型城市可持续发展能力评价分析 ………………… 138
第二节　新时代安徽省资源型城市可持续发展长效机制构建 ………… 148
一、创新引领强化核心竞争力 …………………………………… 148
二、协调布局培育发展新动能 …………………………………… 149
三、绿色发展提高生态延续性 …………………………………… 150
四、对外开放强化转型驱动力 …………………………………… 151
五、共享成果增强人民幸福感 …………………………………… 152

第十一章　新时代安徽省资源型城市创新驱动转型发展的金融支持 …… 154
第一节　资源型城市创新驱动转型发展的金融视角 ………………… 154
第二节　安徽省资源型城市创新驱动转型发展面临的现实问题和困难 ………………………………………………………… 155
一、企业活力不足，创新能力亟待强化 ………………………… 156
二、人力水平偏低，引才途径有待拓展 ………………………… 157
三、创新制度掣肘，融资渠道不畅通 …………………………… 157
四、服务体系不健全，金融服务发展滞后 ……………………… 159

第三节　国内典型城市实施创新驱动转型发展战略的金融支持经验启示 …… 159
第四节　新时代安徽省资源型城市创新驱动转型发展的金融支持政策建议 …… 162
一、建立人才培养基金，提高引才聚智力度 …… 162
二、完善金融服务体系，多点布局消除阻碍 …… 162
三、加强金融支持力度，推进产学研一体化发展 …… 163
四、推进金融制度创新，优化投融资环境 …… 164

第十二章　新时代安徽省资源型城市创新驱动转型发展过程中的反贫困问题 …… 165
第一节　资源型城市创新驱动转型发展中的反贫困问题 …… 165
第二节　安徽省资源型城市反贫困现状与进展 …… 171
一、安徽省资源型城市基本情况 …… 171
二、安徽省资源型城市相对贫困现状 …… 172
三、安徽省资源型城市巩固脱贫攻坚进展 …… 173
四、巩固脱贫攻坚成果面临的问题 …… 174
第三节　安徽省资源型城市贫困治理评估实证分析 …… 182
一、方法与模型 …… 182
二、指标的选取 …… 183
三、实证研究 …… 186
第四节　国际反贫困与贫困治理经验及启示 …… 195
一、发达国家反贫困措施 …… 195
二、发展中国家反贫困措施 …… 198
三、国外反贫困经验启示 …… 201
第五节　新时代安徽省资源型城市创新驱动转型发展过程中反贫困的政策建议 …… 203
一、增强经济发展可持续性，提升地方政府财政能力 …… 203

二、构建多维贫困指标体系，制定资源型城市贫困标准 …………… 204
三、优化产业结构促进就业，多措并举创新信贷机制 …………… 205
四、完善城市社会保障制度，加大社会保障改革力度 …………… 206
五、通过创新加快沉陷区治理，推进生态环境修复建设 …………… 207
六、推动非资源型城市合作，促进区域协调稳定发展 …………… 208

参考文献 ……………………………………………………………… 209

后　记 ………………………………………………………………… 225

引 言

资源型城市转型发展问题是一个世界性难题，也是我国进入高质量发展阶段后必须严肃面对的严峻现实问题，是一个关系到我国亿万人民群众切身福祉的重大政治、经济和社会问题。

我国已经认定的资源型城市有 262 个，其中，地级行政区 126 个，县级市 62 个，县 58 个，市辖区 16 个。长三角地区资源型城市包括 12 个地级行政区、4 个县级市（县）、1 个市辖区。从空间分布来看，主要分布在苏北、浙南和皖北、皖西等长三角经济欠发达地区。长三角地区资源型城市呈现出明显的空间覆盖面积广、涉及人口数量众多、集中分布在后发地区、经济增长动力缺乏等特征。

自 2001 年以来，国家持续高度关注资源型城市转型与可持续发展问题。2007 年 12 月，国务院发布《国务院关于促进资源型城市可持续发展的若干意见》（国发〔2007〕38 号）。2013 年 11 月，国务院发布《全国资源型城市可持续发展规划（2013—2020 年）》（以下简称《规划》）。2014 年 9 月，国务院发布《国务院关于依托黄金水道推动长江经济带发展的指导意见》（国发〔2014〕39 号）。2016 年，“十三五”规划纲要对我国及长三角地区资源型城市转型与可持续发展问题给予高度重视。2017 年 10 月，中国共产党第十九次全国代表大会报告指出要支持资源型地区经济转型发展。《中华人民共和国国民经济和社会发展第十四个五年规划纲要》提出要大力发展绿色经济、绿色矿业，并在山西深入推进国家资源型经济转型综合配套改革试验区建设和能源革命综合改革试点。2021 年 11 月，国家发改委等部门发布《“十四五”支持老工业城市和资源型城市产业转型升级示范区高质量发展实施方案》（以下简称《实施方案》），提出要引领带动全国老工业城市和资源型城市振兴发展。为解决资源型城市转型和可持续发展问题，国家陆续作出重要战略决策并相继出台一系列配套政策文件，针对资源型城市尤其是资源枯竭城市转型发展的多重支持政策持续加码。目前来看，资源枯竭城市转型发展已取得阶段性成果，资源型城市转型和可持续发展长效机制已基本建立。但是，资源型城市转型中碳减排压力大、富集地区创新发展能力不足、独立工矿区和采煤沉陷区生态修复难度大、公共服务设施与人民群众的需求不匹配等问题急需解决，资源型城市仍需夯实转型基础。

中国特色社会主义已全面进入新时代，这是我国发展新的历史方位，是党中央从党和国家事业发展的全局视野、从改革开放40余年历程取得的历史性成就和历史性变革的方位上作出的重大科学判断。中国特色社会主义进入新时代，我国社会主要矛盾将转化为人民日益增长的美好生活需要和不平衡不充分的发展之间的矛盾，发展不平衡不充分已经成为满足人民日益增长的美好生活需要的主要制约因素。新时代意味着主动适应、把握、引领经济发展新常态，新常态下要有新作为。国内外发展环境更加错综复杂和曲折多变，我们必须切实贯彻落实创新、协调、绿色、开放、共享的新发展理念，继续深入推进实施创新驱动发展战略，让创新成为引领我国发展的第一动力，以提高发展质量和效益为中心，以供给侧结构性改革为主线，加快形成引领经济发展新常态的体制机制和发展方式。新时代意味着我国经济增长速度由高速增长转为中高速增长、经济结构优化升级要求剧增、发展动力由要素和投资驱动转向创新驱动。在新时代这一新的宏观背景下，资源型城市这一充分聚集了发展不平衡不充分矛盾的典型区域的转型发展也会被赋予更丰富的含义，面临更复杂的现实困难和障碍。在过去的10余年间，我国经济增长保持着世界历史上少有的高速度，资源型城市转型发展还存在诸多困难和矛盾问题，新时代，我国发展面临百年未有之大变局，新一轮科技革命和产业变革加速发展，国内改革发展稳定任务艰巨繁重，国际形势错综复杂，在新形势下，我国资源型城市转型和可持续发展面临的困难和形势将更加严峻和复杂。

《规划》提出，到2020年，我国资源型城市“转变经济发展方式取得实质性进展，建立健全促进资源型城市可持续发展的长效机制”，资源型城市

“可持续发展能力显著增强，转型任务基本完成”。《推进资源型地区高质量发展“十四五”实施方案》提出，到2025年，资源型地区“创新引领、加快转型、多元支撑的现代产业体系基本建立，公共服务体系普遍覆盖，绿色宜居环境初步形成，民生福祉不断增进”。《“十四五”特殊类型地区振兴发展规划》强调要进一步推进资源型地区转型发展，完善可持续发展长效机制，提出到2025年分别创建10个左右资源枯竭城市可持续发展示范市（区）和资源富集地区转型创新试验区。可以预见，一面是艰巨而紧迫的转型发展任务，一面是更加复杂严峻的国际国内经济发展形势和环境，在此种形势下，我们有必要深入研究以下问题：

（1）新时代资源型城市转型和可持续发展的新内涵和目标是什么？

（2）新时代资源型城市转型和可持续发展的新动力是什么？

（3）新时代资源型城市转型和可持续发展的现实制约和政策障碍以及应对措施是什么？

（4）长三角地区资源型城市能否率先在新时代顺利实现转型发展？能否探索一种资源型城市区域性连片转型发展的成熟模式？

（5）资源型城市创新驱动转型发展的金融体系构建及支持和反贫困问题如何破解？

伫立在新的历史节点，回望走过的路途，翘首未来的方向，研究这些问题复杂、紧迫、重要而又富有挑战性。

第一章　长三角地区资源型城市发展现状与转型效果评价

第一节　长三角地区资源型城市发展现状及特征

一、长三角地区资源型城市数量与类型

根据对长三角地区资源型城市经济统计数据的综合分析，结合国家资源型城市界定标准，长三角地区资源型城市包括12个地级行政区、4个县级市（县）、1个市辖区，可分为煤炭、金属、油气和综合等类型，其中，淮北市和铜陵市在2009年被国务院确定为国家第二批资源枯竭城市。2020年，长三角地区资源型城市常住人口在5100万左右，资源型城市常住人口占总的常住人口比例在22%左右，也就是说，在长三角地区大约每4个人之中就有1个是资源型城市的人口。如表1-1所示，从区域来看，资源型城市浙江省1个，江苏省2个，而安徽省高达9个。从2021年地区生产总值来看，三省一市中，江苏省为11.64万亿元，浙江省为7.35万亿元，上海市为4.32万亿元，安徽省为4.30万亿元。可以看出，安徽省资源型城市数量多，转型任务重，转型配套资金薄弱，转型过程面临着更多困难。

从资源型城市的生产总值在各自省份的排名来看，资源型城市均比较靠后，经济底子薄，城市可持续发展面临严峻挑战，特别是一些资源枯竭城市历史遗留问题比较严重，棚户区改造、沉陷区治理、环境污染、生态修复、大量人口外流、社会保障等问题比较突出，此外，城市经济的发展对资源的

依赖性依然较强，产业结构固化、产业体系不完善，接续替代产业支撑保障能力弱，这些问题都是造成资源型城市地区生产总值偏低的原因。

表 1-1　长三角地区资源型城市名单及其 2021 年 GDP 排名

省份	地级行政区	县级市	县	市辖区
江苏	徐州市（6/13）、宿迁市（13/13）			贾汪区
浙江	湖州市（8/11）		武义县 青田县	
安徽	宿州市（7/16）、淮北市（13/16）*、亳州市（9/16）、淮南市（12/16）、滁州市（3/16）、马鞍山市（6/16）、铜陵市（14/16）*、池州市（15/16）、宣城市（11/16）	巢湖市	颍上县	

注：* 表示被国家确定为资源衰退型城市。地级行政区括号内第一个数字表示 2021 年该地区在该省份 GDP 排名，第二个数字为该省份地级行政区数量。

二、长三角地区资源型城市空间分布特征

长三角地区资源型城市地理环境与形成区域矿产资源的地质运动直接相关。随着地质历史演进和地表演化，形成了相应的煤、铁、铜、油气等矿产资源，构造出了长三角地区的基本地理轮廓，最终形成了长三角地区资源型城市的分布特征。

从长三角地区资源型城市的空间分布来看，资源型城市在空间上形成了两个空间连片区，一个是以淮北市、徐州市为中心的淮河流域区，是以煤炭资源为主的集中区；另一个是以铜陵市、马鞍山市为中心的长江流域区，是以铜铁矿产资源为主的集中区。

一般来说，资源型城市分为四类：成长型城市、成熟型城市、衰退型城市和再生型城市。从长三角空间区域来看，成熟型城市包括湖州市、宿州市、亳州市、淮南市、滁州市、池州市、宣城市、巢湖市，这些城市的资源开发处于稳定阶段，资源保障能力强，经济社会发展水平较高，是长三角地区能源资源安全保障核心区。衰退型城市包括淮北市、铜陵市，这两个城市的资源趋于枯竭，经济发展滞后，生态环境和民生问题突出，是转型发展的重难

点地区。不过，两市在参加全国资源枯竭城市年度转型绩效考评中，铜陵市六次获评优秀等次，淮北市连续4年获评良好以上等次。再生型城市包括徐州市、宿迁市以及马鞍山市，这些城市基本摆脱了资源依赖，经济结构优化升级，是资源型城市转型发展先行区。总体而言，长三角地区资源型城市呈现出明显的空间覆盖面积广、涉及人口数量众多、集中分布在后发地区、经济增长动力缺乏等特征。

三、长三角地区典型资源型城市转型发展情况

（一）江苏省典型资源型城市——徐州市转型发展情况

徐州市位于江苏省北部，是江苏省第二大城市，也是中国重要的煤炭产地之一。徐州市已探测到的煤炭储量达73亿吨以上，发展煤炭工业有着十分优越的资源条件，井盐、钾矿、石膏资源也十分丰富。20世纪80年代前，徐州市由于其丰富的煤炭资源，一直是煤炭工业占据主导地位，其中，工业产业又以原材料工业为主体，能源、建材、化工、冶金等高耗能的产业产值占据工业总产值的50%以上。至今，徐州市已有近140年的煤炭开采史，最高年产量达到2500万吨。进入21世纪后，徐州市煤炭产量呈现缓慢下降的趋势，一直以来工业产值的扩大过度依赖煤炭资源，导致煤炭资源不断消耗甚至濒临枯竭，生态环境遭到巨大破坏。

新时代，徐州市依托成熟的煤炭产业开始积极发展非煤产业，加大技术创新投资力度，目前已建成省级以上创新平台200多个，大中型工业及规模以上高新企业研发机构达700多家。大力发展工程机械与智能装备、新能源、食品及农副产品加工、建筑建材等战略性新兴产业和先进制造业，发展成为“中国工程机械之都”。徐州市的代表性企业徐工集团坚持自主创新，着力解决高附加值、关键基础零部件短缺的制约问题，营业收入大幅提升，跻身世界工程机械前四强。同时，徐州市进行国家服务业综合改革试点，旅游业等服务性产业得到较大发展，服务业增加值年均增长8.9%。在新时代大环境下，徐州市不断变革，科学技术水平不断提升，产业结构不断优化。数据显示，近年来，徐州市第三产业发展势头良好，增速较快，三大产业比重逐渐

趋于合理（见表 1-2 和图 1-1）。徐州市注重加强生态治理，改善人居环境，并实施生态修复 3 年行动计划，向全球发布生态修复技术“徐州标准”，获批全国首批“无废城市”创建试点。通过不断调整，徐州市走出了一条新型资源型城市转型道路。

表 1-2　徐州市 2014—2021 年三次产业增加值

单位：亿元

产业增加值	2014 年	2015 年	2016 年	2017 年	2018 年	2019 年	2020 年	2021 年
第一产业增加值	473.56	504.76	542.89	600.54	631.39	682.80	718.68	743.34
第二产业增加值	2290.26	2355.06	2513.85	2884.00	2812.02	2886.18	2931.61	3376.02
第三产业增加值	2200.09	2460.06	2751.78	3121.41	3311.82	3582.37	3669.48	3998.08

资料来源：历年《徐州统计年鉴》、国民经济和社会发展统计公报。

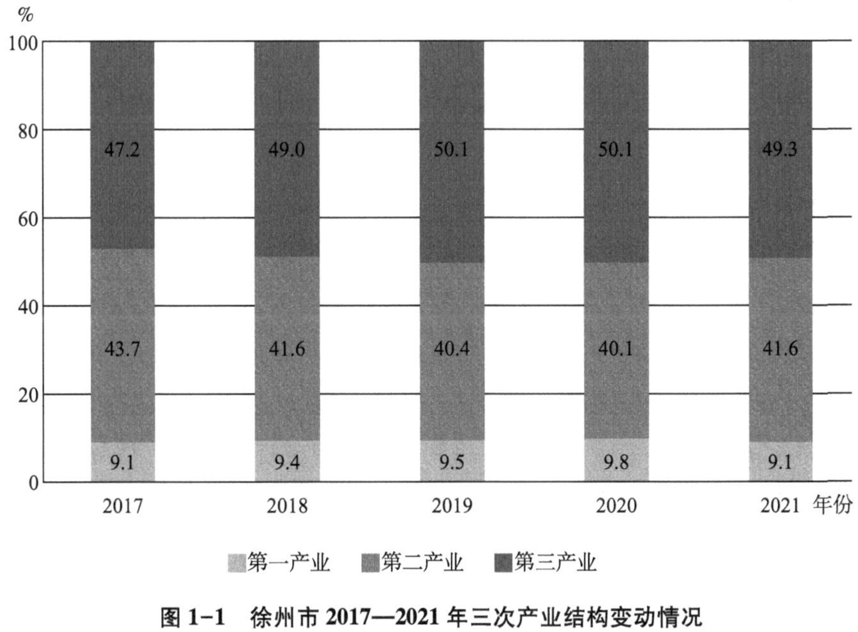

图 1-1　徐州市 2017—2021 年三次产业结构变动情况

（二）安徽省典型资源型城市——马鞍山市转型发展情况

马鞍山市位于安徽省东部，长三角西缘，有丰富的铁矿资源，是我国七大矿区之一，有南山、姑山、桃冲铁矿和罗河铁矿四大矿山，铁矿总储存量

16.35亿吨，可供开采10亿吨以上，是一座以钢铁行业发展为主体的资源型城市。改革开放前，马鞍山市依靠资源优势，以建设“中型钢铁联合企业”为定位，围绕马钢发展多个工矿点。改革开放后，马鞍山市以“工业发达、生活方便、环境优美、文明整洁的钢铁工业城市”为定位，但仍以钢铁工业为发展核心，使得工业迅速发展，人均GDP位于安徽省前列，地区生产总值和人口数量都在不断增加。随着经济不断发展，以资源开发为经济发展重心的弊端日益凸显，出现了粗放型资源开采导致的环境污染、生态破坏、产业结构比例失调、经济增长缓慢等问题，马鞍山市积极谋求新型转型和发展路径。2000年以后，马鞍山市积极调整产业结构，重点发展现代加工制造业和旅游业，新兴产业规模逐渐壮大，发展速度加快。2014—2021年三次产业发展情况见表1-3。

新时代，马鞍山市走“提质增效”促转型的道路，加大改革和制度创新力度，实行创新驱动发展，进一步推进产学研用结合，不断培育新的经济增长点，践行“绿水青山就是金山银山”理念，推进生态文明建设先行示范。马鞍山市坚持跨区域产业创新协同发展，推动皖江城市带承接产业转移示范区提档升级，获批建设国家创新型城市，跻身国家知识产权示范城市。马鞍山市致力打造产业强的“白菜心”，从“制造”迈向“智造”，对马钢实施智能化改造，打造“1个智慧中枢（运营管控中心）+5个智控中心（炼铁、炼钢、热轧、冷轧、交材）”的新型管控模式，为中国钢铁行业“十四五”时期加快转型升级注入强大动力。另外，马鞍山市以“碳达峰、碳中和”为引领，不断推动矿产开采减量化，不再利用存量固废资源，摒弃依赖资源消耗的粗放发展方式，提高资源能源利用效率，实现绿色循环低碳发展。自习近平总书记在安徽调研考察以来，马鞍山市立足打造安徽的“杭嘉湖”、长三角的“白菜心”这一新的发展定位，推动经济社会发展全面绿色转型。马鞍山市开展以薛家洼为重点区域的长江东岸综合整治，环保问题整改和生态环境修复成果显著。

表 1-3　马鞍山市 2014—2021 年三次产业发展情况

单位：亿元,%

年份	第一产业		第二产业		第三产业	
	增加值	增速	增加值	增速	增加值	增速
2014	83.30	4.5	859.60	10.7	414.16	7.9
2015	79.50	4.4	818.60	9.3	467.20	9.6
2016	83.79	3.2	827.49	8.5	582.48	10.7
2017	85.16	3.8	989.43	8.7	663.50	9.5
2018	86.85	2.8	1027.96	8.6	803.29	8.2
2019	94.10	3.2	1033.30	9.6	983.60	6.6
2020	99.19	1.6	1045.37	5.5	1042.34	2.9
2021	104.23	6.7	1206.26	10.1	1128.84	8.3

资料来源：历年《马鞍山统计年鉴》、国民经济和社会发展统计公报。

（三）浙江省典型资源型城市——湖州市转型发展情况

湖州市位于浙江省北部，东邻嘉兴，南接杭州，是长江三角洲“先行规划、先行发展”的 14 个重点城市之一。湖州市自然资源格外丰富，主要有煤、铁、石灰石等矿藏，长广煤矿是省内最大的原煤基地，全市年平均水资源总量达 37.2 亿立方米。已发现矿藏 47 种，以非金属矿藏为主，包括建筑石、石灰岩、煤、石煤、黄砂等。由于丰富的自然资源，湖州市的资源型工业产业占有相当大的比重，给经济转型带来了一定的压力。

新时代，湖州市忠实践行“八八战略”和“绿水青山就是金山银山”理念，打造了长三角生态绿色一体化发展示范区，以南太湖新区、吴兴区、南浔区为重点，形成了一批可复制推广的一体化示范区改革创新经验，开辟了高质量赶超发展新局面。湖州市工业产业平稳增长，主要经济指标增速稳居浙江省前列，高新技术产业和战略性新兴产业发展状况良好，资源型产业不断向科技型产业转变。湖州市重视科技创新，不断加大研发投入力度，创新成果不断涌现，对资源型城市转型起到了很大的推动作用。湖州市工业总量较快增长的同时，效益质量也在稳步提升，资源型工业不断向高产值、低耗能、高新技术产业转型，获评国务院工业稳增长和转型升级成效明显市。湖州市不断深化改革开放，发起成立长三角产业合作区，南太湖新区获批成为全省首批四大新区之一，大胆开展绿色智造、绿色金融、全域旅游等改革试点，激发国资国企改革动力，形成推广了一批特色改革经验。三次产业发展情况见表1-4。

表1-4　湖州市2014—2021年三次产业发展情况

单位：亿元,%

年份	第一产业		第二产业		第三产业	
	增加值	增速	增加值	增速	增加值	增速
2014	121.0	0.90	1001.6	9.1	833.4	8.6
2015	122.4	1.70	1026.7	6.5	935.1	11.9
2016	127.8	2.40	1058.1	6.1	1057.2	9.6
2017	127.3	-0.39	1173.7	7.8	1175.1	10.0
2018	127.7	2.80	1273.6	8.2	1317.7	8.5
2019	133.8	2.80	1595.4	7.6	1393.2	8.7
2020	140.5	2.50	1587.6	2.0	1473.3	4.8
2021	148.6	2.90	1865.0	10.6	1631.3	9.1

资料来源：历年《湖州统计年鉴》、国民经济和社会发展统计公报。

第二节　新时代长三角地区资源型城市转型发展SWOT分析

一、新时代长三角地区资源型城市转型发展优势

（一）政策优势

新时代，长三角地区资源型城市的转型有着良好的政策优势。自2018年长三角一体化发展上升为国家战略以来，沪苏浙皖三省一市协力推进更高质

量一体化，上海张江和合肥两大综合性国家科学中心“两心共创”，促进资源型城市实现产业链补链固链强链。同时长江经济带建设、中部地区高质量发展等国家战略政策叠加优势推动长三角地区资源型城市向绿色低碳可持续方向转型发展。沪苏浙城市结对合作帮扶皖北城市各项任务不断落实，为淮北市、亳州市、宿州市等皖北资源型城市实现产业转移与承接创造良好条件。随着上海自贸区制度创新的深入推进以及可推广、可复制经验的共享，资源型城市可充分利用邻近自贸区的区位优势，主动加强基础设施、产业融合、平台建设等方面的合作，为资源型城市转型发展营造良好的合作环境。“一带一路”将促使长三角地区将自身的产能优势、资金优势、经验优势转化为市场与合作优势，不断改造落后产业，更好地发展高新技术产业、旅游业与金融服务业。在“十四五”规划中，强调提升长三角一体化发展水平，瞄准国际先进科创能力和产业体系，为长三角地区资源型城市创新转型发展带来巨大的政策关注度和极大的转型优势。

（二）区位优势

长三角处于东亚地理中心和西太平洋的东亚航线要冲，是“一带一路”与长江经济带的重要交汇地带，拥有通江达海、承东启西、连南接北的区位优势，是我国经济发展最活跃、开放程度最高、创新能力最强的区域之一，在国家现代化建设大局和全方位开放格局中具有举足轻重的战略地位。上海市是世界第三大港口，是我国重要的水陆交通枢纽。长三角地区形成了综合立体的交通运输网络，具备发达的公路、铁路、水路、港口、机场等交通基础设施，城市之间联系紧密，对长江流域乃至中国经济起着重要的带动作用，为资源型城市转型提供了便利的水陆交通运输条件。长三角滨江临海，环境容量大、自净能力强，地形平坦、土地开发难度小，水系发达、水利资源丰富，有利于资源型城市从钢铁、煤炭向电力、高新制造业转型。新时代，长三角地区的资源型城市转型将更加得益于优良的区位优势。

例如，徐州市属于典型的资源型城市，有着优良的交通条件。徐州市是全国首批 13 个重要公路枢纽城市之一，境内有 5 条国道和 11 条省道，2021 年全市公路里程达 15397 千米，高速公路达 464 千米。全年完成公路货运量达31424万吨、水路货运量达4317万吨，完成公路旅客运输量3519万人次，公路旅客周转量达20.75亿人千米。徐州市是东西、南北经济联系的重要“十字路口”，被称为“中国铁路之咽喉”。截至2020年年底，徐州市铁路总里程达786千米，其中，高铁达390千米，传统铁路干线与现代化高铁“双十字”格局正式定型。水运方面，京杭大运河穿境而过，徐州市是中国28个内河主要港口之一，中国内河十大港口之一，吞吐量居中国内河港口前十。徐州市旅游业快速发展，2021年全年接待境内外游客5197.76万人次，同比增长88.6%；实现旅游总收入631.93亿元，同比增长95.3%；实现国内旅游收入629.96亿元，同比增长95.5%。徐州市可充分凭借其交通区位优势，大力发展旅游业和交通产业，促进资源型城市的产业由资源型向高附加值、低耗能型转型。

（三）经济发展优势

长三角地区经济社会发展全国领先，是我国经济社会发展的强力引擎，经济总量约占全国的1/4，全员劳动生产率达近19万元/人，是全国平均水平的1.6倍，位居全国前列。目前，以上海为中心的长三角地区已成为人口流动、商品交易、金融发展、技术创新、国际资本流动的重要聚集地，是国内领先的经济中心，城镇化水平高，科教文化事业发达，有着雄厚的经济基础。2020年长三角三省一市共实现地区生产总值24.5万亿元，占全国比重达24.1%；规模以上工业增加值增速为4.8%，高出全国2个百分点；社会消费品零售总额9.80万亿元，占全国比重达30%。长三角地区对科技创新的投资较大，2020年，长三角的研究与试验发展经费占全国经费比重达33.09%，安徽省的研究与试验发展经费为639.42亿元，占全国的4.19%。相关内容见表1-5和图1-2。

表 1-5　2020 年全国与长三角地区 R&D 经费支出

单位：亿元,%

	R&D 经费	比重
全国	15271. 29	—
上海	635. 00	4. 16
江苏	2381. 69	15. 60
浙江	1395. 90	9. 14
安徽	639. 42	4. 19

资料来源：上海、江苏、浙江、安徽政府统计信息网。

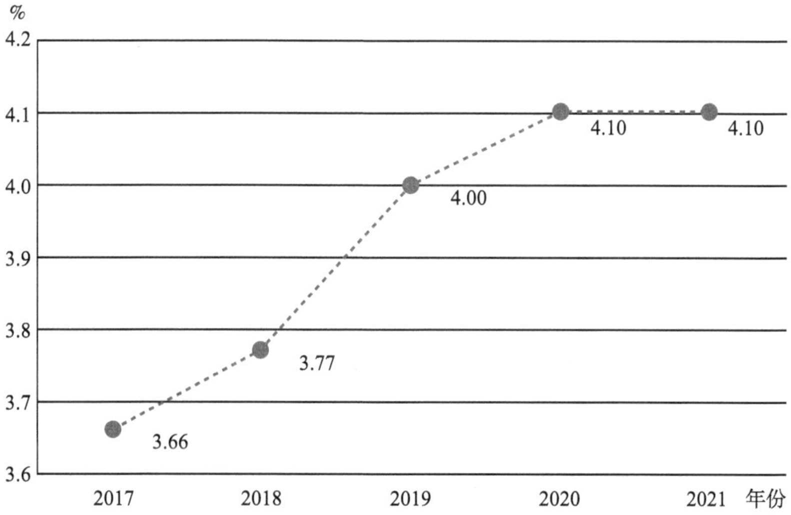

图 1-2　2017—2021 年长三角地区 R&D 经费支出
相当于上海市 GDP 的比重

随着长三角一体化程度的不断提高和《沪苏浙城市结对合作帮扶皖北城市实施方案》（以下简称《实施方案》）的落实，城市之间的经济联系不断密切，联动发展和相互配合也越来越紧密，长三角地区资源型城市将能更好地接受沪苏浙城市的资金、技术辐射，有效提升长三角城市群的综合技术创新能力，加快资源型城市的科技发展速度和产业转型进程。

二、新时代长三角地区资源型城市转型发展劣势

（一）经济发展基础薄弱

长三角地区资源型城市仍处于工业化中后期阶段，工业基础较差，对资源、劳动力要素和投资驱动依赖较重，非资源型产业发展滞后。部分长三角地区资源型城市采用较为传统的开发模式，这种以经济利益最大化为目标的模式对资源综合利用率低，易造成资源的浪费，阻碍了资源型城市绿色高效安全发展。资源能源开发秩序约束机制、资源开发补偿利益分配共享机制等长效机制有待健全，勘查开发准入制度和分区管理制度的执行力弱，资源开发主体需要承担的环境整治和生态修复等方面的责任和义务不明确，成熟的资源型地区转型发展情况的动态监测和评估机制尚未形成。产业链条供应链竞争力弱、深加工水平和产品附加值低，资源精深加工和配套装备设备制造产业发展薄弱，导致接续替代产业严重缺乏。大数据、云计算、互联网、人工智能等现代信息技术应用较少，使得传统开发模式难以实现安全化、绿色化、智能化技术改造。

（二）产业结构转型难度大

资源型城市衰退的根本原因在于对资源型产业的强依赖性和接续替代产业发展滞后。随着对资源的长期开发，资源型城市的主导资源日趋枯竭，加之经济环境的变化，资源型产业开始衰退。例如，淮北市、铜陵市大部分煤矿、铜矿已经或正在关闭破产，许多尚在开发的矿山贫矿多、富矿少，矿质差；由于对资源型产业的过度依赖，多数资源型城市接续替代产业发展水平偏低。主导资源型产业的衰退，加之替代产业发展滞后，资源型城市产业结构所具有的缺乏弹性、脆弱性、不合理性表征日益凸显出来，经济社会发展放缓，甚至停滞。

产业结构仍然无法彻底摆脱资源性依赖。产业结构中第二产业比重呈上升趋势，同时，产品仍然具有初级化、低端化特征，产业链条延伸不足，科技创新能力较弱，新兴及非资源型产业发展不足。第三产业比重偏低、发展

相对滞后，远低于全国55%的平均水平，资源型城市的产业结构调整绝非一朝一夕可以完成，还需要长期坚持不懈地努力。大力发展现代服务业，一方面支持资源型城市，规划建设服务业集聚区；另一方面争取中央预算内和省统筹资金，支持资源型城市发展生产型和生活型服务业。

长三角地区的资源型城市在发展初期，多因资源优势得以迅速发展，工业在三大产业中占较大比例，但随着经济的不断发展，产业升级成为必然趋势，资源型城市在产业升级的过程中难以迅速改变以往粗犷型的发展模式，对资源的依赖性强，技术创新升级较慢。资源型工业产值占城市生产总值较大比重，湖州市第二产业产值占总产值比重达到51.2%（见表1-6），致使第三产业相对非资源型城市发展缓慢，资源型城市创新驱动转型任重道远。

表1-6　2021年长三角地区典型资源型城市产业结构情况

单位：亿元,%

	第一产业		第二产业		第三产业	
	产值	比重	产值	比重	产值	比重
徐州市	743.34	9.20	3376.02	41.60	3998.08	49.30
马鞍山市	104.23	4.30	1206.26	49.40	1128.84	46.30
湖州市	148.60	4.10	1865.00	51.20	1631.30	44.70

资料来源：2021年徐州市、马鞍山市、湖州市信息统计网。

（三）低碳环保压力大

在“碳中和”的背景下，长三角地区资源型城市的经济发展严重依赖化石能源，难以破解“碳诅咒”，碳减排和环境修复压力大。长三角地区的资源型城市众多，粗犷型的资源利用在促进长三角经济迅速发展的同时，也造成了严重的环境污染和生态破坏，由于众多工矿型企业在开采初期并未采取节能环保的方式，导致后期污染情况严重，治理难度加大。据统计，上海、浙江、江苏电厂的数量超过400个，水泥厂700个，钢厂19个，长三角地区每平方千米排放的污染物比全国高几倍，耕地流失状况日趋严重。新时代，污染治理不断加强，长三角地区城市正通过建立不同行业、不同污染类别的数据库，逐步实现动态跟踪管理和信息共享，并出台一系列如“谁污染，谁治理”的政策，但资源型城市发展所造成的生态破坏，却需要相当长一段时间去改善和修复。据徐州市国土资源局报告，截至2021年年底，徐州市累计形成采煤塌陷地42.33万亩，整治采煤塌陷地26.64万亩，将近16万亩还未复垦，而采煤区的塌陷仍然以每年超过5000亩的速度继续增加，严重阻碍了当前资源型城市的创新驱动转型发展。严重的环境问题导致生态空间被大量蚕食，区域碳收支平衡能力日益下降。同时以煤炭为主的能源消费结构在短期内无法改变，第二产业主导的发展模式会引发“路径依赖”和“锁定效应”，加重碳排放。一方面，受益于长期递增报酬的以煤炭为基础的能源系统，资本大量集聚于高利润的污染密集型企业，妨碍产业转型升级；另一方面，企业出于控制成本的目的，受制于原有技术的自我强化机制，导致低碳、可再生能源等低碳技术的创新动力不足。

（四）大量人员外流

资源型城市创新驱动转型发展需要大量人才和劳动力，但是长三角地区资源型城市普遍存在大量人口外流的现象。大量的人口外流导致资源型城市的发展缺乏劳动力，加速人口老龄化，养老、医疗、社会服务等方面的需求增大，加重了政府财政负担。在人才培养和引进方面，资源型城市存在“不够用、招不来、留不住”的难题。全国137所“双一流”高校中仅有1所地处长三角地区资源型城市，即中国矿业大学（位于江苏省徐州市）。长三角地区资源型城市对人才的吸引力弱，人才的培育机制和激励机制不健全，导致招不到也留不住人才。在经济转型的过程中，随着煤炭、钢铁等产业的衰退，失业人口不断增加，由于失业人口的文化素质偏低，劳动技能单一，再就业能力弱，加之社会保障制度和扶持支持政策的不完善，产生了一系列社会问题，影响着资源型城市的产业升级和创新转型。

三、新时代长三角地区资源型城市转型发展机遇

（一）区域发展战略的促进作用

长三角一体化战略、长江经济带发展以及区域协调发展促进了区域间的

合作联动发展。自 2018 年长三角一体化发展上升为国家战略以来，沪苏浙皖三省一市紧扣“一体化”和“高质量”两个关键词，在产业协同、创新协作、交通基础设施建设、生态共治、公共服务共享等方面积极开展合作，实现了更高质量一体化，尤其是在绿色发展方面，长三角生态绿色一体化发展示范区在规划管理、要素流动、生态保护等方面率先形成 32 项制度创新成果和 60 个亮点项目。长三角地区资源型城市必须用好长三角一体化发展上升为国家战略的重要机遇。一方面，各城市可以通过强化分工合作、错位发展，提升区域发展整体水平和效率，充分利用区位优势和产业基础，改造提升传统产业、发展高端高新产业，科学布局，发挥区域深度融合支撑和推动作用，实现资源型城市转型发展；另一方面，都市圈一体化进程加快，淮河生态经济带等经济带的发展促进了都市圈间重大事项协调推进机制和协同治理新模式的建立，为长三角地区打造绿色低碳未来城市提供了重要动力。长三角地区是长江经济带的龙头，是长江经济带的重要组成部分。长江经济带建设为长三角地区资源型城市经济转型带来重大的历史机遇。习近平总书记在深入推动长江经济带发展座谈会上的讲话中指出：“要正确把握破除旧动能和培育新动能的关系，推动长江经济带建设现代化经济体系。”① 长三角地区资源型城市可以加快淘汰落后产能和化解过剩产能，加快新旧动能转换，发展精细化工行业，推动高端化工产业集群发展，改变长期以来重化工产业集聚的局面。长江经济带是“一带一路”在国内的主要交汇地带，“一带一路”政策能有效地为长三角地区资源型城市聚集资金、产能和经验优势，与长江经济带形成良好的互动，共同促进长三角地区资源型城市的创新驱动转型。长江经济带的建设为长三角地区资源型城市转型带来的机遇包括：一是长江经济带依托黄金水道，挖掘上、中、下游的经济潜力，形成优势互补、协作互动的格局，促进经济要素的双向流动，优化区域协调发展体制机制，使得内陆地区为长三角提供广阔的经济腹地，可以更好地承接长三角地区的产业转移，促进长三角地区资源型城市的产业结构升级；二是推进高新技术的推广和进

① 新华社．习近平：在深入推动长江经济带发展座谈会上的讲话（2）［EB/OL］．（2019-08-31）［2022-08-25］．http：//www. xinhuanet. com/2019-08/31c. 1124945382. htm.

步，不断深化科技体制改革、建设新型科研机构、开放和共享科技资源，促进高新技术产业的发展和城市的转型升级。

《“十四五”特殊类型地区振兴发展规划》和《中共中央　国务院关于新时代推动中部地区高质量发展的意见》助力欠发达地区缩小与发达地区的发展差距，增强了资源型城市发展动力。资源型地区作为特殊类型地区的重要组成部分，对保障国家能源资源安全具有重要意义。“十四五”时期，特殊类型地区振兴发展问题获得高度重视，国家发改委出台了第一个全国特殊类型地区振兴5年规划——《“十四五”特殊类型地区振兴发展规划》，明确了“十四五”时期支持特殊类型地区振兴的保障措施和政策支撑体系，形成新时代支持特殊类型地区振兴的“1+N”政策体系，有利于健全资源型地区可持续发展长效机制，增强资源型地区转型发展动力。《“十四五”特殊类型地区振兴发展规划》的落实将促进各类资源型地区特色发展，统筹资源开发与转型发展，延伸资源型产业链条，促进传统产业与新兴产业深度融合，打造若干特色产业，促进接续替代产业集聚发展。尤其是随着资源枯竭城市采煤沉陷区综合治理深入推进、独立工矿区改造提升、沉陷区土地资源综合整治利用，长三角地区的资源利用效率将不断提升，逐步实现绿色可持续发展。为解决中部地区发展不平衡不充分问题，中部地区崛起战略取得显著成果之后，中共中央、国务院发布《关于新时代推动中部地区高质量发展的意见》。该意见的提出能够促进中部地区创新发展，构建以先进制造业为支撑的现代产业体系，引导资源型城市传统产业向智能化、绿色化、服务化发展。

（二）新发展理念的引领作用

创新、协调、绿色、开放、共享新发展理念引领资源型城市经济高质量发展。长三角地区资源型城市必须抓住机遇，贯彻落实新发展理念，夯实经济发展的理论基础。创新发展理念对长三角地区资源型城市增强科技创新能力、加快新旧动能转换、提升产业链供应链竞争力具有重要意义；协调发展理念为长三角地区资源型城市推动区域协调发展、引导资源富集地区转型发展、支持资源枯竭地区可持续发展、加强基础设施提质增效提供强大的理论支撑；绿色发展理念引导长三角地区资源型城市开展生态环境综合治理、加快形成绿色生产方式、建设生态宜居环境；开放发展理念能够促使长三角地区资源型城市积极开展国际资源能源和产业合作、提高对外开放水平；共享发展理念有力支持长三角地区资源型城市提高普惠性公共服务水平、提高居民基本生活保障水平、着力稳定和促进就业。

（三）新型城镇化加快推进

以人为核心的新型城镇化加快推进，推动长三角地区资源型城市产业结构、就业方式、人居环境、社会保障实现由“乡”到“城”的转变。城镇化是加快产业结构转型升级的重要抓手。随着新型城镇化建设加快推进，长三角地区资源型城市对内对外开放水平不断提升，为资源型城市承接国际及沿海地区产业转移、发展优势产业、壮大现代产业体系创造良好条件。工人职业技能培训计划和农民工创业政策的扶持有力地提高了失业人员再就业能力。更加完善的农业转移人口落户制度的建立，促进了异地劳动力转移就业，使其能够享受更加平等的社会服务。《国家新型城镇化规划（2014—2020年）》对功能区进行统筹规划，严格控制建设用地，避免走发达国家城镇化高能耗、高排放的老路，着力解决交通拥堵城市污水和垃圾处理能力不足，大气、水、土壤等环境污染等“城市病”问题，切实改善了人民群众的居住环境，为进一步打造绿色生产、绿色消费的低碳城市奠定了一定的环境基础。市民化进程加快，义务教育、就业服务、基本养老、基本医疗卫生、保障性住房等城镇基本公共服务逐渐覆盖到全部常住人口，为解决各类困难群体参加社会保险、失地农民的社会保障、矿业工人职业病和常见病的预防与救治等问题提供可行思路。

（四）共同富裕水平显著提升

新时代，政府高度重视共同富裕建设，共同富裕逐渐从人类美好愿景转变为现实公共政策。2021年5月，《中共中央　国务院关于支持浙江高质量发展建设共同富裕示范区的意见》明确了浙江建设共同富裕示范区的战略定位，为全国推动共同富裕提供省域范例。2021年7月，《浙江高质量发展建设共同富裕示范区实施方案（2021—2025年）》提出，紧紧围绕“四大战略定位”，扎实推动共同富裕建设。2021 年 8 月 17 日，习近平总书记主持召开中央财经委员会第十次会议，研究扎实促进共同富裕问题，强调“共同富裕是社会主义的本质要求，是中国式现代化的重要特征，要坚持以人民为中心的发展思想，在高质量发展中促进共同富裕”，促进共同富裕需要“构建初次分配、再分配、三次分配协调配套的基础性制度安排”。共同富裕不仅仅是经济上的共同富裕，还包括了区域协调、收入分配调节、环境保护、精神文化等全方位共享。孙豪、曹肖烨（2022）将共同富裕分为富裕程度和共享程度两个维度，对全国各省的共同富裕水平进行了测度和评价，其中，浙江省和江苏省的水平处于全国前列，富裕程度和共享程度都处于全国前十。值得注意的是，安徽省的共同富裕程度虽处于中等水平，但是共享程度非常高，位于全国第三。长三角地区资源型城市共同富裕发展水平高，经济发展、环境保护具有得天独厚的优势，为解决资源型城市发展滞后和生态环境问题创造了良好环境。

（五）“双碳”战略助力实现绿色发展

“双碳”战略强烈冲击资源型城市原有的产业结构和转型思路，促使资源型城市转变发展思路，倒逼产业升级。资源型城市存在“碳锁定”现象，受益于规模递增效应，企业易形成路径依赖，更倾向于延伸发展原有的碳密集型产业。在 2030 年前“碳达峰”、2060 年前“碳中和”目标提出后，资源型城市更加重视碳排放问题，通过技术创新和优化产业结构等方法实现碳减排。“双碳”战略对资源型城市转型提出新的要求，将引导资源型城市调整自身产业结构，探索更加低碳的产业模式并构建高效低碳的产业体系。“双碳”目标能够增加技术研发投入，推动低碳技术的创新发展，促进传统化石能源节能减排技术、可再生能源技术等低碳、零碳、负碳技术应用及推广，降低生产成本，为资源型城市带来技术红利。“双碳”目标能够繁荣绿色金融市场，拓宽资源型城市融资渠道。金融机构将吸收社会资金进入低碳发展领域，通过发行“碳中和”债券、发放绿色贷款、推广“碳中和”保险等形式，为能源、冶金、林业等行业转型提供巨量的资金支持。生态产品价值实现机制逐渐建立健全，生态环境保护者受益、使用者付费、破坏者赔偿的利益导向机制更加健全，引导资源型城市形成绿色生产方式、发展方式和生活方式，实现经济发展与绿色发展协同推进。

四、新时代长三角地区资源型城市转型发展威胁

（一）稳增长压力大

2021 年年末召开的中央经济工作会议首次提出“我国经济发展面临需求收缩、供给冲击、预期转弱三重压力”。长三角地区资源型城市的发展面临着需求端内需不足、供给端生产成本上升以及对经济增长预期减弱的宏观环境，经济稳定增长的压力较大。全球经济复苏动力减弱，海外供应链加快恢复使得中国出口的替代效应有所弱化，过去 2 年呈现高增长的外需有所回落。2022 年 1—2 月的 CPI 为 1.8%，高于 2021 年同期，全年 CPI 涨幅可能将呈现持续扩大态势，物价上涨，居民生活成本上升，居民消费能力降低。在美联储开启加息周期与地缘政治冲突加剧等因素的影响下，公众对资产价格预期出现了较为明显的波动，不利于经济与金融体系平稳运行。从中长期来看，“三重压力”会持续存在，“三期叠加”影响将持续深化，结构性、体制性、周期性问题相互交织，长三角地区资源型城市完成转变发展方式、优化经济结构、转换增长动力的任务难度加大。

（二）疫情影响

当今世界正经历百年未有之大变局，新冠肺炎疫情呈现全球快速蔓延趋势，对国内国际环境产生广泛深远影响。首先，疫情封控期间，生产停滞，企业和居民消耗大量的存量财富，导致企业和居民部门的负债和支出意愿降低，对消费、投资产生不利影响。其次，国际环境日趋复杂，不稳定性明显增强。受新冠肺炎疫情的影响，全球经济增长的不确定性进一步加剧，欧美等发达国家对供应链安全的担忧加快了高端制造业回流，从而使得全球产业链、供应链出现新的变化和调整。在全球化的浪潮中，我国经济发展势必会受到一定影响，如我国低端制造业出口压力增加，国际竞争力进一步被削弱。对资源型城市来说，大宗商品价格上涨会使原料价格上涨，中下游企业经营压力与风险加大，导致企业经营成本增加、利润减少。

（三）环境保护压力大

工业发展和产业转移造成的资源过度损耗、生态环境恶化加大了资源型城市的环保压力，极大地阻碍了资源型城市向绿色低碳方向转型。在城市快速扩张进程中，大量生态用地被挤占，许多生物的栖息地被破坏，生物多样性锐减、资源严重衰退，导致了耕地废弃、河流污染、酸雨、雾霾等严重环境问题，不仅造成了巨大的经济损失，还危害着人民群众的健康状况，对人们的生活质量和经济发展有着极大的威胁。资源的长期过度开发和低效率利用造成矿产资源严重损耗，多数城市资源枯竭或濒临枯竭。大量固体废物得不到有效处理，部分森林植被遭到破坏，涵养水分能力下降，水土流失现象加剧，环境保护和生态修复压力较大。此外，煤炭、石油和金属矿区由于长时间的资源开采，地面沉降和塌陷现象明显，给人们的生命和财产带来巨大的安全隐患。受经济形势影响，财政收入持续下滑、第二产业所占比例依然较大、采煤塌陷区和矿区综合治理任务十分艰巨、失地农民就业和养老等问题无法得到有效解决。在绝大多数塌陷区，人均耕地仅为 0.5 亩左右，已低于联合国环境规划署规定的人均 0.8 亩的粮食安全警戒线。塌陷区和矿区的综合治理和失地农民安置需要大量资金投入作为支撑，要解决上述历史遗留问题需要投入巨额资金，而长三角地区资源型城市的地方财政收入只能解决应急问题，历史问题会越积越多。

（四）结构转型时间长

一座城市的结构转型受到资源、技术、资金、政策、人才等多种因素影响，是一场需要长期推进的持久战。大部分资源型城市在发展中建立了依托资源的庞大规模工业体系，资源与能源相关产业在资源型城市内部占比较大，接续替代产业培育发展处于初期阶段。部分长三角地区资源型城市采用较为传统的开发模式，这种以经济利益最大化为目标的模式对资源开采回采率、回收率和综合利用率低，易造成资源的浪费，阻碍了资源型城市绿色高效安全发展。资源能源开发秩序约束机制、资源开发补偿利益分配共享机制等长效机制有待健全，成熟的资源型地区转型发展情况的动态监测和评估机制尚未形成。加之产业链条供应链竞争力弱，深加工水平和产品附加值低，资源精深加工和配套装备设备制造产业发展不足。大数据、云计算、互联网、人工智能等现代信息技术应用较少，使得传统开发模式难以实现安全化、绿色化、智能化技术改造。因此，资源型城市的产业结构调整时间长，转型发展的实现难度大。此外，当前经济环境还存在杠杆率持续攀升、房地产价格快速上涨、产能过剩等问题，制约了经济的“循环流转”，使得中国经济难以在短期内实现创新绿色低碳的转变。

第三节　长三角地区资源型城市转型效率

2020年，我国向世界承诺努力实现在2030年前“碳达峰”和2060年前“碳中和”的“双碳”目标，这不仅推动了能源革命，还为资源型城市加快转型发展提供了重要机遇。在“双碳”目标的引领下，资源型城市必须思考如何提高资源利用效率，实现绿色低碳可持续发展。资源型城市在经济社会发展过程中，长期以矿产资源开发为主，第二产业在产业结构中所占比重较大，发展过程中能源消耗较大，工业污染导致生态压力增加，可持续发展面临着多重考验，因此在资源型城市的转型发展中更需要考虑如何提高能源效率，大力发展第三产业。

本书运用DEA方法和SBM方法对长三角地区资源型城市的能源效率进行分析，并将环境污染排放物，如废气、废水、工业二氧化硫等的排放量作为非期望产出纳入能源效率测算模型，分析影响能源效率的主要因素。

在研究过程中，本书选取了长三角地区12个地级资源型城市和1个县级资源型城市为研究对象，其中有2个衰退型城市、3个再生型城市，其余为成熟型城市。假设这些资源型城市在生产中需要投入资本、劳动和能源三种因素，产出期望的经济增长以及非期望的环境污染。选取各资源型城市资本存量（万元）表示资本投入，选取各资源型城市年末就业人数（万人）表示劳动投入，选取能源消费总量表示能源投入，选取地区生产总值（亿元）代表经济产出，即期望产出。选取工业二氧化硫产生量（吨）、工业废水排放量（万吨）、工业固体废物产生量（万吨）代表非期望产出指标，考虑到数据的可得性和权威性，所有数据来源于本书研究的资源型城市所在省份的统计年鉴、中国城市年鉴、政府工作报告等资料，并对数据作相应统计处理。

为了与不考虑环境因素的资源型城市能源效率进行比较，本书应用 DEA 中的 CCR 模型测算了各资源型城市的综合效率，然后运用 SBM 模型对环境约束下能源效率重新进行了测算，并比较了两种不同方法下各资源型城市 2015 年能源效率变化情况。其中，CCR 模型测算的指标值不包括工业二氧化硫产生量（吨）、工业废水排放量（万吨）、工业固体废物产生量（万吨）3 个非期望产出指标。表 1-7 为采用两种模型测算得出的各资源型城市能源效率及变动值。

表 1-7 采用两种模型测算得出的各资源型城市能源效率及变动值

城市	不考虑环境因素效率值	考虑环境因素效率值	效率变动值
徐州市	1.00	1.00	0.00
宿迁市	1.00	1.00	0.00
湖州市	0.87	0.70	-0.17
宿州市	1.00	1.00	0.00
淮北市	0.98	0.87	-0.11
亳州市	1.00	1.00	0.00
淮南市	0.75	0.76	0.01
滁州市	0.79	1.00	0.21
巢湖市	0.38	1.00	0.62
铜陵市	1.00	1.00	0.00
池州市	0.82	0.98	0.16
宣城市	1.00	1.00	0.00
马鞍山市	0.85	0.91	0.06

长三角地区资源型城市综合能源效率较高，环境约束变量的引入提高了资源型城市的能源效率平均水平，这说明长三角地区资源型城市在转型发展过程中实现了经济增长和环境保护的协调发展。在不考虑环境污染因素的情

况下，13 个资源型城市平均能源效率为 0. 88，有 6 个城市为能源效率有效；而在考虑环境污染因素后，能源效率有效的城市数量上升至 8 个，总体平均能源效率上升至 0. 94。徐州市、宿迁市、宿州市、亳州市、铜陵市、宣城市 6 个城市两种模型测算的能源效率值均为 1，表明这些城市始终处于生产前沿，在长三角地区资源型城市中位居前列，另外 7 个城市两种模型测算的能源效率值存在差异。4 个资源型城市能源效率值在考虑环境因素后有所上升，变动值最大的前 3 个城市是巢湖市、滁州市、池州市，效率值分别上升 0. 62、0. 21、0. 16；巢湖市、滁州市这 2 个城市在考虑环境因素后由能源效率无效转变为能源效率有效，说明这些城市在利用能源发展经济的同时能够较好地关注环境污染。2 个资源型城市考虑环境因素后效率值有所下降，分别为湖州市和淮北市，分别下降 0. 17、0. 11，表明这些城市经济增长过程中对于环境污染的控制力度不够。

综上所述，从不同类型资源型城市能源效率来讲，再生型城市能源效率值要高于成熟型城市和衰退型城市，无论是否考虑环境污染因素，徐州市和宿迁市在长三角地区都居于前列。而成熟型城市在考虑环境污染因素时，能源效率有升有降，其中，巢湖市和滁州市在经济发展和环境保护方面做到了很好的兼顾，可持续发展动力强劲。而在衰退型城市中，铜陵市的转型最为成功，能源利用效率一直为 1，在全国资源枯竭城市转型绩效考评中，连续 2 年被评为优秀城市第一名，主要由于铜陵市在面临矿竭城衰、产业转型多重压力和棚户区改造、环境治理等繁重任务的情况下，培育发展了接续替代主导产业，形成有实力、有活力、有潜力的产业经济结构，注重传统优势产业改造升级，优化产业空间布局；而淮北市在考虑环境因素下，能源利用效率降低，在这些方面淮北市要进一步加大产业结构布局力度，注重转型过程中的环境保护，加强采煤塌陷区的综合治理和社会保障，从而促进经济社会的可持续发展。

第二章　长三角地区资源型城市转型发展的实践探索与经验总结

第一节　长三角地区资源型城市转型发展的实践探索

一、安徽省资源型城市转型发展实践探索历程与政策实施要点

（一）第一阶段（2011 年之前）

1. 实践探索历程

这一阶段属于转型初期，主要是资源型城市各自进行转型发展，没有省委省政府的统一领导，各资源型城市的政府及相关部门按照本地实际资源情况和发展水平，借鉴先前资源型城市的转型经验，探索适应本区域转型和可持续发展的道路。

淮北市在资源枯竭、经济失衡、环境恶化等问题日渐突出时，为保证城市可持续生存，决定进行转型，不断在各领域进行尝试，制订并实施了一系列转型规划和方案。以有效保护环境和生态平衡为前提，合理利用自然资源，实现城市经济生态化，同时加快各项基础设施建设，密切关注矿区人民的就业、贫困、医疗等各项问题，积极发展接续替代产业，调整产业结构，继续深化国有企业改革，推动民营经济发展。淮南市一直在考虑城市发展的定位问题，处于“要不要转型”的矛盾时期，但是面对资源逐步枯竭、经济下行压力巨大等难题，最终市委、市政府决定进行城市转型，2008 年围绕实施

“9771”提升行动计划及“一优化、六统筹”，以优化产业结构为目标，开始城市经济转型，并及时进行谋划，利用自身资源丰富、地理位置优越等优势建设“现代煤化工产业园”，以拉长产业链，提高产业的聚集度和关联度，并提出了建设“五彩淮南”目标。铜陵市的转型之路早在20世纪80年代就已经开始，主要是当地政府意识到依赖资源进行发展存在局限性，主动进行自发性和适应性调整，进入21世纪之后，2005年，铜陵市被列入国家第一批循环经济试点城市，铜陵有色控股公司被列入国家第一批循环经济试点企业；2009年，铜陵市被列入国家第二批资源枯竭城市转型试点，为铜陵市转型带来机遇，其加快转型步伐，积极争取国家财政政策和资金支持，以打造循环产业链为核心，延伸资源型产业链条，升级非资源型产业，发展循环经济来促进城市转型，取得了阶段性成果。马鞍山市在此时期面对资源和环境压力，加之受到金融危机蔓延、全球钢价下滑、国内钢铁业产能过剩、占马鞍山市的财政收入和规模工业增加值半壁江山的马钢集团连续亏损等方面的影响，为了保持经济状况平稳，决定走转型之路。

2. 政策实施要点

主要是遵循国家颁布的一些政策文件，如人大报告、《关于促进资源型城市可持续发展的若干意见》等，主要是支持以资源开采为主的城市和地区发展接续产业，增加就业岗位，解决贫困、失业、环境等问题，为资源型城市尤其是资源枯竭城市转型和可持续发展提供了制度保障。在资源型城市中，淮北市结合自身实际编制了《淮北市资源城市转型与可持续发展规划》《淮北市资源城市转型和可持续发展实施方案（2009—2013年）》，并根据实施工业化、城镇化、城乡一体化战略的要求，编制了一系列产业发展规划，明确发展方向、加强产业互补、指导产业升级。

（二）第二阶段（2011—2015年）

1. 实践探索历程

该时期是安徽省资源型城市转型发展推进时期，改变了过去各城市单独转型的格局，资源型城市的转型发展受到了省政府的重视，相关部门领导积极“走出去”向成功转型的资源型城市学习，并深入淮北市、淮南市、铜陵市、马鞍山市等资源型城市走访、调查和指导，定期召开资源型城市转型成果通报会，主要就资源型城市转型发展的基本情况、开展的主要工作、存在的突出问题和下一步工作重点等进行专题通报。

各资源型城市按照国家和省政府的领导，不断明确转型发展思路，着重在产业结构、资源接续替代、改善民生、保护生态环境、提升城市功能、改革体制机制等方面进行转型，积极实施各项生态项目和工程，对资源开采所造成的生态环境问题进行治理和保护，着力解决地区人民的就业、居住、医疗等问题。淮北市、淮南市对过去由于煤炭等矿产资源的开采而产生的塌陷区进行治理，开展棚户区改造，解决失地农民的住房问题，逐步改善矿区农民的医疗、卫生条件，围绕“煤—焦—化”产业链、“煤—电”产业链，着力推进煤炭资源加工转化，提升现有生产能力和煤炭资源增值空间，加快推进煤炭资源型产业转型升级，并努力由“灰色煤城”向“绿色旅游城市”转变。同时，淮北市在其转型期间，紧紧抓住被国家列入第二批资源枯竭城市的有利机遇，积极争取国家对资源枯竭城市转移支付资金，2009 年至 2014 年共争取资金 28.73 亿元，弥补了地方转型资金的不足。铜陵市致力于解决大气、水、地质等环境污染问题，并建立相关保证金制度，综合治理老工业区环境污染和金属污染，对废弃物进行治理利用，全面整治矿区环境，建设生态宜居城市，通过实施节能减排“1+6”方案，以节能减排和发展循环经济为抓手，改造升级铜冶炼和铜冶炼废渣综合利用技术，提高资源利用效率，推动传统产业升级，提高科技的应用率，通过建设和升级工业园区，发展新兴产业。马鞍山市坚持转型发展，推动经济增长由依靠物质资源消耗向创新推动转变，积极承接皖江城市带产业转移，打造“一带两轴两片区”产业发展格局，构建“6653”现代产业体系，依托新材料、节能环保以及新能源产业发展战略性新兴产业，建成高新技术产业基地。各城市不断加强与长三角地区的合作，积极承接沪苏浙等地区的产业转移，以此发展本地接续替代产业，增加就业岗位，缓解对资源的依赖，不断提升城市的宜居宜业功能，同时继续深化户籍制度、土地制度等体制机制改革，致力于为城市转型扫除制度障碍，促进城市绿色健康可持续发展。

2. 政策实施要点

安徽省政府制定并颁布了关于资源型城市转型的相关文件，即《安徽省人民政府办公厅关于促进资源型城市转型与可持续发展的意见》（以下简称《意见》），为淮北市、淮南市、铜陵市、马鞍山市等资源型城市转型支招，拉开了全面转型的序幕。《意见》提出，资源型城市要在原有优势特色产业基础上，加快培育发展接续替代产业；对政策规定的环境补偿和整治资金，要专款专用，加强环境保护和生态保护，积极推动发展循环经济，推广清洁生产技术；按照统筹规划、集中建设、分批实施的原则，深入推进采煤塌陷区治理和棚户区改造；加强社会公共服务和救助体系建设，完善基本养老、失业、基本医疗等社会保险制度，着力解决突出的社会及民生问题。

淮北市在市发改委牵头领导下成立了资源型城市转型发展专项办公室，并研制了《淮北市资源枯竭城市转型评估报告》及《淮北市资源枯竭城市转型规划》，以构建产业精良、文化精深、城市精美、作风精细的“精致淮北”为目标，全面实施“生态立市，工业强市”战略，城市转型取得了明显成效，成功实现由“黑色煤城”向“皖北江南”的蜕变。铜陵市制定了《铜陵市资源枯竭城市专项资金使用管理暂行办法》和《铜陵市关于促进资源枯竭型城市可持续发展的财政政策措施》，设立了“1+4”财政专项资金，以支持重点项目建设，推动产业升级，并从2014年开始，按《铜陵市战略性新兴产业发展引导资金管理暂行办法等五个办法的通知》要求进行考核评估，兑现支持政策。淮南市在转型过程中，针对采煤区沉陷问题，制定并实施了《淮南市采煤沉陷区综合治理利用规划》，因地制宜推进采煤沉陷区耕地保护和复垦，抓住安徽省创新型城市试点的机遇，形成以《关于实施创新驱动发展战略、加快创新型城市建设的意见》为主，《关于建设创新型城市的若干政策措施》《关于促进科技与金融结合的意见》《淮南市创新能力评价实施细则》作为3个配套政策的“1+3”政策体系，以创新支撑驱动淮南市转型发展，为淮南市转型和可持续发展增添了新的活力和动力。马鞍山市制定并落实《马鞍山市城市和国有工矿棚户区改造工程实施方案》，坚持棚户区改造与廉租房、安置房建设和危旧房改造，对供水、供电、供气、排水、通信、道路等市政公用设施进行全面改造，保障居民住房安全。同时，马鞍山市全面实施《马鞍山市全民科学素质行动计划纲要》《马鞍山科学技术奖励办法》，营造坚持创新的良好氛围。

（三）第三阶段（2016 年至今）

1. 实践探索历程

这一时期坚持生态优先的绿色发展理念，以提升资源型地区可持续发展能力、加快老工业城市经济整体转型为目标，是安徽省资源型城市转型发展关键时期。安徽省人民政府以资源枯竭城市、采煤沉陷区、独立工矿区为重点，加大资源型城市老旧小区改造力度，注重强化环境保护和生态治理，因地制宜培育壮大接续替代产业，着力实现新旧动能转换。推动淮南市、淮北市、铜陵市、马鞍山市等特殊类型地区振兴发展，推进现代化区域中心城市建设。支持铜陵市打造全国资源型城市示范城市、国际铜产业集聚发展高地；支持淮北市打造国家航空材料生产基地、能源安全保障基地、农副产品深加工产业基地；支持淮南市打造全国重要能源基地、煤基产业生态示范基地、全省重要先进制造业基地，支持马鞍山市打造智造名城，创建国家生态文明建设示范市。

各资源型城市以新发展理念为指引，以高质量发展为目标，全面推进动能转换、产业升级、结构调整、城市转型。淮北市致力于打造全国资源型城市全面绿色转型发展样板区，对煤炭、电力、建材等传统产业进行绿色化改造，培育壮大绿色新产业、新业态。持续推进采煤沉陷区生态修复，深化资源枯竭城市和濉溪县、杜集区国家采煤沉陷区综合治理试点建设，进一步探索采煤沉陷区综合治理路径，创新治理模式和投入机制，切实改善采煤沉陷区生产生活条件。淮南市致力于打造资源型城市绿色转型发展示范城市和全国重要的新型综合能源基地，争创国家“绿水青山就是金山银山”实践创新基地、国家林长制改革示范区先行区，发展绿色低碳循环的生态经济，推动煤电、煤化、煤气、煤废利用一体化发展，实现从“点状突破”到“链式创新”。淮南市以“双招双引”促项目落地，改造提升传统产业，做大做强新兴产业，倒逼产业结构调整、经济结构优化，加速资源型城市转型升级。铜陵市着力解决大气、水、地质等环境污染问题，建设生态宜居城市，通过实施节能减排“1+6”方案，提高资源利用效率，深入开展工业转型升级行动，发展新兴产业。马鞍山市紧紧围绕“生态福地、智造名城”发展目标，立足打造安徽省的“杭嘉湖”、长三角的“白菜心”这一新发展定位，高质量实施五大发展行动计划，统筹实施“五气、五水、五废共治”建设绿色矿山和长江（马鞍山段）两岸生态修复示范带，按照“理产业思路、育产业人才、抓产业布点、建产业集群、促产业升级、搭产业平台”要求提高产业转型质量。

2. 政策实施要点

安徽省财政厅、省自然资源厅、省发改委联合出台《推进资源型地区高质量发展“十四五”行动方案》，加快资源型地区转型发展。安徽省实施新一轮战略性矿产找矿行动，加强资源型地区地质调查与矿产勘查，深入推进煤、铁、铜等大宗战略性矿产的勘查。实施高新技术企业倍增计划，依托省级实验室、产业创新中心、工程研究中心等，支持资源型地区引进和培养一批创新型技能型人才和团队。支持资源型地区深度融入长三角一体化发展、长江经济带发展，加快建设合淮（南）产业走廊，规划建设合芜马、合滁、合铜产业走廊，支持淮北市、宿州市积极融入徐州都市圈，对接先进生产要素和创新资源，优化产业和城镇空间布局。坚持就业优先，加大援企稳岗力度，防范产业波动、资源枯竭导致的规模性失业。

淮北市贯彻落实《促进皖北承接产业转移集聚区建设的若干政策措施》和《皖北承接产业转移集聚区建设实施方案》《皖北地区高质量发展的若干意见》等文件，打造承接长三角产业转移示范区、全国资源型城市全面绿色转型发展样板区，稳定煤炭产能规模，发展清洁高效煤电，推动产业转型升级。淮南市落实《合淮产业走廊发展规划（2018—2025 年）》《淮南市融入长江三角洲区域一体化发展行动方案》，推动区域合作持续深化。编制完成《安徽省淮南市重点采煤沉陷区综合治理工程实施方案（2021—2023 年）》，争取国家资源型地区转型发展中央预算内投资支持，15 个采煤沉陷区综合治理项目获得总投资 40. 28 亿元。制定《创优营商环境提升行动方案 2021 版》，发布优化营商环境改革举措88条，进一步压时限、降成本、提效率，出台《淮南市招才引智暂行办法》《淮南市人才灌溉工程》《淮南市人才公寓管理暂行办法》《淮南市人才休假管理办法》等一系列保障措施，从住房、子女配偶安置、保健医疗等方面提升人才对工作生活的满意度。铜陵市印发《铜陵市推广支持创新相关改革举措实施方案》，加快推广全面创新改革试验，制定实施《铜陵市加快先进结构材料产业集群高质量发展的实施意见》，坚持“五行动一机制”，推动产业链、创新链、人才链、政策链相互贯通，提升产业集群创新发展能力和绿色发展能力。马鞍山市落实《马鞍山市支持“研发飞地”建设实施办法（试行）》，提升各类创新主体研发水平，切实增强经济发展支撑能力。制定《马鞍山市扶持产业发展政策若干规定》，支持“三重一创”建设，优化营商环境，统一规范全市产业扶持政策资金投入、运作和管理，并出台《关于加快建设产业集群（基地）的实施意见》，设立马鞍山市产业集群（基地）发展专项引导资金，重点支持“1+3+N”产业集群（基地）建设。

二、江苏省资源型城市转型发展实践探索历程与政策实施要点

（一）第一阶段（2008年之前）

徐州市是江苏省唯一的煤炭产业基地，在全国及江苏省的经济发展中发挥着重要作用，传统产业部分行业产能过剩、能耗高、效益低、造成环境污染、不可持续等问题成为制约徐州市经济社会发展的重要因素，推动城市转型和转变经济发展方式迫在眉睫。从2006年开始，徐州市以转型、振兴、民生为主线，全面贯彻实践科学发展观，走上资源型城市转型发展之路，相继作出了加快资源型城市转型、加快振兴徐州老工业基地、加快构建特大型区域性中心城市等一系列决策，通过“三重一大”的实施，着力增强全市经济社会发展的协调性和均衡性，这一时期是徐州市转型探索初期，缺乏江苏省委省政府的领导和相关政策文件保障。

（二）第二阶段（2008—2015年）

1. 实践探索历程

在省委省政府的支持下，徐州市坚持以转型为主线，以调整为抓手，以

创新为动力，走煤与非煤并重、新型工业与现代服务业并举、矿区与城区协调发展之路，提升走出去创业和引进来开发的质量。立足于自身基础和优势，通过改造传统产业与发展新兴产业相结合，建立工业园区及示范区，发展接续替代产业，大力推进服务业发展，调整产业结构，突出生态转型理念，不断实施徐州采煤塌陷地生态修复工程、南水北调东线一期及尾水资源化和导流工程等项目，进行矿区环境保护和生态修复，以实现建设“美好徐州”的目标。在省政府的支持和引导、市政府及相关部门的努力下，徐州市的转型取得显著成效，实现了经济总量由小到大、产业层次由低到高、城市功能由弱到强、生态环境由灰到绿、人民生活由安居到宜居的转变。

2. 政策实施要点

2008 年，江苏省委省政府颁布了《加快振兴徐州老工业基地意见》，徐州市按照省委省政府的要求，提出了“依托资源起步，甩开资源发展”的转型发展战略。在产业结构调整方面，徐州市委组织实施了《徐州市区产业结构调整及转型升级工作方案》，研究制定《徐州市重点区域禁止发展和限制发展工业项目目录》，提出了有序淘汰落后产能、推进新型工业化等措施，促进产业结构不断优化。“十二五”时期是徐州市转型发展的关键时期，徐州市在“十二五”规划纲要中明确提出要全面实施绿色增长战略，以绿色、低碳发展的理念推进新型工业化和城市化，全力打造生态经济圈、生态经济带和产业园区，全面推进资源型城市的生态转型。同时，徐州市委市政府以“十二五”规划纲要为依据，围绕生态转型理念，积极组织编制了《徐州市“十二五”循环经济发展规划》《徐州市“十二五”资源综合利用发电规划（2011—2015）》《徐州市（城区）“十二五”热电联产发展规划》《徐州市城镇生活垃圾无害化处理设施建设“十二五”规划》《徐州市城镇污水处理设施建设“十二五”规划》等一系列规划，为徐州市资源型城市生态转型提供制度保障。

（三）第三阶段（2016 年至今）

1. 实践探索历程

江苏省徐州市贾汪区深入贯彻落实习近平总书记视察贾汪时作出的重要

指示精神，因地制宜探索资源枯竭城市高质量发展新模式，统筹推进生态修复、产业发展、城市转型，推动转型发展取得积极进展。徐州市以“全域一体、错位发展、跨界融合”为导向，以“一核集聚、两轴牵引、三区协同”为路径，坚持以人为本、生态优先、绿色发展，打造空间结构清晰、城市功能互补、产业高端高效、公共服务均衡、环境和谐宜居的“2+6”现代化城市核心区，落实国家关于高新技术产业开发区高质量发展的若干意见，支持贾汪高新区加快发展智能装备制造、新材料等产业，加快采煤沉陷区综合治理，同时全面推进新兴产业集聚发展，大力支持战略性新兴产业发展，完善现代产业体系，实施“生态+”“+生态”行动，推进绿色低碳产业发展。

2. 政策实施要点

“十三五”期间，徐州市成功走出一条全国老工业基地和资源枯竭城市绿色转型发展之路。“十四五”期间，徐州市坚持绿色发展，推动徐州市生态建设，发布《黄淮海平原采煤沉陷区生态修复技术标准》和《采石宕口生态修复技术标准》两大技术标准，实现了我国园林行业生态修复技术标准“零”的突破，印发《徐州市生态修复三年行动计划实施方案（2019—2021 年）》，制定《徐州市生态修复专项规划》，综合分析存在的采煤塌陷地、矿山地质环境、生态系统退化、洪涝及地质灾害频发等生态环境问题，安排生态修复重点项目六大类、119 项，总投资约 131 亿元。徐州市全面推进绿色转型发展，发布《徐州市“十四五”绿色循环经济发展规划》，构建“876”规划支撑体系，优化产业结构、能源结构、运输结构，持续提升清洁生产水平，全面提高资源能源利用效率，大力提升基础设施绿色化水平，促进生产生活方式全面绿色转型，推动徐州市高质量发展迈上新台阶。出台《徐州市“十四五”国家资源型城市转型发展规划》，以“一核集聚、两轴牵引、三区协同”城市空间发展格局为指引，推动中心城市功能拓展区、生态涵养重要承载区、接续产业协同发展区三大功能区合理布局，促进徐州市资源型城市全面转型。

三、浙江省资源型城市转型发展实践探索历程与政策实施要点

湖州市在转型初期就得到了浙江省委省政府的领导支持，在国土资源部

（现为自然资源部）、省国土资源厅（现为省自然资源厅）的支持和指导下，市委、市政府高度重视，主要以建设绿色矿山、发展绿色矿业为抓手，坚持政府主导、企业主体、科学规范、稳步推进，探索出一条具有湖州特色的矿产开发与环境保护协调发展的转型之路。湖州市在建设绿色矿山过程中，主要采取思想上求“同”、举措上求“实”、标准上求“严”、机制上求“新”的做法，积极宣传生态文明理念，落实矿山建设主体责任，确保了绿色矿山建设工作的扎实推进。通过绿色矿山的建设，湖州市改变了过去矿业和矿产开发规模小、秩序乱、布局散、资源利用率低、安全性低、生态破坏严重的局面，基本形成了以大中型矿山为主体的矿产开发格局，资源利用率显著提高，矿区环境不断改善，实现了经济发展、生态效益的协调发展。此外，湖州市研究出台《关于创建绿色矿山的实施意见》和《湖州市市级绿色矿山管理办法》等一系列政策文件，明确了市级绿色矿山建设的内容、条件和工作要求，在全国率先提出以“资源利用集约化、开采方式科学化、生产工艺环保化、企业管理规范化、闭坑矿区生态化”五化标准打造绿色矿山，使湖州矿业面貌焕然一新，形成生态、经济与社会协调发展的良好局面。

新时代，湖州市在推动绿色矿山建设过程中，深入贯彻习近平总书记“绿水青山就是金山银山”的科学论断，坚持生态优先绿色发展，在“一地六县”省际毗邻区域共建长三角产业合作区，建设绿色智造名城和绿色金融示范城市，以南太湖新区、吴兴区、南浔区为重点，打造长三角生态绿色一体化发展示范区紧密型联动发展区，以数字经济为主攻方向推进嘉湖一体化合作先行区建设，以德清相关区块纳入杭州城西科创大走廊规划管理建设为契机建设杭湖一体化合作先行区。湖州市印发《湖州市涉矿工程项目矿产资源管理办法（暂行）》，从紧从严依法规范管理矿产资源的决策部署，出台《湖州市加快发展保障性租赁住房实施方案》，发展保障性租赁住房，加快形成完善以“保障性租赁住房+公共租赁住房+棚户区改造”为主的住房保障体系。

第二节　长三角地区资源型城市转型发展的经验总结

一、政府主导顶格谋划

首先，谋划资源型城市转型发展长远蓝图，研究转型路径和思路。在资源型城市的发展期，政府根据国际、国内宏观经济发展环境，在对本地区进行深入调研的基础上，结合目前的区域优势及资源开发利用情况，着眼于城市未来可持续发展，对城市进行正确定位，广泛听取各方面意见，科学制定符合本地区发展规律的经济和社会可持续发展规划及实施细则，确定转型总体战略和目标，明确各阶段任务，为制定详细实施政策提供依据和准则。

其次，主导、掌控转型发展节奏，设立专职的指导转型工作的部门，并配置高规格、高效率的工作人员，由发改部门牵头，下设各部门及办公室，主要是负责本地区的经济转型工作，制订转型具体实施方案，统筹协调各方利益关系，确保转型工作的顺利进行。

最后，着力构建服务型政府，保障社会公共服务和公共产品的供给，提高对企业和人民的服务质量。完善基础设施建设，改善投资环境和企业发展环境，提高各部门的工作效率，对于企业经营过程中的问题要及时、耐心地解答，积极承接企业移交的社会职能，协助企业改制及下岗职工安置、退休等后续问题解决。注重解决困难群众的衣食住行问题，完善民生制度和规则制定，把扩大就业和城市转型相结合，大力发展服务业等劳动密集型产业，完善就业培训、就业咨询等就业服务体系，积极帮扶就业困难人员和农村转移劳动力，大力改善居住环境，积极开展采煤沉陷区村庄避险搬迁行动，改造棚户区和老旧小区，推动城镇职工基本养老保险、工伤保险基金实现省级统筹，城乡居民养老与基本医疗保险实现应保尽保，切实保障人民权益。

二、传统优势与新兴产业并重

首先，在促进传统产业升级方面，加强政策规划引导，落实国家产业政策，优化投资结构，加快延伸拓展产业链，提高传统优势产业竞争力，打造优势产业集群，通过实施传统产业加速调整行动计划等一系列政策意见，促进资源“本地转化”，推动资源深度开采和产品深加工，升级传统产业，延伸资源型产业链条，创新产业发展路径，坚持走“生态+产业”路线，集中淘汰高污染、高能耗落后产能。

其次，新兴产业的培育，要依据区域和城市发展定位以及产业发展规划，以龙头企业为牵引，以产业园区和项目建设为载体，通过招商引资，选择、培育和发展一批能够发挥本地优势、符合转型要求的新兴产业作为经济发展的新增长点。经济发展内生动力不足的资源型城市，可以通过积极承接外来发达地区的产业作为本地的新兴产业，来推动城市经济转型。近年来，徐州市考虑到自身情况，将新能源、物联网等新兴产业作为经济发展的新增长点，并选择现代物流、旅游服务、商务中介、软件开发、文化动漫、国际服务外包六大产业作为现代服务业的发展重点。淮北市通过与长三角地区的其他城市进行合作，积极承接发达地区的产业，包括电力类、机械制造类、电子信息类等，并以开发区、工业园区作为承接产业转移的主要战场，加速产业转型升级，为城市转型奠定经济基础。同时，在引进产业时要充分发挥重点园区和重点项目的作用，完善园区内的基础设施，实行产业链式招商，增强要素集聚能力，实现产业集群发展。

最后，在培育壮大主导产业的同时，注重接续替代产业协同发展，实现传统产业升级与新兴产业的联动发展，推动资源型城市的产业模式由单一向多元化转变。促进产业向绿色低碳方向发展，加强能源资源循环节约集约利用。同时，加快培育发展数字经济，促进产业数字化和数字产业化。

三、双招双引汇聚创新资源

首先，积极组织实施人才培养、人才引进、人才助推等工程和项目，注重人才培养，大力发展职业教育和在职培训，创造良好的工作和生活环境，构建合理且具有吸引力的政策体系和激励机制，帮助城市引进人才、用好人才、留住人才，对具有突出贡献的人才进行表彰奖励。根据本城市实际情况和转型方向，注重培养一批具有自主知识产权，能够突破关键技术的科技人才队伍和依靠实力通过核心技术进行自主创业的现代企业家团体。

其次，以人才为基本，推动科技创新，促进科技工作、人才建设与城市转型紧密结合，将发明和科技成果应用于产业转型，以科技改造提升传统产业，引入和培育具有一定科技含量的新兴产业，积极对党政领导、科技管理干部、企业高层人员和科技研究人员开展分类、分批、分层次的科技创新创业培训活动，以新理论、新知识和新技能改善各群体的知识结构，增强创新精神，提高创新能力。

最后，完善产教融合体制机制，围绕产业链布局创新链，加强科技成果转化，充分利用本地大学、职业院校、科研机构等智力平台，通过财政支持，鼓励其定向培养有利于本地区转型和新兴产业发展的人才，积极向企业、政府输送有技术、有思想的人员，加强政府、企业与学校、科研机构的交流合作，推动政产学研一体化，不仅可以为高校学生提供实习就业机会，还可以为企业发展注入新的活力，加速其转型升级。

四、凝聚共识聚力转型

资源型城市的转型牵涉面广，涉及的利害关系较为复杂，需要社会各界达成共识，坚持把生态修复摆在推进转型发展的首要位置，全力补齐生态“短板”，充分认识到促进转型对于增强城市可持续发展能力的重要性。发挥和调动各方面的积极性，共同努力，变被动转型为主动转型。

首先，提高政府的重视程度，增强领导的转型意识，及时了解本地资源状况并早谋划、早转型，这样在资源面临枯竭时，城市发展仍具良好的经济基础，可以促进其长久繁荣。淮南市转型中的一个特点就是谋划得早，当其本地矿产资源比较丰富，资源型产业还处于快速扩张期时，就开始思考资源不足以支撑经济发展时，该何去何从的问题，为淮南城市转型提供了更多时间去探索如何发展经济，培养了更强的能力去承担风险。

其次，对于社会公众，要积极宣传科学发展观和可持续发展理念，倡导低碳、绿色生活方式，提倡在平时生活中注重保护环境，节约利用资源，形成“城市是我家，转型靠大家”的主人翁意识。

最后，充分调动企业的积极性，企业是资源型城市产业转型的基本单位，企业发展的好坏是产业转型能否成功推动经济转型的关键，一定要根据国家的产业发展方向和区域产业政策及转型战略，对衰退型企业进行扶持，对新兴产业进行支持，促进企业生产向好发展。

实践证明，只有政府、企业、社会公众携手共进，相互配合，形成转型合力，在发展成熟阶段就进行主动转型，才能较平稳、低代价地实现成功转型和可持续发展。

第三章　新时代长三角地区资源型城市转型发展新内涵与目标

新时代是党中央对我国新时期宏观形势变化的重大战略判断，其深刻揭示了我国政治经济社会发展全方位的重要变化，新时代与转变经济发展方式、新型工业化等“四化”同步发展、实施创新驱动战略、深化体制机制改革等重大战略的提出是融为一体的，同长三角一体化、中部地区高质量发展、长江经济带、特殊类型地区等一系列重要区域战略部署的实施是一脉相承的。那么，新时代背景下长三角地区资源型城市转型发展的内涵及其目标发生了哪些变化？基于“十四五”规划建设产业转型升级示范区的要求以及《实施方案》提出的引领带动全国老工业城市和资源型城市振兴发展的目标，本章将从高质量发展、产业结构转型升级、共同富裕、低碳发展、新型城镇化 5 个方面尝试讨论长三角地区资源型城市转型发展内涵和目标的新变化。

第一节　经济转型实现高质量发展

新时代，长三角地区资源型城市经济转型的目标是实现高质量发展，即以满足人民日益增长的美好生活需要为目标的高效率、公平和绿色可持续的发展。其目的是维护国家资源能源安全，健全区域协调发展体制机制。

当资源开发处于上升阶段时，资源保障潜力大，经济社会发展后劲足，采掘业成为城市主要的支柱产业，如安徽省的颍上县。采矿业起步后，资源向矿业集聚，此时城市功能逐步完善，发展潜力大，应及时总结经验教训，做好统筹规划，提高科技创新能力，建立可持续发展模式。

当资源开发处于稳定阶段时，资源保障能力强，经济社会发展水平较高，资源开发加工对城市经济发展起着主导作用，如浙江省的湖州市、武义县和青田县，以及安徽省的宿州市、亳州市、淮南市、巢湖市、滁州市、池州市和宣城市。这是长三角地区资源型城市主体所在的阶段。此类资源型城市的主要任务是提高资源综合利用效率，提前谋划产业转型思路，防止“矿竭城衰”。

当资源开发进入衰退期时，开采成本升高、资源趋于枯竭，生态环境压力大，如江苏省的贾汪区、安徽省的淮北市和铜陵市。矿业经济停止增长，城市发展的资源依赖性降低。矿业在整个城市产业结构中的地位和作用持续下降。此时应发展非资源型的接续替代产业，引导资源向非资源产业倾斜，构建多元发展格局，做好向再生型城市转型的准备。

当资源型城市进入再生期时，城市发展基本摆脱了资源依赖，经济社会开始步入良性发展轨道，非资源产业成为城市发展的重要支柱，如江苏省的徐州市和宿迁市，以及安徽省的马鞍山市。新型的非资源产业结构成熟，经济结构完善，社会发展稳定，城市实现高质量发展。

第二节　产业结构转型升级

新时代，长三角地区资源型城市经济转型的关键是进行产业转型升级。而资源型城市产业转型最重要的环节就是产业转型的方向和模式，模式确定后就面临选择与模式相适应的主导产业的问题。长三角地区资源型城市处于4个不同的发展阶段，经济转型的最便捷路径就是依托自身优势而形成的路径，包括资源优势、技术优势、文化优势等。

对于成长型城市来说，要规范其有序发展。安徽省颍上县是长三角地区的一个成长型城市，资源开发处于上升阶段，资源保障潜力大，经济社会发展后劲足，是我国能源资源的供给和后备基地，应规范资源开发秩序，形成一批重要矿产资源战略接续基地。提高资源开发企业的准入门槛，合理确定资源开发强度，严格环境影响评价，将企业生态环境恢复治理成本内部化。提高资源深加工水平，加快完善上下游产业配套，积极谋划布局战略性新兴产业，加快推进新型工业化。着眼长远，科学规划，合理处理资源开发与城市发展之间的关系，使新型工业化与新型城镇化同步协调发展。

对于成熟型城市来说，要推动其跨越发展。浙江省的湖州市、武义县和青田县，以及安徽省的宿州市、亳州市、淮南市、巢湖市、滁州市、池州市和宣城市这10个资源型城市处于成熟期，资源开发处于稳定阶段，资源保障能力强，经济社会发展水平较高，是现阶段我国能源资源安全保障的核心区。应高效开发利用资源，提高资源型产业技术水平，延伸产业链条，加快培育一批资源深加工龙头企业和产业集群。积极推进产业结构调整升级，尽快形成若干支柱型接续替代产业。

对于衰退型城市来说，要加大力度扶持其尽快转型。江苏省徐州市贾汪区和安徽省淮北市与铜陵市属于衰退型资源城市，资源趋于枯竭，经济发展受限并有下降趋势。这3个城市（地区）应该加快转变经济发展的方向和模式，进行产业转移，大力扶持接续替代产业发展，尽快培育接续替代产业集群，逐步增强可持续发展能力。

对于再生型城市来说，要引导其进行创新发展。江苏省的徐州市和宿迁市，以及安徽省马鞍山市属于再生型城市。浙江省湖州市也具备再生型城市的诸多特征。这些城市基本摆脱了资源依赖，经济社会开始步入良性发展轨道，是资源型城市转变经济发展方式的先行区。应进一步优化经济结构，提高经济发展的质量和效益，深化对外开放和提升科技创新水平，改造提升传统产业，培育发展战略性新兴产业，加快发展现代服务业。

第三节　社会和谐和共享发展

社会转型的主体是社会结构，它是指一种整体的和全面的结构状态过渡，而不仅仅是某些单项发展指标的实现。社会转型的具体内容是结构转换、机制转轨、利益调整和观念转变。在社会转型时期，人们的行为方式、生活方式、价值体系都会发生明显的变化。社会转型是一个非常庞大的系统工程。而建设这一系统的切入点就是实现共同富裕。推进共同富裕需要从以下 3 个方面着手：

第一，以壮大中等收入群体为主要突破口推动人民共富、缩小生活水平差距。通过政府补贴和帮扶、推动劳动力市场化改革、完善初次分配调节机制等方法，从让人民公平积累人力资本、公平参与共创共建入手，壮大中等收入群体规模、提升中等收入群体富裕程度。坚持以人为本，以保障和改善民生为重点，优化资源收益分配关系，探索建立合理的利益保障机制，支持改善资源产地居民生产生活条件，共享资源开发成果，努力实现居民收入和经济发展同步提高。

第二，从强化法治建设和产权保护入手，激励高收入阶层进一步发展并带动“提低扩中层”。强化法治建设，坚持依法治国，建立健全社会诚信体系。加快完善产权制度，健全各类生产要素参与分配机制，健全公职人员财产申报制度，坚决切断通过各种违法违规方式获得高收入的途径。

第三，从增加公共服务投入、提高公共服务效率入手，更好地保障最底层劳动者的生活水平。需要转变政府职能，降低政府收入用于资本性项目的比例，增加公共服务和民生方面的投入。创新供给方式，增加公共服务供给主体。充分发挥社会财富和慈善组织在三次分配方面的作用，落实慈善捐赠的相关优惠政策，培育发展慈善组织，加快发展慈善等社会公益事业。

第四节　绿色低碳转型发展深入推进

随着我国“双碳”战略的深入推进，过度依赖资源形成高碳发展水平的资源型城市面临着经济转型和绿色低碳的双重压力。资源型城市在发展初期凭借丰富的自然资源有力地推动了地区经济增长，但发展到中后期，高碳发展模式引发资源枯竭、环境恶化等问题，生态环境后遗症日益显现，直接影响区域经济的发展。资源型城市实现绿色低碳发展必然是资源型城市转型的新内涵之一。一方面，资源型城市实现绿色低碳转型以碳减排为目标，确定总体规划，推动能源清洁低碳安全高效利用，深入推进工业、建筑、交通等领域低碳转型。另一方面，资源型城市低碳转型要借鉴国内外资源型城市转型取得显著成效地区的相关模式，归纳出值得借鉴的经验，制定符合当地实际情况的一系列措施，引导资金、技术、人才向低碳产业汇集，将绿色环保和经济效益相结合，在全社会形成绿色发展的环境氛围和可持续发展的良性循环机制。

在长三角地区，矿业城市在资源型城市中所占的比重很大，因此推动矿业城市绿色低碳转型是一项非常重要的任务。根据“十四五”规划，资源型城市转型过程中要全面提高资源利用效率，坚持经济发展与绿色发展、低碳发展相统一。同时，长三角地区资源型城市还应该充分发挥市场的作用，引入市场机制，吸引社会资金投入绿色矿山、绿色矿业的发展之中，建立“政府出资引导，优惠政策扶持，社会资金参与”的新模式。

第五节　城镇化发展质量优化提升

提升城市功能可以为资源型城市转型发展提供坚实保障。城市功能的提升要坚定不移走以人为本、以县城为载体的新型城镇化之路，在做精、做细、做优上下功夫，从城市的空间布局到功能完善，从基础设施到城市建筑，从居住环境到生活配套，都要渗透以人为本的理念，有机完善城市软硬环境，增强城市包容性和融合性，使更多人民群众享有更高品质的城市生活。

突出规划先导。围绕功能提升，深入开展空间优化研究。科学规划城市的区域功能定位和产业布局，加强城区老工业区搬迁改造、棚户区和采煤沉陷区综合治理，稳步推进城中村改造，实施旧住宅区综合管理，全面改善人居环境。加强城市公共服务设施建设，完善城市功能，加大城市市政公用设施的建设改造力度，加快建设一批污水处理、大气污染防治等环保项目。

强化“双创”功能。创新、创业是城市转型发展的新动力。长三角地区资源型城市要加大创新投入力度，推进区域科技创新中心建设，依托重点企业、重大科研项目、重大工程、高等院校、科研院所等，培养一批创新型人才，逐步实现以科技进步和管理创新驱动可持续发展。大力支持大学生创业和就业，产学研用深度融合，加强创业创新平台建设，引导、深化校企合作，促进资源集约利用。

完善城市功能。坚持以项目为支撑，打造城市功能载体，完善基础设施配套，大力发展现代服务业；着眼长远发展，加快推进资源型城市街道项目建设，为服务业发展和功能完善提供支撑，并促进社区集体经济发展；各个城市根据自身特点制定服务业发展规划，整合利用各类资源，调整业态布局，加快服务业优化提升；进一步加快转变政府职能，创新服务举措，建设高标准、高质量的基础设施，建设有特色、有品质的公共服务和商业配套设施，打造高端化的创新型经济发展平台。

优化城市管理。健全农业转移人口落户制度，实施差别化落户政策，统筹推进户籍制度改革和基本公共服务均等化；积极引入城管先进理念，强化精细城管，提高城市标准化、科技化、市场化管理水平；优化公共交通，完善与地铁、快速路网有机衔接的公交体系，努力实现区内交通顺畅目标；深入推进城市有机更新，完善应急预案，着力提高城市对自然灾害的防御能力；坚持以管理强服务、以服务促管理，深化城市脏乱差整治，加强管理，提升城市文明水平。

第四章　新时代长三角地区资源型城市转型发展动能转换机制

第一节　构筑转型发展动能转换机制需要处理好的关系

一、统筹规划与分类指导的关系

资源型城市类型多样，所在区域的差异决定了转型发展的经济基础、社会环境、财政支持力度的不同，进而决定了转型发展进程和效果的不同。

资源型城市在资源产业、发展阶段和所在区域上的差异性，决定了资源型城市转型发展没有统一的模式可以遵循，必须因地、因时制宜。因此，我国资源型城市转型发展必须正确处理好资源型城市的一般性和特殊性的关系，体现在政策上就是要正确处理好统筹规划和分类指导的关系。所谓统筹规划，就是资源型城市转型发展宏观指导框架，是从资源型城市转型发展的一般规律出发，对资源型城市转型发展的发展目标、基本原则、转型机制等方面作出宏观规定，而不是微观要求、“一刀切”。所谓分类指导，就是国家要尊重资源型城市的特殊性，鼓励资源型城市立足自身发展依托的资源及其开发阶段和所在区域的不同，因地、因时制宜选择转型发展模式。特别是在国家政策的扶持上，要体现类型和区域的差异，对于资源枯竭城市，要注重提高转型发展的质量，积极引导地方提高转型效能；对于资源富集地区，要注重提高创新能力，建设创新平台，培育创新产业集群；对于采煤沉陷区，要进行综合治理，统筹推进土地的综合整治利用；对于工矿区，要进行改造提升，引导其从城镇功能拓展、产业提质升级、产城融合发展等方面确定改造提升重点方向。

总之，正确处理好统筹规划与分类指导的关系，就是要把刚性控制和弹性引导有机结合起来，既把握资源型城市的资源特质、阶段性特征和区域差异性，又要遵循资源型城市转型发展的基本规律，科学谋划城市发展战略，合理确定城市经济社会发展目标，灵活选择发展模式，从而既提高规划的科学性，又增强分类指导的可操作性。

二、资源型产业与战略性新兴产业的关系

主导产业的单一性和脆弱性是资源型城市的典型特征。资源型城市与资源开采相伴而生，资源储量决定了这类城市发展的规模和潜力，资源型产业的发展带动了城市的拓展；同时，资源型产业具有较强的技术依赖性和政府依赖性，客观上造成它的发展很难带动民营经济为之配套服务，很难适应市场的剧烈变化，进而造成资源型城市主导产业的单一性和脆弱性，一旦资源枯竭，产业就衰退，城市就萧条。所以，资源型城市往往是兴也资源、衰也资源。对于资源型地区，资源型产业在产业结构中占比大、体量大，是经济发展的基础和支撑，可以通过延长产业链等方式衍生新兴产业，形成新产业、新业态。新兴产业则是以重大技术突破和重大发展需求为基础，发展潜力大、带动能力强，能够直接改善和优化产业结构。因此，资源型产业与战略性新兴产业协调发展就成为资源型城市转型发展的核心环节。那么，要实现资源型城市的可持续发展，就必须正确处理好资源型产业和战略性新兴产业的关系，推行产业多元化模式，以产业转型促进资源型城市转型发展。

三、工业与农业、城市与农村的关系

在资源型城市的经济结构中，工业生产与农业经济并存，城乡二元经济结构突出。因此，必须正确处理好工业与农业、城市与农村的关系。为此，一要坚持新型城镇化与工业化并举。通过改造传统产业、壮大支柱产业、发

展新兴产业，推动资源产业与非资源产业协调发展，延长产业链，扩大产业规模，形成工业产业带，以工业化带动城镇化；通过“退城”“并城”“拓城”等方式，改造现有城区、建设新城区，拓展城市发展空间，提高城市的辐射力和带动作用，以城镇化推动工业化；同时，改革户籍制度，完善城镇基本公共服务提供机制和农业转移人口市民化配套政策，推动农业转移人口市民化、公共服务均等化，促进产业集聚与人口集聚同步发展、城镇化与工业化协调发展。二要坚持城市转型与乡村振兴相结合。实施扩容提质战略，全面提升城市功能，以城市发展体现城市转型。通过城区基础设施向乡村延伸、非资源型产业向乡村拓展、公共产品向农村倾斜、城市文明向乡村辐射等方式，促进社会主义新农村建设，加大城市对农村劳动力的转移就业力度，精准培育乡村振兴领域高尖端技能型人才，形成城乡优势互补、协调发展的长效机制；同时，落实国家生态保护政策，健全生态保护补偿机制，治理农业面源污染，改善人居环境，还要以中心村为核心，以农村住房建设和危房改造为契机，以生态型农村建设为抓手，积极稳妥推进迁村并点、生态移民工程，促进农村居民向中心村集中、农村人口向城镇集中，推进生态城镇化建设。

四、城市转型发展与社会发展、共同富裕的关系

资源型城市在发展过程中，再就业、住房、贫困、教育、社会保障等社会问题还是较为突出的，而实现社会稳定和共同富裕是资源枯竭城市转型发展的根本目的。因此，要实现资源型城市的可持续发展，就必须正确处理好城市转型发展与社会发展、共同富裕的关系，把握好鼓励勤劳创新致富、坚持基本经济制度、尽力而为量力而行、坚持循序渐进 4 个原则，始终做到发展为了人民、发展依靠人民、发展成果由人民共享，把改善和提高人民生活质量作为城市转型发展的出发点和归宿，扎实推动共同富裕，从解决关系居民切身利益现实问题入手，加快发展社会事业，注重社会公平，使全体居民共享转型发展成果。

要正确处理好城市转型发展与社会发展、共同富裕的关系，必须解决好

发展的不平衡不充分问题，缩小地区、城乡和收入差距，扩大中等收入群体，让全体人民公平获得积累人力资本和参与共创共建的机会，公平地共享发展成果。因此，必须明确城市转型发展的目的是使经济增长和社会进步以及人民生活改善同步进行。为此，资源型城市在转型发展中注重健全基本公共服务体系，加强普惠性、基础性、兜底性民生建设，以城市基础设施和公益设施建设为载体，推进安居工程建设，重点加快工矿棚户区、城市棚户区改造，提高廉租房、经济适用房比重，并加快改造农村泥草房，以改善居民生活居住条件；要搭建创业平台，鼓励以创业带动就业，开展职业技能培训，特别要加大对就业困难人员和农村转移劳动力的就业帮扶力度，提高劳动者素质和就业能力，稳定提高居民收入；要积极推进社会保障事业发展，扩大社会保险制度覆盖面，全面实施新型农村养老保险，健全市、乡、村三级医疗卫生服务体系。同时，创新人才引进机制，推进科技进步；合理配置教育资源，实现城乡教育均衡发展；完善文化体育设施，开展群众性文体活动，推进城乡文化建设；等等。

五、经济发展与绿色发展的关系

环境污染、生态退化是资源枯竭城市的突出表征。因为资源开采在带动城市经济发展的同时，也因粗放式开采造成“三废”问题突出，并与因时间推移出现的水土流失、地面塌陷、裂缝等地质灾害相互纠结，致使环境污染、生态退化、城市破败，进而导致资金流入减少、人才流失增加、城市发展速度放慢。那么，推进资源总量管理、科学配置、全面节约、循环利用就成为资源枯竭城市转型发展的关键环节。因此，要实现资源型城市的可持续发展，就必须正确处理好经济发展与绿色发展的关系，建立资源集约型的技术体系和生产体系，避免重复走“先污染、后治理”或“边污染、边治理”的老路，实行清洁生产，推动经济社会走上生产发展、生活富裕、生态良好的文明发展道路。

长三角地区资源型城市正确处理好经济发展与绿色发展的关系，应抓住“双碳”战略机遇，依托安徽“三地一区”建设，提高绿色技术创新驱动力，构建绿色产业链供应链，推动高耗能行业全过程绿色化，完善绿色发展制度体系，探索低碳发展新路径，打造经济社会发展全面绿色转型区。同时，实施有利于推动绿色发展的价格、财税、投资等政策，健全绿色金融体系，营造有利于绿色产业发展的营商环境，把生态优势转化为经济优势，推进经济高质量发展和生态环境高水平保护工作，从而实现经济社会发展全面绿色转型。

六、城市转型与统一大市场的关系

国内统一大市场指的是中国国内市场形成了规则统一、竞争充分、高度开放、运行有序的基本格局，具有规模巨大、结构完整、功能强大、机制灵活和环境优化等内在性质，可以依托其顺利地实现国内外经济循环和扩大再生产。统一大市场的建立能够进一步降低市场交易成本，推动国内市场高效畅通和规模拓展，为城市转型营造稳定公平透明可预期的营商环境，促进科技创新和产业升级，促进国际竞争合作。因此，融入统一大市场是城市转型的重要一环。

长三角地区资源型城市绝大多数地处内陆，经济社会发展明显滞后于沿海地区。加快构建全国统一大市场，对于内陆资源型城市来说，是重大的战略机遇。随着全国统一大市场的建立完善，市场结构将发生重大变化，统一的要素和资源市场加快形成，统一的土地和劳动力市场、资本市场、技术和数据市场、能源市场、生态环境市场建立健全，市场设施高标准联通，流通网络、畅通信息交互升级，市场运行效率提高，使资源型产品在更大范围内畅通流动。一方面，长三角地区资源型城市应着眼于国内大市场，充分发挥自身的特色和优势，找准定位，深入推进供给侧结构性改革，应用新动能，融入区域开放发展大格局，推动区域协同融合发展，以“大内需”新动能带动产业转型升级和经济社会的持续发展；另一方面，长三角地区资源型城市应瞄准国际市场，吸引海外中高端要素资源向内汇聚，深化改革开放，提高开放水平，积极参与国际能源和产业合作，畅通国内国际双循环，促进资源型城市实现高质量发展。

七、政府财力支持与可持续发展长效机制建设的关系

资金短缺是资源型城市转型发展的直接困难，要实现资源型城市的低碳绿色发展，就必须正确处理好政府财力支持与可持续发展长效机制建设的关系，加强碳汇机制、生态补偿机制建设。从财力支持来看，中央财力性转移支付要处理好区域之间、城市类型之间的关系。从可持续发展长效机制建设来看，在“碳达峰”“碳中和”背景下，要尽早建设可持续发展长效机制，包括资源能源开发秩序约束机制、资源性产品价格形成机制、接续替代产业扶持机制、资源开发补偿和利益分配共享机制、资源型地区转型发展动态监测和评估机制等，尤其是要建立健全碳汇机制与生态补偿机制。

正确处理好政府财力支持与可持续发展长效机制建设的关系，就是要把资金支持的启动效应和机制建设的长期效应结合起来，从区域差异、城市类型、时间跨度上分清主次关系，发挥它们各自的长处，从而实现资源型城市的可持续发展。从区域差异来看，金融机构存差过大、资金外流严重的地区，理应属于资金支持的重点区域，在资金启动转型的基础上，逐步考虑构建可持续发展长效机制的问题。从资源型产业的发展阶段来看，处于成长、成熟期的资源型城市要及早构建可持续发展长效机制，特别要及早构建“资源性产品价格形成机制”。因为该机制的构建不仅能够降低价格扭曲导致的短缺风险，而且有利于抑制不合理需求，促进资源型城市经济结构的优化和发展方式的转变，从而为其他机制（如碳汇机制、生态环境补偿机制）的构建奠定基础。处于衰退、枯竭期的资源型城市，理应是资金支持、发挥启动效应作用在先，机制建设、保证可持续发展在后，建立健全用水权、排污权、碳排放权交易制度和生态产品价值实现机制。同时，资金支持要注重普惠性，既照顾到“中心城市”，也不能忽视“问题城镇”。森工型城市对碳减排具有重大意义，应该资金支持和机制建设并重，巩固生态系统碳汇能力，稳定现有森林的固碳作用，提升生态系统碳汇增量。

第二节　构筑转型发展动能转换机制的长效保障

一、创新资源型城市可持续发展的体制机制

推进政府职能转变，建设服务型政府，政府通过宏观调控和组织协调，健全社会保障体系，分离资源型企业的“社会”职能，减轻企业的社会负担。改革资源管理和价格管制体制机制，完善有效反映市场供求的资源价格形成机制。加快资源税改革步伐，比照试点地区推进相关政策实施。加快建立资源型城市可持续发展准备金制度，专项用于环境恢复与生态补偿、发展接续替代产业、解决企业历史遗留问题等。

二、完善资源型城市可持续发展的财政支持机制

一是争取中央财政通过转移支付、专项拨款等多种方式支持资源型城市的转型发展。结合资源型城市的现状困境，争取国家延续对资源枯竭城市的财力性转移支付支持，同时扩大转移支付的范围；争取加大中央财政专项支持力度，包括额度的增加和范围的扩大。二是争取利用国家债券资金加大对资源型城市转型发展的相关产业、基础设施、社会民生等方面的支持力度。三是争取把部分资源型城市纳入国家可持续发展试点范围，并给予政策、资金支持。四是开展试点，由中央财政、省级财政和市（县）财政共同出资设立预算稳定基金，该基金主要用于发展接续替代产业项目的补贴、人员培训、环境治理等，形成援助资源型城市的长效机制。五是允许地方政府以政府信用为基础筹集债券资金，扩大地方融资来源，以加强地方基础设施和公共事业建设。六是设立省级资源型城市可持续发展专项资金，重点用于资源型城市产业结构调整、接续替代产业园区与平台建设、充分吸纳就业等方面。

三、健全资源型城市转型与可持续发展的投融资机制

深化投融资体制改革，健全政府投资管理体制，加强投资项目事中事后

监管。充分发挥政策性、开发性金融机构积极作用，加大对城镇棚户区改造、生态环保、城乡基础设施、科技创新等重大项目和工程的资金支持力度。探索构建跨区域科技创新投融资体系，鼓励金融、社会资本合作投资区域创新企业、科技成果转化项目、重大科研项目。完善投融资支持政策，充分利用国际金融组织贷款支持产业转型升级示范区建设，支持企业上市。落实县城新型城镇化建设专项企业债券发行指引，加大企业对资源型城市转型升级的支持力度。积极争取国家开发银行等开发性银行支持，利用科技创新和基础研究专项贷款、制造业专项贷款发展优势产业链和先进制造业，推进基础设施建设，促进接续替代产业发展。加强与国家进出口银行合作，支持煤矿、森工、油气、金属矿产等资源型企业“走出去”，建立国外原料基地，开发利用境外资源。吸引商业银行加大对资源型城市可持续发展的信贷投放力度，对符合授信条件的项目给予重点倾斜，并设立绿色通道，缩短审批程序。鼓励和支持资源型城市利用世行、亚行贷款及国外资本进行经济转型和发展接续替代产业。通过打造政府投融资平台，整合各类信贷资金和国有资本，支持资源型城市转型发展；积极组织“资源型城市—银行—企业”系列对接会，建立有利于促进资源型城市转型发展的政银企长效合作机制。支持中小企业信用再担保公司在资源型城市中拓展业务，建立省、市、县三级联合担保机制，提高中小企业担保贷款能力。

四、强化科技人才支撑机制，培育资源型城市创新能力

创新是推动新旧动能转换的关键，因而培育创新机制成为影响新旧动能转换的关键因素。推动产学研深度融合。鼓励支持大学、科研院所和企业技术中心以产学研联合开发、技术转让和技术入股等方式参与资源型城市产业经济转型发展；支持应用型本科院校和高等职业院校发展，推动校企共建实验实训平台，创新校企合作办学机制，优先培养先进制造、信息技术、现代服务业等产业发展急需人才；建立开放式、流动性和虚拟化产业技术研发与转移平台，有效整合技术研发资源，为资源型城市接续替代产业发展提供技术支撑；加快产业协同发展，优化创新创业创造生态，围绕产业链、创新链，

打造人才链，推进产创才融合，加强人才创新创业载体建设，打造一批“双创”示范基地。提升招才引智水平，国家和地方政府以及有条件的资源型城市应积极探索人才柔性引进模式，如可通过资金补贴和奖励等形式吸引技术人才参与资源型城市的转型发展，有效发挥科技人才作用，培育资源型城市的创新发展能力。加大高水平人才培养力度，突出“高精尖缺”导向，加大战略科技人才、科技领军人才、青年科技人才培养力度。深化科技管理体制改革，改革重大科技项目立项和组织管理方式，给予科研单位和科研人员更多自主权，推行技术总师负责制，实行“揭榜挂帅”“赛马”等制度，推进人才评价机制改革，完善自由探索型和任务导向型科技项目分类评价制度，激励人才更好地发挥作用，形成以创新能力、质量、实效、贡献为导向的科技人才评价体系。健全知识产权保护运用体制，实行严格的知识产权保护制度，完善知识产权相关法律法规，加快新领域新业态知识产权立法。

五、实施项目带动机制，支持重大项目向资源型城市布局

鼓励和支持大城市、大企业参与资源型城市转型发展。选择发展基础较好的城市及重点发展领域，依托重要骨干企业和重大工程项目，组织实施一批带动力强、影响面广、见效快的技术创新和高技术产业化项目。对新上的接续替代产业项目，要简化程序，加快审批，优先保障建设用地。重点支持一批生态健康、新型装备制造、新材料与新能源等接续替代产业园区的建设和发展。

第三节　资源型城市转型发展动能转换模型的构建

当前，我国经济发展动力处于从要素驱动与投资驱动向创新驱动转变的新旧动能转换关键期。旧动能是指高耗能、重污染、过度依赖投资和出口形成的粗放型经济增长发展方式，新动能是一种科技创新、科学管理、劳动者素质提高推动发展的集约型经济增长发展方式。资源型城市转型的目的就是

突破自然资源产出是经济发展的必要条件的制约，实现经济高质量发展。这意味着资源型城市转型的核心内容是资源型城市的产业转型，即城市主导产业由现存的不可再生性自然资源开采和加工的产业转向其他产业，一般是发展接续替代产业，可以通过产业深化，延伸原有自然资源产业链条，延缓城市衰退；也可以培育新兴产业，如发展金融业、现代服务业等，推动产业发展摆脱资源束缚；还可以综合前两种方法，实现产业多元化来规避城市经济的衰退风险。

要想实现资源型城市产业转型，必须明晰推动城市转型发展的动力要素及动力机制，推进新旧动能转换、重构经济动力系统。本书运用系统论、耗散结构论，尝试构建资源型城市转型发展的动力模型，探讨资源型城市转型发展所需要的动力要素及其形成的动力机制——“负熵流”。

一、资源型城市转型发展动能转换模型的理论借鉴

系统论和耗散结构理论认为，只有不断地从外界吸收信息获得“负熵流”，才能抵消开放系统内部的“熵增加”，进而维持和增加系统的有序性。需要通过加强与外界物质、能量和信息的交流来为开放系统提供良好的开放条件，以保持系统的不平衡状态来不断激发新的发展动力，进而形成高度有效的耗散结构。

资源型城市转型发展是一个开放复杂的系统工程，自然形成了一个耗散结构。在资源型城市转型发展过程中，由于机体内部的分解代谢，其有序结构不断遭到破坏，这样“熵”就增加了，使得系统处于非平衡态；与此同时，系统各要素之间能够产生协同作用和相干效应，形成了相互制约、相互耦合的非线性作用机制。正是非线性相互作用的存在，保证了资源型城市转型发展动力系统的多样性，能够产生新的结构，形成新的整体效应，有利于系统由简单向复杂、从低级向高级发展。

同时，资源型城市转型发展的动力系统会受外界影响而涨落。城市机体会不断地受到外界影响而产生无数个随机小涨落，系统要素的偶然波动导致系统偏离平衡态。当系统处于非平衡态时，无数个随机小涨落形成“巨涨落”

达到一定阈值时，系统就会从当前的无序状态跃迁到有序状态，随着内部“熵”的进一步降低而形成新的耗散结构，推动系统升级。因此，“巨涨落”对资源型城市转型发展动力系统有序状态的形成具有较强的推动作用。资源型城市的转型需要持续地从外界获得物质、能量和信息的“负熵流”，这是资源型城市转型发展的动力源泉。

二、资源型城市转型发展动能转换模型的理论构建

资源型城市转型发展的动力系统，主要由资源要素承载力系统、政府外生推动力系统、科技创新驱动力系统、以市场化为基础的原动力系统等构成，且在每个动力系统内部，都存在推动资源型城市转型发展的“负熵流”。

（一）资源要素承载力系统

资源要素包括自然资源（土地、矿藏、海洋、生物、水资源等）、经济资源（劳动、资本、知识、技术等）和社会资源（信息、法律、政策等）。这些要素构成了资源型城市生存发展的基本要素，在使用过程中释放出不同形态和不同能级的“负熵流”，从而形成不同能级的承载能力，推动资源型城市的转型发展。

1. 自然资源要素

自然资源要素是资源型城市存在的物质能量基础。资源型城市的发展主要依靠资源型产业的发展，当资源消耗超过资源产量时，就会对经济发展产生约束，需要人们根据这种约束的大小及时调整各产业的投资比例，或者依靠技术进步增加资源产量，或减少资源消耗。但大多资源型城市已步入资源开采的中后期，资源优势不复存在，城市的产业发展受到了自然资源的阻碍，土地、森林、矿藏等自然资源能够给城市发展提供的“负熵流”能级越来越低，城市发展的承载能力越来越弱。而资本、知识、技术、文化等高端要素在城市转型发展中却提供了能级越来越高的“负熵流”，能够不断推动资源型城市转型升级。

2. 资本要素

资源型城市发展之初，基本上都依赖于国家物质资本的投入，随着国家

投资的锐减，资源型产业发展速度放缓，这也要求多渠道的资本投入，满足资源型主导产业的融资需求，为资源型城市转型发展提供金融支持。

（二）政府外生推动力系统

政府作为公共事务管理者和市场经济的宏观调控者，在资源型城市转型发展中发挥着不可替代的重要作用。政府不仅能够从公共服务供给和政策调控等方面直接作用于城市转型发展，而且通过影响经济发展、产业转换、生产要素流动等其他动力因素间接地推动资源型城市转型发展进程。国家对资源型城市的财政、税收等政策的倾斜以及为落实能源战略而制定并实施的城市发展政策，直接影响主导产业发展的好坏，而产业发展的好坏直接决定其财政收入，财政收入又影响城市发展，影响到政府在环境治理、产业优化投入和城市建设方面的支出。因而，国家政策因素是资源型城市转型和发展的重要外在动力。

（三）科技创新驱动力系统

创新驱动是转型发展的强力引擎，也是资源型城市的薄弱环节。要实现转型发展，必须依靠创新增强发展内生动力。在知识经济时代，创新的形成和扩散是经济增长的发动机，对提高企业竞争力和区域乃至国家经济的竞争力具有决定性的意义。创新导致经济的周期性波动，它带来不断地从经济体系内部革新经济结构的过程，即不断地破坏旧结构，创造新结构的过程，这是产业突变或创造性毁灭过程。从这个意义上讲，创新是资源型城市转型的关键动力。因为创新有助于突破资源“瓶颈”，技术创新的外溢作用有助于拓展资源用途，为资源型城市的产业转型升级提供支撑。

（四）市场竞争原动力系统

通过价格杠杆引导资源流向，使市场对资源配置发挥决定性作用，能够激活城市肌体的每一个细胞，城市通过资源配置使竞争主体不断获得活力，从而使城市系统获得引起“巨涨落”的最大“负熵流”。市场竞争原动力系统的最大功能就是在特定时期能够运用与生产力发展水平相适应的生产关系创新来调动人的积极性，发挥生产关系对生产力的促进作用，从而不断推动城市的物质、能力和信息的交换，使城市获得发展的动力——“负熵流”。

根据城市发展的需求模型，城市发展的动力来源于外部市场对城市产品的需求，这种需求将推动城市基础产业部门的建立和发展，从而带动服务部门的发展。资源型城市的发展正是外部区域对特定地域生产的煤炭、石油、钢铁等资源性产品的需求推动的。因此，如果外部市场的需求结构发生了改变，资源型城市就可借此机遇对产业结构进行相应的调整，从而实现城市的有序转型。因此，把握住市场需求，资源型城市才有可能改变目前单纯依靠资源开发的产业结构，形成新的内生发展动力。

第四节　新时代资源型城市转型发展动力要素分析

从2001年国家“十五”计划要求“以资源开采为主的城市和大矿区发展接续产业和替代产业”，煤炭资源型城市阜新成为第一个资源枯竭型城市经济转型试点城市开始，到2013年国家发布《全国资源型城市可持续发展规划（2013—2020年）》，提出“优化结构”，推进资源型城市由单一的资源型经济向多元经济转变，再到2021年国家发布《“十四五”特殊类型地区振兴发展规划》，强调推动资源型地区加快转型，完善可持续发展长效机制。在20余年的转型实践中，一方面是国家支持转型的动力体系不断演进，“一业独大”局面正在改变；另一方面是资源型产业“黄金十年”结束，亟须“新的结构调整”。摆脱“政府依赖”，发挥市场的决定性作用，优化产业结构，构建现代产业体系，是资源型城市产业转型的必由之路。

尽管资源型城市转型发展的动力体系不断演进，但是时至今日仍然是以“GDP增长与消费需求多重驱动的政府主导型的动力机制”为主。在这个动力机制中，发挥主导作用的是政府。资源型城市转型承受的是政府压力，具有明显的被动性。压力下被动转型的资源型城市的主动性主要表现为，盯住上级政府，要政策、要资金、要项目；目的就是暂时解决当地资源型城市的突出问题，保持一个较好的经济增长速度，而对于长期的、具有可持续意义的环境问题、技术创新问题、增长动力问题明显重视不够。

一、资源要素承载力系统动力不足，亟须寻求更高级生产要素

资源型产业是资源型城市经济增长的主要动力。资源型城市在发展初期主要依赖于丰富的自然资源优势。其驱动效应主要体现在以下 3 个方面：一是依托于自然资源形成的资源型产业为城市发展提供了大量资金，为地区城市建设与发展创造了物质条件；二是资源型产业及其相关产业链的发展吸纳了大批农村劳动力，改变了劳动力的产业、知识、技术结构；三是资源型产业的发展需要相关的原材料和物资供应，进而带动了其他产业的兴起和产业结构的调整。随着自然资源的采伐过度、日益枯竭，资源型城市经济遭到资源耗尽的威胁，煤炭、森林、矿藏等自然资源能够给城市经济发展提供的“负熵流”的能级越来越低。到 20 世纪 90 年代后期，环境污染、生态衰退、资源枯竭等资源型产业的外部性问题已经凸显。环境对城市经济发展的承载能力和推动能力也越来越弱，城市经济的发展亟须寻求能级更高的生产要素。

二、政府外生推动力系统作用显著，市场竞争原动力系统作用滞后

我国绝大多数资源型城市兴起于计划经济时代，以政府力量为主导、国有企业为主体建立起的资源型产业具有较大的发展惯性和超强的稳态性，普遍存在“矿城一体”“企政合一”现象。企业管理城市，企业功能等同于城市功能，计划色彩浓厚、政府烙印明显，市场的应变性、适应性和可控性较差。国家承担了“公费医疗”的责任，为资源型城市提供资金援助和政策扶持，许多资源型城市也因此把争取国家“公费医疗”当作资源型城市转型发展的重要工作。这就使资源型城市转型发展带有强烈的“政府主导色彩”，其扶持资金主要用于棚户区改造，“输血式”特征明显，“造血式”功能不强；项目支持则是“植入式”“嵌入式”色彩鲜明，缺乏本土化基础，带动民间资本参与转型发展的能力不强。

事实上，资源型城市与率先实行市场经济体制的城市不在一条起跑线上，只依靠市场经济的办法不可能实现资源型城市的成功转型，国家应该从资金和政策上支持资源型城市转型发展。但是，不能过分强调政府的作用，也要充分发挥市场机制在资源配置中的决定性作用，政府和市场的作用不可偏废。

三、资源型经济挤出创新特征明显，科技创新驱动力系统乏力

资源型城市追求资源开发的规模化几乎成了其降低开发成本、追求高额利润、提高产业竞争力的铁定法则。这种资源开发具有短期效应，资源型企业缺乏技术创新的动力，不利于创新环境和创新体系的形成。

快速发展的资源型产业会对资源型城市的人才、技术和创新活动产生挤出效应，使资源型城市在产业发展、产品更新换代、新产品开拓、成本优势上缺乏人才、技术和创新活动的支撑，使得资源型城市难以摆脱对资源的过度依赖，难以将发展动力转向人力资源开发和技术创新驱动。同时，对于资源型城市来说，大量资源的流出并不一定能换取等额的财富，也不能换来与之相对应的资金、人才和技术的流入。GDP 流动规律表明，正常的净流出是基于基础设施较完善、自然条件较优、科技文化水平较高、交通较便利等优势，形成较为稳定的原材料、资金、人才、技术的流入和货物、服务等流出的循环格局。但是，资源型城市的资源流出更大程度上是政府干预的结果，不利于资源型城市自身产业链条的延伸，会造成大量附加经济价值从资源流出的上游资源地区向资源流向的下游发达地区转移，经济利益的大量流失，会造成资源型城市投资不足，缺少能够拉动经济的高科技项目，城市发展后劲不足。

综上所述，资源型城市问题最终的、根本性的解决，在于资源型城市自身发展动力的形成和自身财政能力的提升，原有的“GDP 增长与消费需求多重驱动的政府主导型的动力机制”需要修正，GDP 增长指标、中央政府财力性资金支持等动力要素需要逐渐摒弃，而绿色考核、民间资本参与、发达地区的技术支持、市场决定的力量等动力要素则需要逐渐得到重视，进而逐渐形成“绿色考核与消费升级压力下政府规制的市场主导型的动力机制”。

第五节　新时代资源型城市转型发展的动力选择

一、新时代对资源型城市转型发展的动力要求

从党的十八大开始，我国经济下行压力持续加大，有色、化工、钢铁等资源型行业市场低迷，要素成本上升，企业生产经营困难。以新常态来判断当前中国经济的特征，并将之上升到战略高度，表明中央对当前中国经济增长阶段变化规律的认识更加深刻，正在对宏观政策的选择、行业企业的转型升级产生方向性、决定性的重大影响。一是经济增长速度降低，由高速增长转为中高速增长；二是经济结构不断优化升级，从增量扩能为主转向调整存量、做优增量并存的深度调整；三是经济增长方式转变，由规模速度型粗放增长向质量效率型集约增长转变；四是增长动力转变，由“要素驱动、投资驱动”向“创新驱动”转变，由传统增长点转向新的增长点。经济增长速度降低和经济结构转型要求转换经济增长动力，增长动力的选择决定着增长速度和结构转型的效率、质量。因而，经济新常态的本质在于增长动力转换，探索可持续发展的新动力源是关键所在。

新时代的结构调整和动力转换要求资源型城市产业结构转型升级，且要形成新动力，转型升级的动力结构由“GDP 增长与消费需求多重驱动的政府主导型动力结构”向“绿色考核与消费升级压力下政府规制的市场主导型动力结构”转换。要由原来的“政府主导”向“市场决定”转变，由原来的“追求 GDP 增长”向“绿色考核下的环境优化”转变，由原来的“财力性转移支付资金依赖”向“激活民间资本，吸引社会资本参与”转变，由原来的“消费需求驱动影响”向“适应消费需求升级的产业升级驱动”转变。

二、新时代资源型城市转型和可持续发展的动力转换机制

新动力结构及机制构建，包括政府规制与政策驱动、技术驱动、战略性

新兴产业驱动、资本驱动、企业家驱动等动力要素，特别要使创新在转换的“新动力”的组合及动力结构中发挥核心作用。

（一）政府规制下的资源型城市转型发展的环境建设——外在动力机制

1. 建立资源型城市和地区的绿色政绩考核评价机制

建立资源型城市和地区的绿色政绩考核评价机制。在评价资源型城市或区域的社会生产力发展状况的同时，也要评价它们的自然生产力的消长，以解决资源、环境与经济的和谐发展问题。构建资源型城市和地区的绿色 GDP 核算制度，将资源耗减、环境污染与生态恶化造成的经济损失加以货币化，纳入国民经济资产负债核算体系。推动资源型企业建立绿色会计制度，以货币形式表现资源型企业对资源环境的损耗和补偿。

2. 发挥政府和市场“两个调节”的作用

要实现资源型城市的可持续发展，一要靠城市自身组织功能，通过发展接续产业，开展二次创业，实现经济结构转型。二要靠外部动力，主要是中央政府的支持。资源型城市与率先实行市场经济体制的城市不在一条起跑线上，完全依靠市场配置资源，资源型城市不可能完成转型；同样，主要依赖政府的支持，资源型城市也很难实现可持续发展。充分发挥政府和市场“两个调节”的作用，就是既要强调政府的资金支持、政策优惠、机制建设等作用，又要强调市场在资源配置中的作用，实现政府和市场两种调节方式作用的有机结合。对于资源开采潜力较大的城市，应充分发挥市场和企业的作用；而对于资源已经或濒临枯竭的城市，政府要抓紧组织实施经济转型，尤其是要将资源型矿镇的转型纳入政府规划，给予必要的援助。同时，还要注意中央政府与地方政府之间的责任划分。中央政府推进和实现新旧动能转换需要新发展理念和顶层设计的引导，从政策上支持资源型城市发展接续产业，有针对性地加大资源型城市对重点项目的投入力度，为资源型城市提供财政、税收方面的特殊优惠政策；要通过财政转移支付承担资源型城市的部分社会保障和生态治理成本，加大对资源型城市的反哺力度，以提高资源型城市的可持续发展能力。地方政府要落实新旧动能转换的各项部署，正确选择发展模式，不同类型、不同发展阶段的城市应采取不同的发展模式，要因地、因时制宜，制定科学的发展规划；要抓住国家支持资源型城市和地区发展的机遇，重点解决产业结构调整、劳动力就业和生态环境整治方面的问题。

3. 可以选择“三个方向”并进

资源型城市转型发展有三种路径可供选择，可资借鉴。一是“转变”。资源型城市立足现有资源，围绕主业，实施深度开发和相关产业多元化的发展战略，即推进资源型城市产业由“一业独大”向“多元产业”转变。二是“转向”。发展与资源型产业不相关的产业，重新培育主导产业，资源型城市走综合发展道路，即推进资源型城市产业由“资源型”向“非资源型”转变。三是“转移”。对那些无接续资源、区位条件不利、难以发展其他产业、转型成本过高的资源型城镇实施整体迁移，即通过人口迁移，实现“退城”。处于不同发展阶段、不同产业生命周期的资源型城市和独立工矿区，对于转型路径的选择应有所区别，应根据自身特点实行转变、转向和转移的分类指导政策。

（二）破解“四个效应”障碍——内在动力机制

资源型城市具有产业锁定、外部、挤出创新、财富流失 4 个显著的效应，这些效应不同程度地阻碍着资源型城市的转型与可持续发展，因此，破解“效应障碍”已成为当务之急（见图 4-1）。

1. 推进产业多元化，破解产业锁定效应

通过接续替代产业发展机制建设，推进资源型产业与非资源型产业融合发展，实现产业多元化，破解产业锁定效应。一是产业升级。依靠技术进步实现产业素质与效率的提升，包括生产要素的优化组合、技术水平和管理水平以及产品质量的提高。二是产业延伸。根据资源型产业的类型，可向产业基础和技术大体相同、具有一定地方优势的产业领域拓展，寻求生产要素在产业间的横向转移；在纵向上可在原有产业链的基础上进行延伸，增加产品的加工深度，提高资源的附加价值。三是产业配套。从区域发展的产业条件出发，围绕区域主导产业和龙头企业，实现生产、经营和销售中具有紧密联系的上下游产业、产品、人力资源、技术资源、消费市场主体的相互支持。

四是产业融合。这是一种扩散性的技术创新，打破原有的产业边界，降低传统行业间的进入壁垒，为企业提供扩大规模、开发新产品和新服务的商机，促使其产生新的产业发展模式、行业规则和管理机制。五是产业嬗变或蜕变。选择合适的新兴产业，直接在资源型城市植入，建立新的区域产业体系，使资源型城市彻底摆脱对原有资源的依赖。这一方法主要适用于那些资源开发成本很高、资源即将枯竭的资源型城市，或即将完成转型的资源型城市。

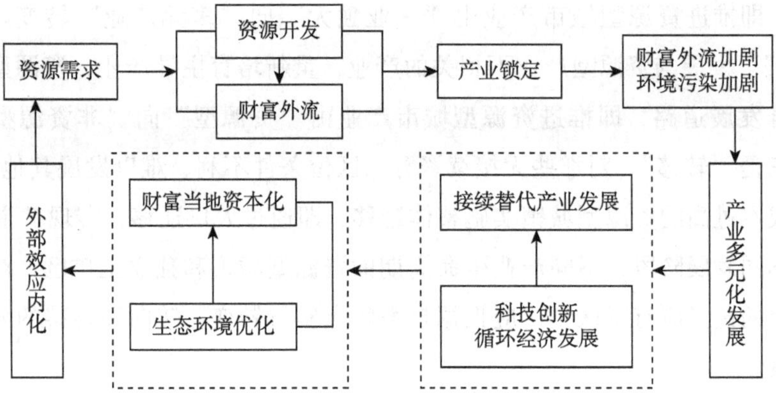

图 4-1　破解“四个效应”障碍

2. *规范资源开发利用，破解外部效应*

通过确立绿色考核、开发约束与生态修复机制，规范开发资源，集约利用资源，补偿修复生态环境，破解外部效应。一是建立健全资源能源开发秩序约束机制，科学制定资源开发和经济社会发展目标，实现资源开发的“节量”“减量”。开发前以绿色标准制定合理的开采规划，预估可能造成的生态环境破坏，采取防范性措施；对伴生、共生资源的破坏进行评估，采取保护措施或实施共同开采。开采中、开采后，要对事前预防进行适时跟踪，以绿色指标检测实施效果，实施绿色认证。二是集约利用资源，发展循环经济，推进绿色矿山建设，提高矿产资源开采回采率、选矿回收率和综合利用率。提高资源利用水平，可以缓解经济增长对生态环境的依赖，还可以“减排”“降损”。基于资源利用层次性差异，实现资源集约利用的侧重点有所不同。微观层面，要以企业绿色低碳生产和资源集约利用为重点，实现资源利用的

“小循环”；中观层面，要以产业生态化、园区化为载体，加强产业纵向（上下游）、横向（产业间）关联性，实现资源利用的“中循环”；宏观层面，整合企业生产与产业生态化，发展循环经济，实现资源在经济系统内的“大循环”。三是资源开发中的生态补偿及事后的生态修复。从内容来看，明确生态修复目标，注重功能性生态补偿，实现“人工生态”与“自然生态”相结合；从过程来看，需强调动态补偿。依据“谁破坏，谁治理”的原则，对生态环境补偿及修复的实施效果实行过程式监测，以生态功能的恢复作为生态环境补偿实施的结束点。

3. 推动产业和科技融合，破解挤出创新效应

基于资源型城市存在的产业结构、资源利用与生态环境难题，科技创新要以绿色技术创新为导向，构建资源型城市绿色技术创新融合机制，规避挤出创新效应的发生。资源型经济的典型特征就是对资源开采及初级加工产业的依赖，而通过绿色技术创新，既能对资源进行精深加工，提高资源产品附加值，促进经济增长，又能改变资源利用方式，提高资源综合利用效率，减缓资源耗竭速度，降低矿产开发的外部性，改善生态环境。一要改善城市创新环境，完善城市创新体系。政府需要加大投入力度，增加科技创新投入的供给，尤其是要加大对具有公共品性质的基础设施、创新平台等方面的投入力度，在全社会形成有利于创新的氛围。二要建立创新主体激励机制，激励企业、大学、科研机构不断提高创新动力与能力。三要坚持绿色技术创新导向。在产业多元化过程中，在资源产业部门与非资源产业部门的技术创新中，要以绿色技术创新为导向，强化对绿色创新的需求；在产业布局上，通过园区建设等方式培育产业集群，改善产业集群的成长环境，发挥技术创新的溢出效应，形成创新型的产业集群；突出资源利用与生态环境修复对绿色技术的需求，鼓励通过绿色技术创新实现绿色开采、循环经济、生态环境修复。四要完善绿色技术创新的制度与政策体系。要在投资补贴、税收、土地、奖励等方面建立相应的制度与政策，用制度来保障科技创新的资本和人才的投入，用制度来保障企业等创新主体的创新行为。

4. 引导吸纳资源财富当地资本化，破解财富流失效应

通过健全资源价格形成机制和完善利益分配机制，引导和吸纳资源财富转化为资本注入当地产业，破解财富流失效应。一是确立绿色发展理念下的经济发展考核机制，强化绿色理念，将绿色 GDP 作为主要的考核指标，摒弃以资源和环境为代价换取经济增长的传统方式；二是确立完全成本与价格形成机制，将资源、环境成本纳入资源产品价格形成体系中，提高资源使用成本和效率；三是理顺资源产权体系，改变所有权与开采权分离导致的资源所有者与资源开采者目标不一致的现象；四是完善收益分配机制，实现国家、企业、生态效益与经济发展的统一。

（三）推进“五个机制”建设——辅助动力机制

资金短缺是资源型城市转型面临的最大困难，缺乏长效机制则是资源型城市转型发展的深层难题。中央财力性转移支付资金可以在短期内缓解资源型城市转型的资金短缺问题，但不能从根本上解决资源型城市的可持续发展问题。因此，要实现资源型城市的可持续发展，必须加快建立资源型城市可持续发展的长效机制。

从长效机制建设来看，要尽快在全国范围内建立起资源型城市可持续发展长效机制，包括资源开发秩序约束机制、产品价格形成机制、资源开发补偿机制、利益分配共享机制、接续替代产业扶持机制 5 个机制。对不同成长期限、不同区域、不同产业类型的资源型城市，其发挥作用的侧重点应该有所区别。

一是对于成长、成熟型的资源型城市，应该重点发挥资源开发秩序约束机制、产品价格形成机制、利益分配共享机制的作用；而对于资源枯竭型城市，应主要发挥资源开发补偿机制和接续替代产业扶持机制的作用。二是对于不同区域的资源型城市，国家应实行灵活的资金扶持和政策优惠，中央和地方合理分工，中央财力性转移支付应更多地向落后地区、边远地区和远离市场的资源型城市倾斜。三是在增加保障性政策资金的基础上，政策资金的投向、使用应由以民生事业为主逐渐转为以民生事业、产业转型、生态保护为主。四是对于节能减排、生态功能、两型社会建设具有重大意义的森工类

资源型城市，应积极推进碳交易，使其转化为现实资本，加快实现森工类资源型城市转型和可持续发展。

从财力支持来看，中央财力性转移支付既要照顾到区域差异，处理好重点区域与一般区域的关系；也要分清城市类型，处理好资源衰退、枯竭型城市和资源成长、成熟型城市的关系，以及资源型城市内部的中心城市和问题城镇（如独立工矿区）的关系；还要把握好资金支持的时间跨度，处理好长期支持和短期支持的关系；更要注重资金支持与项目支撑、机制建设互相搭配，处理好“造血式”培育和“输血式”扶持的关系。

同时，还要正确处理政府财力支持与长效机制建设的关系，必须把资金支持的启动效应和机制建设的长期效应结合起来，从区域差异、城市类型、时间跨度上分清主次和先后关系，发挥它们各自的长处，从而实现资源型城市的可持续发展。长效机制建设无法一蹴而就，应先考虑构建“造血式”衰退产业补偿机制和“输血式”生态补偿机制，而后再考虑其他机制的建设。从资源型产业的发展阶段来看，处于成长、成熟期的资源型城市要及早构建可持续发展长效机制，特别要及早构建资源性产品价格形成机制。因为资源性产品价格形成机制的构建不仅能够降低价格扭曲导致的短缺风险，而且有利于抑制不合理需求，促进资源型城市经济结构的优化和发展方式的转变，从而为其他机制（如碳汇机制、生态环境补偿机制）的构建奠定基础。对于处于衰退、枯竭期的资源型城市而言，短期应更多地发挥资金支持的启动效应，长期则应着重长效机制的建设。同时，资金支持要注重普惠性，既照顾到“中心城市”，也不能忽视“问题城镇”（如独立工矿区）；还要与项目支持相结合，重点培育接续替代产业，在此基础上着力构建“衰退产业援助机制”。

第六节　新时代长三角地区资源型城市转型发展动力转换系统及其作用机制

一、优化升级资源要素承载力系统，最大限度发挥市场竞争原动力系统作用

推动资源型城市转型发展的各动力系统之间存在相互制约、相互作用的关系，即各子系统之间通过相互联系、相互作用在多种要素的作用下共同推动资源型城市的转型发展。新时代，长三角地区资源型城市转型的动力变迁方向可以确定为从内部资源单一开发向内外部资源协同开发转变，促进资源要素的市场化流动，进而完成从依赖自然资源、资本投入推动向依赖于外部市场有效需求的转变。

从资源要素承载力系统内部来看，随着转型发展的逐渐深入，资源型城市的产业结构升级与转型越来越倚重于高素质的劳动力、先进的科学技术水平以及多渠道的资本投入等。因此，要顺利推进资源型城市的转型发展，就必须改变生产要素配置机制和投资布局，建设高标准市场体系，将产业结构转型的微观动力由资源、资本投入转向技术、资本、劳动力投入。从以资源要素承载力系统与市场化为基础的原动力系统二者之间的相互作用来看，在减少自然资源要素开发，加大人才、知识等人文资源要素的开发和引进力度的同时，促进本地自然资源与外部市场需求的结合，是实现资源型城市经济向多元化产业结构升级、变城市转型发展的单一动力为多元动力的最佳路径。具体而言，即不断调整资源开发的范畴：从内部资源开发角度来看，逐渐减少不可再生资源的开采，依托于长三角地区的人文地理优势，大力开发旅游资源，逐步提高第三产业比重，借助外部需求结构变化来推动本地资源开发结构转型。从外部资源引进角度来看，从城市外部引进的产业、资本和人才等是促进资源开发转型的主要外部动力。主动借力长三角地区内非资源型城

市的高级生产要素，特别是众多科研院所、高等院校和大型企业所拥有的人才和技术，使之成为优化资源开发、延伸资源型产业链，乃至进一步转变产业发展层次的重要外部资源。

二、强化科技创新驱动力系统，促进单一资源型产业转型现代产业体系

在资源型城市转型的不同阶段，促进城市转型发展的动力机制是不同的，各动力子系统发挥的作用也是不同的，但根本而言，科学技术创新与进步才是城市转型发展的内在动力和力量源泉。

技术创新促进资源型城市产业转型的作用机理可以从需求和供给这 2 个方面进行分析。从供给方面来看，技术创新会影响各产业自身实际的生产过程，从而促使产业的要素投入配比产生变动，特别是影响劳动和资本的相对边际生产率，从而影响相对成本，进而又导致各产业的产出水平发生变化，最终会引起整个产业结构发生相应的调整。从需求方面来看，技术创新对产业结构的影响，则是通过影响生产需求、消费需求，借助于需求结构变动来推动各产业部门出现不同程度的调整，最终使产业结构发生相应变动，属于间接影响。

技术创新通过供给与需求改造传统资源产业或促进新兴主导产业发展，而传统资源产业的提升和新兴主导产业的发展都会对煤炭资源型城市的原有产业结构产生影响。在产生影响的过程中，资源型城市可以对传统资源产业进行优化升级，通过产业延伸的方式来选择主导产业，进而实现产业的成功转型；或者利用技术创新培育新兴主导产业，实现产业转型；或者采用传统资源产业优化升级和培育新兴主导产业结合的复合产业模式，进行产业转型。实际上，技术创新与产业调整之间是相互影响、相互促进、相互制约的，两者是辩证统一的关系。一方面，技术创新推进产业结构的优化升级；另一方面，产业结构的优化升级也会通过相关产业的发展来推进产业技术创新与进步。产业结构会对科技创新的方向、速度和规模产生巨大影响，从这个意义上来说，产业结构能够“内生”地决定技术创新与进步。总体来看，在技术

创新促进产业转型的过程中，以技术创新为基础的“技术产业化”和“产业结构优化”的互动日益加快，逐步形成了“技术供给”与“市场需求拉动”以及中介对接的结构体系，并推动了产业结构的高级化，以及经济增长方式由“粗放型”向“集约型”的转变。在技术创新与产业调整之间的良性相互作用机制下，技术创新与产业结构优化升级都呈现出加速发展态势。

三、注重政府外生推动力系统辅助动力作用，保障系统有效运行

科技创新、市场化的推动以及资源要素的优化升级能够对资源型城市的转型产生积极的影响，但这还需要政策的相应引导。在新时代，资源型城市亟须调整优化产业结构，对高能耗产业进行合理的政策引导和控制，积极采取措施促进非资源型产业的发展，将城市经济调整成高效低碳的产业结构。具体来说，政府应强化绿色发展的法律和政策保障，制定节能环保和资源综合利用的税收政策和产业结构升级战略，采取技术创新的政策激励机制，建设清洁低碳、安全高效的能源体系，形成能源消耗低、技术含量高、经济效益好的完善的产业体系，从而促进资源型城市及其产业实现低碳化、生态化的转型，这也是所有资源型城市可持续发展的必经之路。

综上所述，在新时代，长三角地区资源型城市创新驱动转型发展的新动力系统可以阐述为“绿色考核与消费升级压力下政府规制的市场主导型的动力机制”，以科技创新驱动为核心动力要素，实施资源产业接续替代和互补战略，改变资源型城市技术落后、创新不足和缺乏效率问题，推动产业结构转型升级（见图 4-2）。

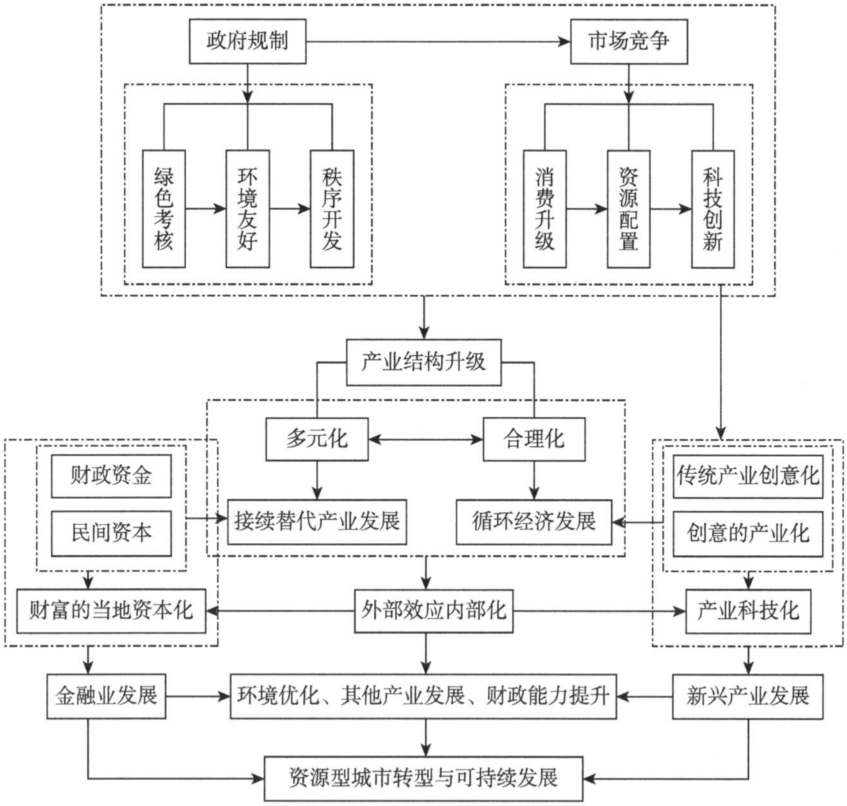

图 4-2　长三角地区资源型城市创新驱动转型发展新动力系统及其作用机制

第五章　国内外典型资源型城市转型发展经验比较与政策启示

第一节　国外典型资源型城市转型发展实践探索与实施政策

国外对于资源型城市没有明确的提法，主要是以资源为基础的小城镇或者依赖资源的矿区等，规模很小，很少发展为城市，为保持一致，本书统称其为资源型城市。国外资源型城市进行转型实践较早，如美国休斯敦、德国鲁尔、英国伯明翰等城市都实现了转型发展，为我国资源型城市的转型发展提供了参考经验。本节主要以北美洲、欧洲、亚洲的典型资源型城市为代表，对国外资源型城市的转型发展经验进行梳理和总结。

一、北美洲典型资源型城市——美国休斯敦

休斯敦位于美国南部的得克萨斯州，因石油资源丰富，通过石油开采发展成美国著名的石油城市，但是，在 20 世纪 60 年代以后，休斯敦的石油开采量下降，开采成本不断提高，面临发展难题。为避免城市衰退，该城市决定进行转型，采取的主要措施有：

（一）遵循市场规律，发挥市场主导作用

休斯敦在转型过程中，坚持依照市场规律，发挥市场机制的关键作用，由企业和市场自主选择具体的转型措施和政策，主动调整产业结构，延伸产业链，加快石油企业的重组与合并，逐步形成了油气资源的产业群，实现了

规模效益递增，并带动了机械、水泥、电力、交通运输、通信等相关产业的发展。转型期间，政府主要提供政策扶持和公共服务，为转型提供良好的环境，着重解决转型过程中失业人员及其家人的安置和再就业问题。同时，政府通过财政支持提高转型时期的社会福利，设立了转型时期的专项救济基金，以应对必要的紧急救援，保障城市经济转型的顺利实现。

（二）利用自身优势和政府项目带动城市转型

休斯敦在转型过程中充分利用了其区位优势、自然资源优势、人力资源优势和市场优势，不仅吸引了大量外资流入，而且积极进行科学研究，开发使用科技成果，为高新技术产业的发展奠定了基础，加之后来政府重大项目落户休斯敦，促进了该城市的产业结构调整和持续发展，国家宇航中心的建立，更是带动了为其服务的电子信息、仪器仪表、精密机械等1300多个高新技术企业的发展，使休斯敦的产业定位发生了根本变化，成为全美人口增长最快的城市。

（三）大力发展高层次服务业

为转变城市功能，休斯敦大力促进金融业、医疗业、服务业和旅游业等第三产业的发展，第三产业在促进资源型城市转型过程中起到了关键作用，并成为重要的经济增长点。例如，在20世纪80年代以后，休斯敦第三产业增加值占地区总产值50%以上，劳动就业比例上升，其中，以商业和金融业最为突出。经济的繁荣更是吸引了许多重要的外国银行进驻休斯敦，使休斯敦成为当今美国四大金融中心之一。

二、欧洲典型资源型城市——德国鲁尔、法国洛林、英国伯明翰

德国、法国、英国都是世界上进行工业革命比较早的国家，它们的资源型城市也大都形成于工业革命时期，但随着新时代的到来，国际环境的变化，新资源、新技术的开发利用，传统的工业优势逐渐消失，各国决定对资源型城市实行转型，经过多年的努力，城市产业结构不断优化，环境不断美化，

曾经的传统工业区已实现了向现代经济区的转变。

（一）德国鲁尔

鲁尔位于德国中部，煤炭、铁矿资源丰裕，是德国最重要的工业基地，在“二战”后德国经济复苏过程中作出了巨大贡献。但是从20世纪60年代起，鲁尔区传统的煤炭工业和钢铁工业开始走向衰落，经济状况逐渐恶化，到80年代末期，鲁尔区的经济陷入了结构性危机，经济发展面临严重挑战，德国政府决定对鲁尔进行经济结构转型，主要采取了以下措施：

1. 发挥政府主导作用

与美国休斯敦转型经验不同，德国鲁尔在其转型过程中，注重发挥政府的关键性作用。不仅设立了发展规划委员会和执行委员会等专门指导鲁尔区转型的部门，而且以“经济、社会和生态协调发展”为指导思想，制定了具体的转型规划、发展战略和政策法规，对鲁尔工业基地进行改造，力求实现区域经济顺利转型。在资金保障方面，德国联邦与州政府建立共同任务机制，在产业发展和基础设施建设上给予鲁尔大量的资金支持。

2. 重视环保，重塑城市形象

城市环境的改善促进了鲁尔区的成功转型。在转型过程中，政府采取了有力措施来改善环境，如严格制定污染物的排放标准、建立空气质量监测系统等，并注重生态修复和保护。对于历史遗产和废旧物的改造，鲁尔区做法独特，通过挖掘和保留城市的历史和文化，在不同的城市建设具有不同文化特色的公园，将已关闭的工厂作为工业遗产，改造为展览馆，原来污染重、环境差的工业城市不复存在，成为吸引游客的旅游景点。

3. 培养接续替代产业，促进产业结构优化

鲁尔区在原有资源型产业的基础上，不断更新生产技术，培育和发展接续替代产业，形成多元化的产业结构。对于原有的煤炭、钢铁业，政府出台了一系列优惠政策进行扶持，将采煤业进行重组和合并，提高技术含量和产品附加值。同时，政府也特别重视发展创新型企业以替代原有产业，通过优惠的政策和强有力的扶持措施吸引了信息软件、生物技术、环保技术等新兴产业在鲁尔落户并快速发展，鲁尔区已经从原来的煤炭、钢铁中心逐渐过渡

为一个传统产业与新兴产业并存，多种行业协调发展的新型经济中心。

（二）法国洛林

洛林是法国历史上著名的重化工业基地，煤矿、铁矿资源丰富。20 世纪 60 年代末 70 年代初，发展环境发生变化，尤其是“二战”后，科技时代来临，新技术和新材料的应用使得洛林地区传统矿产产业无法满足市场竞争和经济发展的需要，洛林决定升级产业结构，改变原有的地区发展模式，进行产业和城市转型，主要做法有：

1. 改造传统产业，扶持新兴产业

与德国鲁尔不同，洛林将生产成本高、消耗大、污染重的采矿、炼铁、炼钢等传统企业彻底关闭，并放弃传统的火力发电，积极开发利用新能源，根据国内外市场的需求，重点选择发展计算机、电子、环保机械和汽车制造等高新技术产业，用高新技术改造传统产业，大力提高钢铁、机械、化工等产业的技术含量和产品附加值。政府制定了优惠政策，并建立财政补贴和奖励制度，吸引外资，促进转型的国际化。

2. 政府进行整体战略规划，协调地区转型

洛林成立了专门的转型指导部门，并把煤炭产业转型同国土整治结合起来，先后成立了国土整治与地区领导办公室以及洛林工业促进与发展协会，从整体上对煤矿产业转型进行规划。对老矿区进行了改造，建立居民住宅、娱乐中心，或作为新厂厂址，或植树种草等，解决了衰老矿区遗留下来的土地污染、闲置场地的重新有效利用问题。

3. 积极促进中小企业发展，提高地区竞争力

洛林地区在国家的资助下创建非营利的中小企业创业园区，以扶持中小企业发展，主要是为新创办的中小企业无偿制定起步规划，并为之提供各种服务，如修建厂房、车间、机器、办公室等，还配备专家、顾问提供咨询服务，大大提高了新创办中小企业的存活率，缓解了当地的就业压力，为维护社会稳定作出了贡献。

4. 大力发展就业技能培训，促进职工再就业

在转型过程中，从资源型产业退出的失业工人原先主要从事的是简单的

体力劳动，技术水平低下，很难自主实现再就业。洛林地区根据新兴产业发展对技术工人的要求，分门别类地建立了技术培训中心，对失业工人进行培训，提高其就业技能，帮助其实现再就业，并且对再就业职工采用计算机网络化管理，与各地招工局联网，向寻找工作的职工提供求职热线等，使剩余劳动力能够快速就业。

（三）英国伯明翰

伯明翰曾经是“世界工厂”，是英国著名的煤炭资源城市，20 世纪 70 年代之前，伯明翰是一座典型的工业城市，大部分人口在制造行业就业，后来由于资源枯竭、国际经济形势的变化、新能源的发现等，伯明翰传统的资源工业失去了竞争力，经济开始衰退，该城市决定实施转型，主要做法有：

1. 以政府引导为主

伯明翰的转型与德国鲁尔、法国洛林相同，都是以政府引导为主，强化政府在转型中的作用，成立了专门负责转型的部门，主要在转型过程中承担“分析问题、提出解决方案、实现城市转型目标”的职责，同时建立了全面、完整、详细的规划体系。

2. 大力发展服务业

伯明翰在转型初期，就明确了转型目标，即实现非工业化，通过大力发展服务业，实现由工业城市向非工业城市转变。充分考虑自身情况和地理位置优势，伯明翰重点选择发展会展业，并加强公共服务设施和文化设施建设，投资建立了国际化的会议中心和会展场所，吸引了众多外商投资，会展业的发展给其带来了巨大的经济效益。同时伯明翰还发展金融业、咨询业、零售业及旅游业等，扩大了就业容纳能力，过去的工厂成为酒吧、餐馆、咖啡馆等，昔日的工业城市迸发出新的发展活力。

3. 改善城市形象，发展城市文化

伯明翰政府在城市转型过程中，不仅考虑了经济转型，而且注重城市文化设施的建设。通过对运河的治理和商业街的改造，改善了城市环境，抹去了工业时期遗留的痕迹。伯明翰认识到文化对塑造城市新形象的重要性，注重保护历史文化，市内随处可见古老的历史街道和建筑物，同时伯明翰大力发展文化创意产业，展览馆、音乐馆等艺术场所散布在城市内，浓厚的文化气息打造了伯明翰独特的城市品牌，使伯明翰由工业中心转变为重要的文化中心。

三、亚洲典型资源型城市——日本九州

九州是日本以煤炭资源丰富而著称的工业区。20世纪60年代初，日本在付出高昂代价后，决定放弃对煤炭行业的保护，实施产业和城市转型战略。为使九州由传统的煤炭产业区转变为现代的高新技术产业区，日本政府采取了以下4项主要措施。

（一）制定政策，促进产业调整

从20世纪60年代到90年代，日本政府共调整制定了9项煤炭产业政策，逐步减少煤炭产量，发展接续替代产业，由开采煤炭向进口煤炭转变，以逐渐实现产业的多元化发展。另外，政府还运用法律手段，通过出台相关法律法规，促进日本煤炭产业的转型发展，包括《特定产业结构改善临时措施法》《产煤地域振兴临时措施法》《特定萧条产业安定临时措施法》等。

（二）改善产业发展的政策环境

政府出台了一系列优惠政策改善地区发展环境，促进高新技术产业和新兴产业发展，如实施长期低息融资、地方税减免、提供土地转让权等措施，取得了显著成效。仅几年时间，九州地区就建成了70多个开发区，吸引了日本造船公司、三菱重工、日产汽车公司等众多企业在九州地区投资建厂，产业发展结构逐步得到优化，并由传统煤炭产业区向高新技术产业区转变。

（三）重视发展中小型企业

九州在转型过程中与法国洛林的相同之处就是注重中小企业的发展。不仅在政府部门设立中小型企业厅机构，出台了《特定不景气地域中小型企业对策临时措施法》《产地中小型企业临时措施法》等一系列法律文件，通过行政作用和法律手段来确保地方中小企业的发展，而且对民间中小企业团体、协会进行扶持发展。同时，为解决中小企业发展中面临的资金问题，政府还

设立了专门的金融机构，为中小企业贷款提供优惠条件和信用保证。

（四）注重失业人员的安置及再就业

首先，日本政府对下岗失业的煤炭工人进行免费就业培训，并提供生活补贴，帮助职工实现再就业，保障其失业期间的生活。其次，对接纳失业人员的企业实行优惠贷款制度，即对企业所需资金的40%给予低息贷款。最后，对开发区内安置煤炭工人及其子女就业的企业给予补助和实行差别优惠政策，优惠力度根据用人比例的不同而不同，以鼓励当地企业吸纳煤炭工人再就业。

第二节　国内典型资源型城市转型发展实践探索与实施政策

我国资源型城市广泛分布在国内各地区，数量众多。东北是我国的老工业基地，在计划经济时期为我国的工业建设和国民经济发展作出了重要贡献，尤其是资源型城市，牺牲了自己的长远发展，付出了沉重的代价。直至20世纪末，各资源型城市面临资源枯竭、经济发展难以为继的问题，开始积极探索进行转型，并取得了初步成效，如成功的“阜新模式”“焦作现象”等，本节主要以东北地区、西南地区、中部地区的资源型城市为代表，对国内资源型城市转型发展经验加以回顾和总结。

一、东北地区典型资源型城市——辽宁阜新、黑龙江大庆

（一）辽宁阜新

阜新市位于我国东北地区，是一座因煤而兴起的城市，曾是我国最重要的煤炭生产基地。经过100多年的开采，到20世纪90年代，阜新市面临着资源枯竭、资源型产业衰退、失业率上升、生态环境恶劣、居民生活困难等问题，经济不可持续发展和矿竭城衰威胁着阜新地区，在这种情况下，为避免“资源诅咒”，推动城市经济可持续发展，阜新市决定进行经济转型，并在

2001 年 12 月被国家列为唯一一座资源枯竭型城市经济转型试点市，采取了重要的转型举措：

1. 结合自身优势，进行产业结构调整

在转型过程中，阜新市坚持以产业转型带动经济转型，结合自身优势，发展接续替代产业，积极进行产业结构调整，培育新的主导产业和经济增长点。阜新市的土地资源丰富，具有大面积的草场、林地和农用耕地，农业发展空间巨大。在转型之初，阜新市并没有从传统资源型产业直接跃迁到发展精深加工工业和高科技产业，而是利用土地资源优势，发展现代农业，积极引进河南双汇、内蒙古伊利、上海大江集团等企业，形成了企业带动基地、基地联系农户的发展模式和多条农业产业化链条，提高了农产品加工转化率，形成了农业产业链集聚效应，建立了国家级农业科技园区，并利用自身优越地理位置和交通资源优势发展现代服务业，现代农业和现代服务业的发展增加了农民收入，创造了更多的就业机会，为转型发挥了积极作用。同时，阜新市在经济转型过程中，采取了“稳煤强电”战略，发挥煤炭资源优势，积极探索煤炭资源的深加工，建立煤化工产业基地，延伸产业链条，提高产品的附加值。阜新市利用丰富的风能资源积极建设风能发电项目，大力发展接续替代产业，建设了液压装备制造、板材家居、现代皮革、新型材料等产业集群，培育特色主导产业，改变了过去单一的煤炭产业格局。阜新市初步建立了多点支撑、多业并举、多元发展的产业格局，并积极发展新能源、绿色食品、高端装备、精细化工等接续替代产业，经济总量持续增长，发展趋势日益向好。

2. 将以人为本作为转型的出发点和落脚点

阜新市始终坚持以人为本，把促进居民就业、改善居民生活、稳定社会贯穿于整个转型过程中。首先，大力促进居民就业和再就业。资源型企业的衰退必然会带来大量失业工人，威胁社会稳定，阜新市在转型过程中把促进就业、维护社会稳定作为转型的根本，通过大力发展现代农业和现代服务业等劳动密集型产业创造就业机会，鼓励发展民营经济，同时对本地接纳不完的劳动力实行劳务输出，对下岗工人进行技能培训，提高他们在劳动力市场上的竞争力，最大可能地增加就业机会，推动“4050”困难群众通过公益性岗位实现再就业。其次，对过去由于资源开采而造成的采煤塌陷区进行治理，对棚户区进行改造，通过新建住宅楼、小区、学校、医院等，使居民及其子女享受到更好的生活环境和条件。最后，不断完善社会保障体系，扩大基本医疗保险、养老保险、最低生活保障的覆盖范围，提高保障标准，实行扶贫帮困活动和领导干部“一人双岗”制度，使转型成果惠及人民群众。

3. 以生态环境改善为重点

资源型城市在转型中首先要做的就是必须偿还历史欠账，解决过去由于资源开采而造成的生态恶化、环境污染等问题，把恢复生态、保护环境摆在重要位置。阜新市坚持经济转型，生态先行，坚持不懈地进行生态环境治理，积极开展植树造林、封山育林等活动，综合开发和利用粉煤灰、煤层气、煤矸石、矿井水等，注重城区环境整治建设和细河全流域生态综合治理，实施城市污水处理厂、垃圾无害化处理、矿区废弃地和煤矸石山治理等项目和工程。自转型以来，阜新市的生态环境得到了巨大改善，城市环境空气质量达到国家二级标准天数保持在95%以上。

4. 打破传统思想束缚

阜新市是受计划经济影响时间最长的城市之一，是资源危机倒逼城市转型，因此在转型开始，阜新市就决定打破传统思想的束缚，为转型打开突破口，并将解放思想贯穿于整个过程。省、市领导干部带头，先后发起了多次思想解放运动，摆脱了“等靠要”思想和唯煤意识的传统、封闭观念，树立了自立自强、借政策外力激活自身发展动力的观念，干部联合群众万众一心搞转型，以思想上的突破带动了经济上的突破。

（二）黑龙江大庆

大庆市是一座典型的石油资源型城市，也是一个重要的石油生产基地，为国家经济发展作出了重大贡献，但是，石油是一种不可再生资源，开采一点就少一点，大庆市不可能永远依赖石油去发展城市经济，因此在资源型产业仍具有强大发展动力时，大庆市就开始主动探索城市转型问题。

1. 积极争取政府政策和资金支持

政府政策和资金支持是资源型城市能否转型成功的重要因素，大庆市在其转型过程中努力争取国家、地方政府和中石油集团的支持，抓住被国家列为资源型城市转型试点和实行振兴东北老工业基地战略的契机，积极争取企业的技术改造及高科技项目资金，努力争取将一些重点项目纳入振兴东北老工业基地战略中以获得国家支持，积极争取国开行贷款，进行城市基础设施建设和建立专业化工业园区，以完善城市功能，政策、资金的支持加快了大庆市转型步伐。

2. 积极调整产业结构

大庆市在其资源型产业发展仍比较强劲时，就积极发展接续产业，构造多元支撑、多业并举的产业格局。首先，发挥石油和天然气资源优势，继续做大做强石油化工产业和天然气化工产业，进行石化产品的深加工和精细加工，延伸石化产业链条，提高产业竞争力，建立“3+N”园区承载体系，新建林源精细化工、龙凤化工新材料、杜蒙生物化工等一批特色产业园。其次，充分利用市场、资金、能源等优势，积极推进产业重构，不断优化经济结构，培育打造“油头化尾”、汽车、新材料、农副产品加工、新能源等“十大雁阵”产业板块，推动沃尔沃、伊品、宏福、华为云等龙头企业集群化发展，非油经济所占比重持续提高，并超过石油经济，在城市经济发展中占主导地位。尤其是金融、旅游等现代服务业的发展，带动了传统商贸、餐饮等服务业的升级，活跃了市场经济，使大庆市的可持续发展能力在全国资源型城市中位居前列，大庆市实现了由资源型城市向现代化、多元化综合型城市的转变。

3. 努力改善城市环境

在大庆市转型过程中，注重生态环境治理和城市基础设施建设，构建宜居、宜业、宜游城市。在生态环境治理方面，实施植树种草、净化水质、降低噪声等工程，对污水、垃圾、废弃物、噪声等进行全面整治，坚持政府、市场、公众共同参与的原则，在全市进行生态环境恢复建设，改善城市生态环境。此外，大庆市不断加强城市的基础设施建设，交通体系不断完善，各种公共服务设施逐步建成并投入使用，城市功能承载力得到加强，同时逐渐转变政府职能，建设服务型政府，创造良好发展环境，大庆市已由原来生态破坏、环境污染的石油城市转变为全国环境模范城市和文明城市，城市魅力大大提升。

4. 发挥科技、人才作用

科技、创新、人才是提高城市竞争力、促进城市持续发展的源泉，对于资源型城市更是如此，以科技、人才力量推动的转型才能真正实现资源型城市彻底转型。大庆市深刻意识到了这一点，在转型中以可持续发展为主题，不断完善科技创新体系，推动产学研相结合，通过引进科研院所和研发中心，注重基础研究，促进科研成果的转化，鼓励企业进行技术升级和创新，培育高新技术企业和创新型企业，提高地方企业核心竞争力。通过建立人才专项资金，制定各项优惠政策，给予资金支持，积极引进和培养各种技术、研发人才，为城市转型和可持续发展积累了大量智力资源。

5. 努力改善民生

大庆市在转型过程中坚持转型成果惠及广大人民群众，真正做到了以人为本。首先，大力促进失业工人再就业，建立城乡统一的人力资源市场，完善就业培训和服务体系，通过开发公益性岗位、鼓励居民自主创业、发展民营经济、进行劳务输出等途径，尽可能多地创造就业岗位，安置失业职工。其次，不断完善社会保障体系，扩大低保标准和养老保险、失业保险、社会保险的覆盖范围，并在城市建立了就医、就学、就业、住房等“十位一体”的综合救助体系，在农村建立了基本生活、殡葬援助、法律援助等“六位一体”的综合救助体系，社会保障水平逐步提高。

二、西南地区典型资源型城市——四川攀枝花

攀枝花市是一座因钢铁而形成的城市，钢铁业曾是该市唯一的产业，丰富的钢铁资源为这座城市带来了繁荣，但其也因钢铁而衰落。资源的开采不会永久，但城市的发展是要持续的，面对资源枯竭、经济发展停滞、环境恶化等问题，攀枝花市政府制定并实施了若干转型措施。围绕资源型城市高质

量转型发展主线，铁腕治污并彻底退出煤炭采掘行业，主动淘汰落后产能，重新定位、积极转型。

（一）依托资源禀赋，促进产业升级

虽然攀枝花市的钢铁资源不再具有优势，但丰富的钒、钛资源为攀枝花市的发展奠定了基础。攀枝花市主动淘汰落后产能，彻底退出煤炭采掘行业，通过创新资源开发方式，提高资源的利用水平，大力发展钒钛钢铁、矿业、机械制造等产业，从钢铁产业“一业独大”向钒、钛、钢多元发展格局转变，并以建设中国钒钛之都为目标，全力推进西区“再生式”转型实践，打造康复康养器具产业园、钒钛终端产品产业园、钒钛钢铁循环铸造产业园“三大产业集群”，成功实现了将本地资源禀赋转化为可持续发展优势的目标，推动了产业优化升级。

（二）结合自身长板，推动旅游业发展

攀枝花市在转型过程中充分发挥了自身气候、地理条件、生态资源丰富等优势，积极进行城市改建，将旧城改造和新区建设相结合，不断完善城市功能，提高城市环境质量，以阳光和花卉为主要因素，打造了多个旅游度假区和沿江、沿河景观带，以“孝敬爸妈，请到攀枝花!”为口号向外宣传和推销文化旅游资源，积极发展文化旅游业，改变了过去先开发后治理、先生产后生活的局面，实现了从传统的工矿业基地向现代的阳光花城的转变，文化旅游业的发展带动了现代物流、养老保健等产业的发展，为城市转型发展创造了新引擎。

（三）弥补自身“短板”，坚持对外开放

攀枝花市位于四川省南部，距离省会城市成都较远，交通不便、信息不畅等制约了攀枝花市更好更快发展。在转型中，攀枝花市没有自怨自艾，而是积极进行交通基础设施建设，努力打造区域性的交通枢纽，缩短与其他地方的“距离”，提高自身存在力，同时加强与其他地区的合作和交流，主动融入周边地区或跨区域的发展战略中，不断完善省级商贸物流中心职能，实现由封闭到开放的转变。

三、中部地区典型资源型城市——河南焦作、江苏徐州贾汪区、安徽铜陵

（一）河南焦作

焦作市是我国典型的煤炭资源城市，从一个矿区小镇逐渐发展为一座城市，为我国工业建设作出了显著贡献。到20世纪末期，资源面临枯竭，城市经济发展走入死胡同，为了逆转不利局面，推进经济健康发展，焦作市开始了转型之路。

1. 未雨绸缪，认识明确

焦作市转型成功最重要的经验就是在资源尚未枯竭时，就积极筹划转型，认识到传统的靠资源、等投资、要发展的方式已不再适用，必须依靠自己进行城市经济转型，并意识到资源型城市的转型就是产业不断升级、经济结构逐渐调整的过程，积极抓住被国家列为资源型城市转型试点市的机遇，明确转型发展的方向和路径，转变观念、创新思路，全市积极探索转型，成就了外界称赞的“焦作现象”。

2. 发挥政府规划和引导作用

在焦作市的转型过程中，政府充分认识到了科学规划和项目引导的重要性，从外面引入专家、学者编制城市发展规划、各项专业规划和转型升级专项规划，对焦作市进行准确定位，以建设新兴工业城市、山水园林城市和旅游城市为目标，通过项目对规划进行落实，实施项目带动战略，实施大企业集团和“头雁企业”培育工程、高新技术企业倍增3年行动计划和“科技小巨人”企业培育工程。积极引进对城市经济转型和发展具有带动作用的重大项目，成功吸引万方、中铝等大规模企业在焦作市投资落户，全面推进“放管服”改革，狠抓产业集聚区“二次创业”，扎实推进“四提三改两融合”，推进城市转型成功和可持续发展。

3. 积极进行产业结构调整

焦作市通过将改造传统产业与发展新兴产业相结合，进行产业结构调整和升级，构建现代产业体系，致力打造中原经济区先进制造业先导区，坚持

改造提升传统产业和培育壮大新兴产业“双轮驱动”，推动农业产业化和现代化，建立蔬菜、水果等特色产业基地，大力发展优质粮食、林浆纸、奶业、农副产品深加工等产业，同时以煤炭能源、冶金建材、传统化工等为基础，积极发展金属冶炼及加工、汽车零部件制造、化工医药等产业，不断探索发展高新技术产业，主动承接国内外先进地区的产业转移，推动生物制药、新能源、新材料等新型产业在焦作市快速发展。此外，焦作市培育壮大独具特色的文旅康养产业，建设宜居宜业生态文明城市，三次产业结构不断得到优化，产业升级步伐加快。

（二）江苏徐州贾汪区

近年来，素有“百年煤城”之称的江苏省徐州市贾汪区深入贯彻落实习近平总书记视察贾汪时作出的重要指示精神，厚植生态基础，深耕产业转型，探索出了资源枯竭城市高质量发展新模式。在2021年度资源枯竭城市转型绩效评价中，贾汪区获评优秀等次。

1. 修复生态提品质，持续擦亮城市底色

贾汪区坚持把生态修复摆在推进转型发展的首要位置，全力补齐生态“短板”。加快推进采煤沉陷区治理，先后实施潘安湖、小南湖、龙吟湖、解忧湖等采煤沉陷区综合治理工程。加大荒山造林工作力度，实行绿化造林，提高森林覆盖率。积极开展水环境整治，开挖疏通河道，建成“十纵五横一环”生态水网，有效解决了因煤炭开采造成的水位下降、缺水少水、水质恶化的问题。

2. 狠抓产业壮筋骨，加快提升发展动能

贾汪区坚持走“生态+产业”路线，高标准谋划产业发展。全面推动传统产业减量提质，集中淘汰高污染、高能耗落后产能，加快推动重点技改项目达产增效。培育壮大高端装备制造、新材料、新能源汽车三大主导产业，扩大工程机械产业集群规模。加快发展现代物流、文化旅游、科教创新等特色服务业，发展双楼保税内河港集装箱运输业。调整三次产业结构，建设绿色多元产业结构。

3. 补齐“短板”惠民生，不断改善城乡面貌

贾汪区积极融入徐州市主城区建设，不断完善城乡功能，持续提升人民群众的获得感、幸福感。健全路网体系建设，加速融入徐州“30分钟经济生活圈”，环城公交、镇村公交开通运营，外联内畅的交通基础设施达到新水准。大力改善居住环境，积极开展采煤沉陷区村庄避险搬迁工作，改造棚户区、老旧小区，新建安置房。深入推进农村人居环境整治，不断完善村镇设施，大力推进“农文旅”多业态深度融合发展，建设全国乡村旅游重点村、全国休闲农业重点县。

（三）安徽铜陵

安徽省铜陵市有着丰富的铜矿资源，由于资源的过度开采，面临着资源枯竭、环境修复难题。近年来，铜陵市坚持提质增效强基础，砥砺奋进促转型，找到了一条资源枯竭城市转型发展新路径。在2021年度资源枯竭城市转型绩效评价中，铜陵市获评优秀等次。

1. 聚焦产业发展，激发转型新活力

深入开展工业转型升级行动，建设铜基新材料、绿色建材、精细化工等特色优势制造业集群，促进传统产业向价值链中高端跃升。建成全国重要铜冶炼基地，提高电解铜、铜材产量，支持铜陵有色金属集团发展。抢抓长三角一体化发展机遇，强化产业链招商，全面加强与沪苏浙城区结对、园区共建等战略合作，大力发展先进结构材料、半导体、装备制造等新兴产业，加快培育上市企业。大力发展交通物流，依托长江黄金水道，加快推进长江码头建设。

2. 聚力改革创新，释放发展新潜能

坚持科技引领创新赋能，深入推进“科创中国”试点建设，实施高新技术企业倍增计划，加大研发投入力度，建设科技创新“国字号”公共平台，打造国家创新型城市。深化改革开放，积极扩大对外开放，全面深化政府管理、开发园区等重点领域改革，落实政务服务“最多跑一次”事项、“全程网办”事项。

3. 聚焦民生关切，塑造城市新面貌

深入推进生态文明建设，大力实施蓝天、碧水、净土三大保卫战，改善空气质量和水质，修复历史遗留矿山生态环境。切实抓好民生保障，高质量实施民生工程，提高民生支出。扎实推进基础教育提升工程，建设基础教育综合改革试验区。不断提高社会保障能力，推动城镇职工基本养老保险、工伤保险基金实现省级统筹，城乡居民养老与基本医疗保险实现应保尽保。滚动实施棚户区改造攻坚计划，持续推进老旧小区改造。

第三节 国内外典型资源型城市转型发展经验比较

对国内外典型资源型城市在转型中采取的经验做法和政策要点进行梳理，不难发现，产业结构单一、过度依赖资源、生态环境破坏严重、失业率上升、人民生活困难等是资源型城市不得不进行转型的重要原因。经过多年的转型努力，各城市基本摆脱了对资源的依赖，培育了经济发展的新增长点，由传统的工业城市转变为现代化的大都市。分析和比较国内外典型资源型城市的转型经验和实施政策，对长三角地区资源型城市的转型和可持续发展具有借鉴意义。

一、资源型城市相同转型发展经验

（一）注重以产业转型带动城市转型

各资源型城市在转型过程中，都选择以产业转型促进城市转型，结合自身发展水平和经济条件，发展适宜的接续替代产业，调整产业结构，培育新的主导产业和经济增长点。

（二）重视生态恢复和环境改造

对生态环境进行治理和恢复是各资源型城市在转型中必须要做的事，是偿还过去只顾开采而忽略治理的“欠账”，生态环境是城市经济发展和人民生活的基础，只有拥有良好的生态环境，才能实现经济的持续发展和人民的安居乐业。因此，各资源型城市在转型过程中都采取多种措施改善城市环境，包括植树造林，对污水、大气和垃圾进行综合处理，进行采煤沉陷区治理和棚户区改造等。

（三）注重“人”的转型，以人为本

以人为本是资源型城市转型的出发点，促进人的转型是资源型城市转型的最终目标。各资源型城市在转型中为维护社会稳定，通过就业培训、发展中小型企业等途径增加下岗职工就业机会，不断提高社会保障标准，扩大覆盖范围，解决人民的生活问题，始终把人的转型与城市转型相结合，使转型成果惠及人民。此外，资源型城市的转型也都离不开政府政策和资金支持，以及科技创新和人才的作用。

二、资源型城市不同转型发展经验

由于国内外资源型城市的经济发展基础和阶段、政策体制、技术条件、面临的国内外宏观环境等不同，各城市的转型模式不同，在转型中采取的经验做法也存在差异。

（一）政府干预程度不同

国外资源型城市处于市场经济环境下，市场在资源配置和经济发展中发挥主要作用；而我国资源型城市长期处于计划经济体制下，完全服从中央政府的领导，资源型企业大都是国有企业，政企不分。在转型过程中，美国完全按照市场经济规律，由市场发挥主导作用，虽然德国、法国政府在其资源型城市转型过程中发挥了主要作用，但也都是制定相关法律法规和政策进行辅助，主要发挥宏观调控和服务功能；而我国资源型城市数量众多，分布范围广，转型不仅对城市本身具有重要意义，对整个国民经济发展也很重要，因此转型需要政府进行层次更深、范围更广的干预和管理。

（二）接续替代产业的选择不同

发达国家在进行资源型城市转型时，已处于工业化后期，且资源型城市

具有较好的经济基础和技术条件，在接续替代产业的选择方面，大都积极发展信息、电子、软件、生物医药、环保技术等高新技术产业；而我国资源型城市经济发展水平低、技术和生产力落后，主要选择农业、传统产业和低层次加工业作为接续替代产业，对于高投入、高风险、高要求的高新技术产业只能适时选择发展。

（三）转型机构的设立不同

国外资源型城市在转型过程中从国家到地方基本上都设立了专门机构和部门指导转型工作。德国鲁尔设立了鲁尔区煤管协会和各种配套、管理机构，专门实施和协调鲁尔区的转型工作；法国洛林成立了专门的转型指导部门，并将煤炭产业转型同整个地区规划相结合。而我国的资源型城市转型，至今在国家、区域层面仍没有专门的转型指导部门，主要依靠各级政府及相关部门进行，容易出现缺位、越位、各部门相互推脱责任等问题。同时国外资源型城市不仅出台关于转型的各种政策、规章制度等文件，还发布了强制性的法律法规；而我国只出台了具有较大灵活性、约束力不强的相关政策措施，缺乏强有力的法律手段。

第四节 国内外典型资源型城市转型发展政策启示

国内外典型资源型城市转型发展的实践表明，资源型城市的转型不是一个自然而然的过程，需要经历长达几十年的艰苦奋斗。虽然上述城市与长三角地区资源型城市的发展水平、所处环境、转型时期等存在差异，但资源类型相似、发展中面临的困难和问题等相近，其经验做法对长三角地区资源型城市的转型具有重要的借鉴意义和政策启示价值。

一、适时开启转型，及早及时谋划

资源型城市转型的时机关系到转型难度的大小以及成本的高低，法国洛林地区是在资源接近枯竭，资源型产业衰退，导致城市出现经济、社会、生态问题后被迫进行转型，此时转型存在较大难度，不仅需要解决资源型城市发展过程中产生的历史遗留问题，还要培育接续替代产业，转型难度大、成本高。而河南省焦作市较早谋划转型，为原有资源型产业的退出和改造及失业人员的安置提供了缓冲时间，转型难度较小，提高了转型成功的概率。因此，长三角各资源型城市应充分认识到本地区的资源开发状况和所处阶段，在走向衰退期之前就未雨绸缪，及时谋划转型方案，制定相关政策，适时落实转型措施，从而降低转型难度，缩短转型周期。

二、破除观念樊笼，主动寻求转型

由于我国的特殊国情，资源型城市形成了自我封闭、观念陈旧、自我循环的发展方式，而当面临资源枯竭、经济发展转型问题时，传统的发展模式已不再适用，因此在经济转型过程中，要解放思想，坚持改革开放，提高城市居民参与转型的积极性和主动性，树立自力更生为主、依靠国家为辅的转型观念，加强与国际、国内、区域间的城市合作，促进技术、人才交流和资金流动。资源型城市的成功转型需要破除传统观念的束缚，以解放思想为先导并贯穿整个转型过程，以观念更新带动体制、机制和科技创新，深化国际合作，积极参与国际资源能源和产业合作，提高对外开放水平，这对转型成功起到了巨大的推动作用。长三角地区各资源型城市在转型过程中，也要改变传统认识，深化改革开放。首先，区域内各城市要加强合作，促进区域协调发展；其次，先进城市带动后进地区进行转型和发展，推进产业的转移和承接；最后，各资源型城市要把视野放宽，主动打开“大门”，学习成功地区的转型经验，进行招商引资，促进本地区转型成功。

三、市场主导资源配置，政府通过规划引导

资源型城市转型在充分发挥市场作用的同时，还要有效发挥政府的引导作用，需要政府制定和实施一系列的战略政策。国内外各资源型城市转型的经验表明，无论是市场主导型的转型还是政府主导型的转型，政府必须发挥其职能作用，成立专门指导转型的机构和部门，发布总体发展战略规划，制

定具体政策措施，进行财政政策和资金支持等。德国、法国和英国都设立了指导转型的部门，因地制宜制定了转型规划、发展战略和政策法规，统筹协调各方利益关系，提高转型工作效率。长三角地区各资源型城市在转型过程中应充分借鉴欧洲国家的做法，建立专门指导经济转型的机构，可以先建立一个区域性的总机构，然后在各城市分别设立执行机构和管理机构，专门进行本地区的转型工作，并将这些机构与地方政府部门分开，直接由长三角地区总机构管理，避免造成职能混乱、工作效率低下。同时，政府应主要在宏观调控、生态环境改善、基础设施建设、社会保障、教育等公共服务领域有所作为，对微观企业主体较少或者不进行干预。比如，在休斯敦经济转型中，政府十分重视基础设施建设，并采取激励性减税措施改善城市投资环境，构建完善的教育体系，培养高新技术企业所需人才，制定大量的优惠政策，创造良好的生活、工作和投资环境，坚持推进新型城镇化建设，广泛吸引高科技人才和高科技创业企业落户。

四、产业转型带动城市转型，着重发展接续替代产业

发展接续产业和新兴替代产业，以产业转型带动城市转型是实现资源型城市可持续发展的关键。发展接续产业主要是依托原有资源优势，向上游、下游、旁侧延长产业链条，其特点在于产业间在生产、管理和技术等方面具有明显的关联性，目的是增加产品附加值，提高经济效益。该方式实施难度小、周期短，宜在转型初期采用。培育新兴替代产业是脱离原有矿业资源而发展替代产业，是直接在资源型城市植入新的主导产业，如发展环保产业、旅游业、高新技术产业等，降低城市发展对资源的依赖性，建立现代产业体系，实现绿色转型。虽然培育新兴替代产业的转型方法具有难度大、风险高、周期长的特点，但能够实现比较彻底的转型。因此，发达国家的资源型城市在转型过程中，大多把培育接续替代产业放在核心位置，将其作为未来经济发展的主要依托。长三角地区各资源型城市在转型初期应发挥资源优势，以资源型产业为基础发展接续产业，随着转型的推进，逐步摆脱对资源的依赖，并大力发展新兴主导产业和配套产业，健全接续替代产业扶持机制，构建现

代产业体系，促进城市转型成功，实现可持续发展。

五、强化发展要素保障，汇聚科技创新力量

发达国家重视在生态环境修复和保护及新兴产业的发展过程中投入大量资金，德国政府设立了专项基金，支持鲁尔区经济转型，政府的支持和投入有力地促进了这些国家资源型城市转型成功。而对于长三角地区甚至国内众多的资源型城市而言，在资源型产业衰退的大环境下的转型可能会遇到资金短缺的问题，因此，在转型过程中，一方面，国家及地方政府要多渠道筹集资金，加大对资源型城市的资金投入力度；另一方面，转型过程中要注重提升资金使用效率，建立完善的资金使用监督机制，遵循严格监督、基层使用原则。在人才、技术方面转型成功的资源型城市都十分重视人才培养、技术研发和成果的转化，充分发挥本区域内高等院校和科研机构的作用，建立产学研深度融合的重要平台和机制，使资源优势通过技术优势变成了真正的稳定优势。长三角地区各资源型城市要充分利用本地大学、职业院校、科研机构等智力平台，建立特殊类型地区“人才飞地”政策，通过财政支持，鼓励其定向培养有利于本地区转型和新兴产业发展的人才，通过出台相关优惠鼓励政策，引进国内外高层次人才，指导本地区转型，同时各城市间可以加强合作，打破行政区划限制，建立区域合作机构，转型成效显著的资源型城市可以派相关人员到资源类型相似或者发展水平相近的其他城市帮助其进行转型，以实现整个长三角地区及国家经济的健康可持续发展。

六、践行“两山”理念，努力打造绿色低碳城市

资源型城市在发展过程中普遍存在的问题就是如何摆脱对资源的过度依赖与减少对生态环境的严重破坏。从国际经验来看，在经济转型的过程中，各国都采取了生态恢复和环境保护措施，努力建立新的城市形象，一方面，发达国家将生态环境治理作为转型工作的重中之重，统筹考虑经济发展、生态与环境的承载力，加大矿区恢复整治、土地复垦治理以及生态环境保护力度，使得城市面貌焕然一新。另一方面，积极发展有利于区域生态环境的生

态友好型产业，发展绿色、循环经济，把绿色发展作为接续替代产业选择的重要原则，引进具有低能耗、高产出、无污染特点的产业。因此，长三角地区资源型城市在转型的过程中也一定要贯彻新发展理念，坚持“绿水青山就是金山银山”理念，把生态环境的保护和治理放在重要位置，引进和发展生态友好型产业，改善城市投资环境，努力建立绿色低碳的城市形象。

资源型城市的转型涉及经济发展、人民福祉、社会安定等多个方面，需要政府、企业、公众的共同参与和努力。国外资源型城市的转型发展主要有三种模式，即以美国休斯敦为代表的市场主导型，以日本九州为代表的政府主导型，以德、法、英为代表的政府和市场合作型。因此，长三角地区各资源型城市在借鉴国内外典型资源型城市转型经验的同时，也要考虑到自身的特殊情况，认识到转型做法不可照搬照抄照套，应结合实际，探索适应本地区的转型模式，充分发挥政府的调控和引导作用，同时激发市场活力，保证市场在资源配置中发挥关键性作用，重视不同类型企业的发展，提高社会公众的参与度。

在进一步推动资源型城市转型及发展的过程中，应推进不同区域、不同城市间的密切合作，尽快制定整个长三角地区资源型城市转型和可持续发展的规划及合作方案，利用网络建立信息、技术共享及交流平台，集思广益，鼓励各城市为其他城市转型献计献策，充分考虑安徽省与江苏省、浙江省的发展差距，鼓励发达城市先进的生态环境治理技术、高层次的研究及管理人员等进入安徽省，帮助解决目前安徽省各资源型城市自身未能解决的问题。立足于新时代背景，以改革、创新、开放为动力，以调结构、转方式、促升级为关键，实施创新驱动发展战略，积极推动长三角地区城市间合作，鼓励先发地区带动后发地区，促进整个长三角地区的发展，巩固其在国家重要战略和经济发展棋局中的地位。

第六章　新时代长三角地区资源型城市创新驱动转型发展战略思路

第一节　新时代长三角地区资源型城市创新驱动转型发展的总体战略思路与路径

一、新时代长三角地区资源型城市创新驱动转型发展的总体战略思路

总体战略思路可概括为，加强一个认识，认准一个方向，立足两种动力，瞄准三维目标。具体内容如下：

“加强一个认识”，是指必须深刻认识到资源型城市不能再按照原来的粗放发展模式发展，原有模式会引致社会资源浪费、生态环境破坏，这一牺牲环境、透支未来的竭泽而渔的掠夺型发展模式代价太大，有百害而无一利。不但资源型城市今后的发展要坚决抵制这种发展模式，其他城市也应该从资源型城市的发展中吸取教训，倡导可持续发展。

“认准一个方向”，是指新时代长三角地区资源型城市转型发展必须主要依靠创新（主要指科技创新和制度创新），唯有创新才是资源型城市实现转型和可持续发展的最强劲动力，资源型城市必须围绕创新做文章、下功夫。同时，为有利于新时代初期资源型城市转型发展得到更多助力，现阶段也要兼顾依靠其他动力。但是，党的十八届五中全会指出，我国经济社会发展必须“牢固树立并切实贯彻创新、协调、绿色、开放、共享的新发展理念”，创新

驱动转型发展也必然是资源型城市必须坚持的总体战略方向。

“立足两种动力”，是指新时代长三角地区资源型城市转型发展需要立足两种发展动力，既要利用好中央财政资金支持、省（市）资金支持或配套、其他地区相互支持、金融系统优惠贷款等“外援”，更要努力挖掘自身经济发展的“韧性”和“潜力”，增强“内力”，外援和内力互相促进、相得益彰，资源型城市转型才能更稳、更踏实、更有效率。

“瞄准三维目标。”资源型城市转型发展包含的意义非常丰富，在新时代更要面临和破解诸多发展难题。一方面是转型目标和任务繁重紧迫，另一方面是发展困难和压力复杂巨大，在此形势下，要顺利实现转型和可持续发展，加快“碳达峰”与“碳中和”进程，向“双碳”目标迈进，必须紧抓主要矛盾，聚焦和瞄准经济发展、民生保障、环境保护三个战略目标，做到经济发展不掉队、社会民生有保障、环境保护要“逞强”（困难多，压力大，但必须做好）。

二、新时代长三角地区资源型城市创新驱动转型发展的路径

战略转型路径可概括为，立足现实，找准优势；发展既有，“无中生有”；合纵连横，八方助力；一张一弛，实现转型。具体内容如下：

（一）立足现实，找准优势

资源型城市转型发展必须立足自身现实，客观、科学研究分析转型发展的现实基础和条件，“摸清楚自己的家底”，不东张西望，不盲目借鉴，立足自身研究转型，这是转型成功最基础的环节。在摸清家底、洞悉自身发展优势和劣势的前提下，把资源型城市转型发展放在更广阔、更复杂的一省、一国、一世界的发展格局中，准确找到自身的绝对优势和比较优势所在，确立转型的战略主攻方向，有的放矢，方能快速、准确利用自身“韧性”和“潜力”实现跨越式精准转型。

（二）发展既有，“无中生有”

在明晰优势的前提下，发展利用既有优势，同时，对预判有可能在未来

成为城市发展战略优势的项目要予以支持，“无中生有”创造优势。产业发展亦然，在遵循总体战略思路的前提下，发展既有的优势产业，延伸产业链条，拓宽、加深产业发展的宽度和深度，引导、培育、扶持绿色低碳产业，使其“无中生有”。在这一过程中，有效利用和积极承接产业转移，把握好这一世界经济发展趋势，利用好“生在长三角”这一先天优势。

（三）合纵连横，八方助力

资源型城市转型任务艰巨，但自身资源毕竟有限，若要按时保质完成转型目标和任务，必须谋求必要的外力支持和援助。一方面，要谋求中央财政、省（市）、金融系统等资金和政策支持，这也是目前资源型城市转型极为重要的保障，但是，这部分资金并不足以支撑资源型城市转型发展全部的资金需求。另一方面，资源型城市应开阔现有思路，谋求“合纵连横，八方助力”的发展格局，把自身积极融入次区域发展和大区域发展版图中，寻找在区域发展中的新定位，利用好“地处长三角”这一区位优势，在“双碳”战略、长三角一体化、“一带一路”等一揽子国家发展战略中去寻找政策优势，并将自身优势与这些优势叠加，顺应世界经济发展趋势和潮流，营造八方来助的环境和发展格局，资源型城市转型和可持续发展便会水到渠成。

（四）一张一弛，实现转型

资源型城市发展困境非一日所成，资源型城市转型也非一日可实现。但是，无论是资源型城市自身发展需求，还是国家对于资源型城市发展的期许和要求，资源型城市转型和可持续发展都是一个必须完成的任务，一个刻不容缓、十分紧迫而又困难重重的任务。转型任务很紧迫，但转型之路必须踏实、一步一个脚印，尊重现实，循序渐进。不要为了转型而转型，要有长远谋划，不攀比、不盲从，要相信“每一个资源型城市都是一个独特的城市”，要根据不同城市的不同条件，研究不同的转型路径、方法，之后稳步推进，从容转型。

第二节　不同类型资源型城市转型发展的基本路径与思路

不同类型的资源型城市，由于发展基础和发展阶段存在差异，其选择的转型路径也不尽相同。新时代长三角地区资源型城市转型发展的基本路径主要有两种：一是“转变”，由“一业独大”向“多元产业”转变，即资源型城市围绕优势产业，实施深度开发和相关产业多元化的发展战略。二是“转向”，由“资源型”向“非资源型”转变，发展与资源型产业不相关的产业，重新培育主导产业，走综合发展道路（见表6-1）。

表6-1　资源型城市转型发展的基本路径与目标

城市类型		转型路径	转型模式	转型目标
煤炭城市	枯竭型	转向发展	主导产业替代模式	因地制宜发展
	成熟型	转变发展	培育接续产业模式	综合性城市
	成长型	转变发展	综合性发展模式	综合性区域中心城市
石油城市		转变发展	接续替代产业模式	加工制造型城镇
综合型资源城市		转变发展	综合性发展模式	综合性城市

一、煤炭资源型城市转型发展的基本路径与思路

煤炭资源型城市是以煤炭开采、加工为主导产业的城市。处于不同发展阶段、不同产业生命周期的煤炭资源型城市需选择不同的转型发展路径和思路，逐渐推动煤炭城市由最初的“煤炭采掘”型城市发展为“煤炭采掘—加工制造”型城市，再发展为“加工制造—煤炭采掘”型城市，最后演变为纯粹的加工制造业城市。

（一）成长型煤炭资源型城市

及早谋划综合发展路径，规避产业单一的风险，从改造煤炭产业、延伸

产业链条、发展非煤产业等方面入手，积极探索预防性的规避式转型。

（二）成熟型煤炭资源型城市

转变发展模式，培育接续替代产业，完善接续替代产业扶持机制，实现产业结构多元化、经济结构合理化。例如，安徽省淮北市建市以来累计生产原煤7亿多吨，被列入国家第二批资源枯竭型城市。早在1995年，煤炭产业发展正处于成熟期时，淮北市就实施由能源型城市向多功能生态城市转型战略，围绕“依托煤、延伸煤、超越煤”进行产业结构调整升级，致力实现产业、农业、商业、城乡结构、生态、政府职能的“六大转型”，“建设成全国重要的煤电煤化工基地、黄淮海平原食品工业高地、全省重要的承接产业转移试验区、皖北乃至黄淮海地区最宜人居的山水生态城市”。一是以延伸产业链条为主导方向，由煤炭产业延伸至煤炭精细加工，促使其向纵深发展。利用煤种优势，建立煤炭深度加工和利用的产业群，如临涣煤化工园区和南坪精细化工园区等，发挥规模效应和集聚效应，推动产业延伸，发展煤炭洗选加工、煤化工，建设煤泥矸石发电等项目，形成了“煤—焦—化—电”产业链；发展下游产品，形成煤焦化、煤气化、煤液化产业，生产精细化工产品，提升产业层次和煤炭产品附加值。二是依据水资源丰富、交通便利的特点，培植非煤产业，建设现代加工制造业项目区和食品工业、矿山机械制造、铜锅深加工、新材料和纺织服装等经济开发区。

（三）枯竭型煤炭资源型城市

因地制宜，采取异化替代模式，实现转向发展。创新政策体系，设立创新项目，建立研究中心，促进基础理论研究、技术研发、成果转化和国际合作协同推进；注重人才培养，建立生态产业园区，鼓励科研专项，实现技术储备、科技攻关；实施城市绿色转型项目计划，实现优质转型、高新转型、持续转型；发展绿色矿山，建设绿色矿山，全面提高资源利用效率。

二、石油资源型城市转型发展的基本路径与思路

石油资源型城市是以石油资源的开采和加工为主导产业的城市。处于不

同发展阶段、不同产业生命周期的石油资源型城市应选择不同的转型发展路径和思路，逐渐推动石油城市由最初的“石油”型城市发展到“石油—制造”型城市，再到“制造—石油”型城市，最后演变为纯粹的加工制造业城市。

（一）成长型石油资源型城市

采取延伸拓展模式，立足石油资源优势，适时延伸拓展产业链，带动其他产业发展，推动产业结构多元化、经济结构合理化。一是推进石油产业纵向发展，发展石油深加工产业等下游产业，打造下游产业集群；二是推进石油产业横向发展，注重对非油产业的扩展；三是注重城市功能区域的合理布局，围绕“点—轴”，提升城市“硬环境”，积极培育城市“软环境”。

（二）成熟型石油资源型城市

选择优化组合路径，利用比较优势，与城市其他资源进行优化整合，在保障国家资源能源安全的同时培育新产业，推动城市优势由石油资源产业优势向多元产业优势转换。一是发挥石油深加工产业群的牵动效应，带动相关配套产业发展，实现石油深加工产业群和其他产业群之间互动发展，壮大非油产业，培育新的主导产业，逐渐降低石油资源依赖度；二是利用要素优势优化整合外部输入石油资源进行深加工，提高资源供给能力，实现资源可持续利用；三是注重城市网络式发展，将发展中心与次级优先区位点联系起来，优化城市内部空间结构，并发挥城市对其所在区域的辐射和带动作用。

（三）枯竭型石油资源型城市

选择异化替代模式，实现转向发展。挖掘城市累积的资源要素等优势，积极寻求或联合外部支持力量，推进产业更新和资源替代，发挥接续替代产业支撑作用。一是产业更新，通过发展高新技术，改造传统产业。二是突出资源替代，利用石油城市具有的廉价的资源、充足的动力供应、大量空闲土地和劳动力等竞争优势，吸引外来投资建立有竞争力的替代产业；利用石油城市的其他自然资源，如风力、湿地、旅游等资源发展替代产业。三是优化城市空间结构，注重城市在较大区域范围内的中心作用，协调城市各功能区域的分工与合作，优化城市环境。

三、综合型资源型城市转型发展的基本路径与思路

综合型资源型城市，是指以多种资源的开采和加工为主导产业，并形成两个或两个以上主导产业的城市。处于不同发展阶段、不同产业生命周期的综合型资源型城市应选择不同的转型发展路径和思路，实施综合性发展模式。

（一）成长型综合型资源型城市

应从绿色低碳理念、体制机制、城市发展、资源产业等方面对多种资源进行系统规划，注重主导产业间的关联性，明确多个主导产业的定位。

（二）成熟型综合型资源型城市

协调多个主导产业发展，优化产业布局，形成联合发展模式，发挥辐射带动能力，释放发展潜能，坚持每个主导产业发展不掉队。

（三）枯竭型综合型资源型城市

在资源枯竭期发展成为综合性多功能城市。坚持发展主导产业，在发挥主导产业支撑作用的同时，深化改革开放，加强国际交流合作，坚持创新驱动发展，培育新的经济增长点，释放发展潜能；加强新型基础设施建设，加快传统基础设施数字化改造，打造系统完备、高效实用、智能绿色、安全可靠的现代化基础设施体系。

第七章　新时代长三角地区资源型城市创新驱动转型发展长效机制

党的十九届五中全会提出不断提高贯彻新发展理念、构建新发展格局能力和水平，新发展理念以创新为第一动力、协调为内生特点、绿色为普遍形态、开放为必由之路、共享为根本目的，为我国逐步实现全体人民共同富裕指明了发展思路、发展方向和发展着力点。当前我国经济发展处于新旧动能转换新时期，经济发展投资驱动和要素驱动减弱，创新驱动作用不断增强，正步入经济新常态时期的深化改革的“攻坚期和深水区”，虽然各资源型城市总体可持续发展能力较强，但不同系统可持续发展能力不同，社会和资源环境可持续发展能力最弱，民生问题和资源环境问题是资源型城市转型发展的难题。新时代资源型城市转型发展应以新发展理念为引领，必须以新思想适应新时代，这就要求充分发挥“五大理念”的指导作用，构建长三角地区资源型城市创新驱动转型发展长效机制，以科学的理念制定科学的政策，统筹经济社会发展，打造新的经济增长点，解决好过去资源型城市发展遗留的不合理、不平衡、不协调问题，释放转型的内生动力，推动资源型地区实现高质量发展，带领资源型城市突破发展困境、提升发展动力，稳步实现高质量转型发展的目标。

第一节　创新赋能升级产业结构是长三角地区资源型城市创新驱动转型发展的基础

新时代经济发展的动力已经从要素驱动、投资驱动转为创新驱动，长三角地区资源型城市发展主要是由中央政府或地方政府投资建设大型国有企业，对资源进行探测、开采以及初加工，资源型产业是城市唯一的主导产业，资源供给是保证经济增长的主要因素，在此过程中忽视了城市可持续发展和社会效益的提高，当资源面临枯竭时，资源型城市的要素禀赋优势逐渐消失，大规模投资撤离，国有企业和相关配套产业衰退，会带来失业、贫困等社会民生问题和生态失衡等环境问题，使城市发展陷入困境。

虽然资源型城市在转型过程中明确了创新驱动发展战略，致力于统筹稳增长与调结构的发展模式，但由于受到配套基础设施建设束缚、资本技术约束，面临沉淀成本较高、管理制度落后、企业负担过重等困难，资源型城市产业发展仍难以摆脱对资源的依赖性，第二产业仍占有较高比重，资源型产业产能过剩问题亟须化解，产业结构凸显不合理性和脆弱性，难以应对经济环境、发展方式的转变，严重制约资源型城市当前经济发展水平的提高，而且对城市发展的可持续性形成约束。

新时代，科技创新已成为构筑高质量发展新局面的根本动力，资源型城市转型发展应以深化供给侧结构性改革为主线，明确创新意识，摆脱过去依赖资源和外部动力的发展模式，加大对科技创新的财政支持力度，激发创新活力，提高科技创新水平，稳步提高转型的效率和水平，推动资源型城市与全国同步基本实现社会主义现代化。资源型城市应尊重发展的经济规律，坚持问题导向和目标导向，细化责任落实，建立推进创新驱动发展的工作机制，简化创新项目审批流程，完善高精尖人才激励政策，强化创新法治保障，创造有利于创新发展的市场环境。资源型城市应强化创新主体建设，引导企业加大科技创新投入力度，积极转变发展方式，打造以科技创新为引擎的发展体系，以创新促进转型升级，提升产业链的附加值和竞争力。

第二节　协调发展加强区域统筹是长三角地区资源型城市创新驱动转型发展的抓手

长三角地区资源型城市兴起大多是因矿建市、因厂建市，其区域禀赋条件导致产业结构不合理，造成了资源错配和产能过剩等阻碍经济发展的现象，发展不平衡、不充分问题较为严重，与发达城市在经济总量和发展效益上都存在较大差距，这些都会导致人才、资本等要素不断流出，使城市经济发展雪上加霜，进一步加剧不平衡问题。探索地区间协调发展的有效路径是资源型城市实现高质量转型发展需要关注的重点。

党的十九大提出“要坚持区域协调发展战略、积极推动资源型地区经济转型发展”，明确协调发展的目标，统筹规划好区域、城乡之间的关系，可以提高地区经济总量，开发更多就业岗位，拉高当地居民人均收入水平，缩小收入分配差距。习近平总书记提出“应适应新形势，统筹完善地区之间、城乡之间发展机制，开拓新思路推动区域协调”。长三角地区资源型城市在转型过程中应有机衔接各类区域战略，依托新时代下的发展机遇，避免泛化制定区域政策，要把握经济发展的新特征和新要求，因地制宜推动区域协调发展，发挥行政力量在转型过程中的主导作用，注重本地居民和企业的主观性和创造性，聚焦资源型城市的“短板”弱项，有针对性地采取高效可操作的务实举措，积极探索缩小地区差距的发展新路径。资源型城市转型发展要融入地方经济社会发展的全局之中，深化区域间合作，开拓区域产业链链条，建设产业集聚区，以产业高质量发展推动区域协调发展，同时推动数字技术发展，以数字化平台支撑区域间要素高效流动，实现区域间互利共赢。

第三节　生态优先坚持绿色发展是长三角地区资源型城市创新驱动转型发展的前提

生态环境作为人们生存、城市发展的基本条件，其质量高低对城市发展前景和命运具有重要影响，良好的生态环境可以为人们提供优质的生活环境，有利于资源型城市引进新型企业和人才，提高城市吸引力和竞争力，对资源型城市发展具有促进作用，而恶劣的生态环境不仅会影响本地居民的身体健康，降低劳动力质量，导致素质高的人力资源迁出，造成人才流失，而且会阻碍外部资本、技术等要素进入，对资源型城市发展具有约束作用。

长三角地区资源型城市过去持“先生产后治理，先发展后保护”的发展理念，对资源进行掠夺式开发，资源型产业实行粗放式生产，造成土地退化、植被破坏、环境污染等严重的生态问题，尤其是安徽省淮南市、淮北市等煤炭资源型城市，煤炭采掘不仅毁坏原有的土地和污染地下水，而且采掘过程中以及煤炭加工过程中排放的废弃物对环境会造成一定程度的污染。据统计，每开采 1 万吨原煤，将造成 3 亩土地塌陷，截至 2020 年 8 月底，淮南市采煤沉陷区面积达 41. 94 万亩，涉及人口众多，生态环境遭受破坏严重，对安徽省资源型城市可持续发展造成巨大压力。虽然近年来在国家政策和财政资金支持下，资源型城市的生态环境有所改善，城市绿化覆盖率、空气优良率、工业废弃物综合利用率不断提高，但生态功能恢复仍然面临较大困难。

国家一直将生态建设置于重要地位，“十四五”规划中明确提出坚持可持续发展战略，建立健全生态文明体系，促进经济社会全面绿色转型发展。要坚持“双碳”战略，实施以碳强度控制为主、碳排放总量控制为辅的制度，努力争取 2060 年前实现“碳中和”，资源型地区是我国实现“碳达峰”“碳中和”的重要领域，其以自然资源开采为依托的经济发展方式已逐渐成为我国碳排放的重要来源，同时，在新型基础设施建设上存在明显的“马太效应”，是资源型地区实现高质量绿色发展的重大阻碍。

生态环境破坏容易，治理恢复困难，安徽省资源型城市过去牺牲生态环境发展经济，为此付出了沉重的代价和高额的成本。新时代，要实现长效可持续发展，必须以改善生态条件为前提，把保护生态环境内化为经济发展的动力，加快建立生态文明体系，加大生态环境的整治和修复力度，同时推动以“双碳”目标为导向的新基建发展，加速低碳技术的示范应用，提高资源开采加工的转换效率和单位资源消耗的经济产出，立足实际落实体制改革，以“1+N”为依托制订分地区、分梯次的政策方案，对资源型地区人们进行教育引导，提高居民对生态环保的主动意识和积极性，同时以污染防治项目为出发点，打造相配套的人才培育和引进体系，推动面向内生型人力资本的积累，激发更多的发展活力，提高城市吸引力，真正实现资源型城市可持续发展。

第四节　内外联动聚焦开放合作是长三角地区资源型城市创新驱动转型发展的关键

自改革开放以来，外延式、粗放式增长是我国经济发展的主要特征，投资和出口是经济增长的主要动力，但是随着国内国际经济发展进入新时期，我国的投资效率不断降低、产能过剩、出口日渐疲软，外向型经济日渐衰退，培育新的发展动力是未来几年国家经济发展的重要保障。对资源型城市而言，其主要职能是开采、利用和输出廉价资源和初级加工产品，以本地自然资源为依托，推动经济发展。随着资源逐渐枯竭和国家经济发展水平提高，资源和低端产品带来的经济效益和发展质量显著降低，资源型城市的可持续发展基础不断削弱，面临明显的技术缺陷、资金不足和产业结构不合理等诸多问题。

长三角地区资源型城市应当在区域一体化的大环境下精准把握自身定位，开拓全球价值链，对接新兴大市场，强化与周边发达城市的合作联动，充分挖掘自身市场潜力，提高对本地区资源禀赋和生态特征的利用效率，积极承接周边发达城市高质量产业转移，形成跨区域产业集群，推动区域协调共进。长三角地区资源型城市更要实现观念和政策的开放，主动与国内外发展较好的地区形成良性互动、促进互惠合作，建立信息共享平台，学习其先进发展经验，建立多地区协作、多部门互动的良好发展模式，打造更高能级的开放市场主体，高效利用国内外市场资源，提高参与全球经济合作与竞争的水平。

第五节 注重共享切实改善民生是长三角地区资源型城市创新驱动转型发展的根本

资源型城市过去的快速发展带动了城市就业和人们收入水平的提高，但随着资源枯竭、资源型产业退出和城市发展衰退，出现劳动力大规模失业、居民生活困难等民生问题。资源型城市在转型过程中，存在政府财政压力较大、共享机制模糊、转型资金缺乏、社会保障落后等问题，制约了人民有效享有发展成果，各资源型城市的社会可持续发展水平仍较低，严峻的不平衡不充分问题是资源型城市转型和可持续发展的主要障碍。

习近平总书记指出："让广大人民群众共享改革发展成果，是社会主义的本质要求，是社会主义制度优越性的集中体现，是我们党坚持全心全意为人民服务根本宗旨的重要体现。"① 以人民为核心，增加、提高人民福祉，不断满足人民群众对美好生活的需要始终是国家发展的出发点和落脚点，因此在任何发展阶段都不能忽视社会的公平正义，要坚持以人为本，致力于解决好发展不平衡问题。

"十四五"规划中提出巩固脱贫攻坚成果，促进脱贫地区经济发展，力争到 2035 年实现全体人民共同富裕取得更为明显的实质性进展。帮扶农村低收入人口和欠发达地区是新时期促进发展的重点，与其他城市相比，资源型城市的贫困情况更严重、更复杂，失业和生活贫困是资源型城市的主要问题，

① 促进社会公平正义，让广大人民群众共享改革发展成果［EB/OL］. 中国共产党新闻网，2022-08-25，http：//www.theory.people.com.cn/GB/n1/2018/0122/c40531-2977950.html.

也是引起其他社会问题的主要原因，这就要求资源型城市以均衡为导向，联动社会各领域各行业，强化长效普惠性制度设计，不断优化分配制度，同时加大财政转移支付力度，对低收入人群给予政策倾斜，增强基础设施建设、提高公共服务水平，切实解决人们生活和就业问题。同时各级政府要健全社会保障体系，完善基本公共服务均等化机制，建立健全社会保障体系，真正落实人民共享国家发展成果，维护社会和谐稳定。

第八章　新时代长三角地区资源型城市创新驱动转型发展实施保障与政策建议

第一节　总体实施保障与政策建议

一、盘活存量

改革资源型城市转型国家财政支持资金拨付方式，基于科学测算，实行项目申报审核和精准考核制度，提效引资，助推转型稳步实效开展。

（一）为什么要改革?

资源型城市转型发展是一个世界性难题。自 2001 年起，国家持续高度关注资源型城市的转型与可持续发展，并实施了一系列支持配套和优惠政策，但是，我国资源型城市转型发展并没有取得很多实质性的重大进展，转型成效显著的并不多。资源型城市集中的地区，如东北地区，经济增长下滑严重；许多资源型城市增长乏力，接续替代产业发展迟缓，转型发展长效机制构筑缓慢，如安徽省的淮南市和淮北市。

一个更为普遍的问题是，国家对资源型城市转型发展的财政支持越来越多，包括国家对资源型地区的财力性转移支付，发改委设立了发展多元化产业体系等的专项资金，政府在棚户区改造上实施支持政策等，但仍无法解决大多数资源型城市日益严重的财政资金不足问题。究其原因，一方面是中央财政和其他省市配套资金的确存在不足，另一方面与资源型城市转型过于依赖财政转移支付有关。除此之外，资源型城市转型资金的总体预算编制缺失进而导致拨付针对性不足、绩效考核量化模糊，从上至下对资源型城市转型发展所需的资金、对应目标和项目支撑以及绩效考核“心里没底”，这应是资源型城市下一步转型发展急需解决的问题。预算缺失、资金不够、过于“等靠要”、权责不清晰、考核不精细等问题必须加以解决，否则，资源型城市转型发展仍然会困难重重。

所以，虽然资源型城市的转型升级已取得一定成效，产业结构、科技创新、生态环保、协同发展、社会民生等方面都已有所改善，但转型之路任重道远，目前存在复杂的挑战和问题，现在乃至未来的一段时间，资源型城市转型升级仍需持续，在这一时期，国家财政的财力支持仍必不可少，不过，有鉴于目前资源型城市转型中暴露出的资金使用方面的问题，国家各级财政的财力支持方式亟须改革。资源型城市转型发展进行到目前阶段，提升资金使用效率、扩大资金来源、加强绩效考核精准化是需要面对和解决的 3 个重要议题，中央财政支持资金虽已有足够存量，但不宜再大包大揽，必须提升资金使用效率和扩大转型资金来源，摸索出一种更有效率、更积极的资源型城市转型支持模式。

（二）怎样改革？

改革的基本思路是，由原来的被动申请然后打包考核的方式转变为资源型城市根据转型发展需要主动申请，按照目标分解和科学测算结果，实行项目申报并获批的方式，使资金使用指向更加明确、发展目标与资金使用联系更加紧密、资金使用绩效考核更加准确。

改革后资源型城市转型过程中国家各级财政支持资金转移支付方式运作流程可以概括为长远规划，科学测算；项目依托，严格审核；明确权责，精准考核；提效引资，助推转型（见表 8-1）。

1. 长远规划，科学测算

资源型城市按照国家整体战略部署，根据自身发展基础和条件，研究和编制其转型发展长期规划，科学测算转型发展目标及其分阶段、分指标所需转型资金规模，形成以“转型目标规划—转型目标分解—转型实施路径与项目库支撑—细分项目总预算（含资金规模、资金筹措来源）—细分项目考核办法与考核指标”为主要内容和主线的“资源型城市转型发展申请国家财政支持资金预算申报书”。该阶段要求资源型城市在国家整体战略部署下，做到对资源型城市转型发展的现实基础开展深入和透彻研究，明晰转型发展规划和转型基本路径，以及支撑其转型目标和规划实现的项目依托，并对转型发展所需的资金匹配、转型进度等均有科学测算和预期。建议此阶段各资源型城市在国家有关部委的指导下，引入有资质的第三方机构 A，共同研究和测算。

2. 项目依托，严格审核

建议将国家发改委、中央财政财力性转移支付等一揽子财政支持资金统一管理，为更好发挥精确引导作用，可将一揽子资金分为若干项并规定各种项目的使用权重。根据国家财政发展能力，适度常态化扩大一揽子财政支持资金规模。一揽子财政支持资金申报实施灵活申报制度，资源型城市可以申报以一揽子项目为载体的“预算申报书”，也可以以单一项目为载体申报资金支持，一揽子项目“预算申报书”实施年度固定时间申报，单一项目“预算申报书”可随时申报。各资源型城市向一揽子财政支持资金负责管理部门（以下简称资金负责部门）提交“资源型城市转型发展申请国家财政支持资金预算申报书”。资金负责部门引入第三方评估机构 B，组织预算申报评审，给予资源型城市陈述和答辩机会，在总预算支配范围内，提出合理化修改建议，直至形成资金负责部门、资源型城市、第三方机构 A、第三方评估机构 B 四方均认可的“资源型城市转型发展申请国家财政支持资金预算实施方案”，方案对资源型城市转型预算总资金中一揽子财政支持资金的使用目标、进度、考核及四方的权责予以规定，并对资源型城市转型预算总资金中其他来源资金给予明确和相应帮助、指导，如帮助获取国家开发银行的政策支持资金，规定资源型城市需要筹措的省市配套资金的规模及其权责，等等。资金负责部门有权力要求资源型城市提供其能顺利筹措转型预算总资金中其他来源资金的凭证和保障。

表 8-1　改革后资源型城市转型过程中国家各级财政支持资金转移支付方式运作流程

<table>
<tr><th colspan="2">资源型城市转型指标</th><th>长远规划，
科学测算</th><th>项目依托，
严格审核</th><th>明确权责，
精准考核</th><th>提效引资，
助推转型</th></tr>
<tr><td colspan="2">一、经济发展</td><td rowspan="18">形成以“转型目标规划—转型目标分解—转型实施路径与项目库支撑—细分项目总预算（含资金规模、资金筹措来源）—细分项目考核办法与考核指标”为主要内容和主线的“资源型城市转型发展申请国家财政支持资金预算申报书”</td><td rowspan="18">各资源型城市向资金负责部门提交“资源型城市转型发展申请国家财政支持资金预算申报书”。引入第三方评估机构 B，组织预算申报评审，形成资金负责部门、资源型城市、第三方机构 A、第三方评估机构 B 四方均认可的“资源型城市转型发展申请国家财政支持资金预算实施方案”</td><td rowspan="18">按照上述实施方案规定的进度和考核办法，资金负责部门引入第三方评估机构 C 对国家财政支持资金使用情况及预期的资源型城市转型目标进行评估考核</td><td rowspan="18">提高资金使用效率，使国家各级财政支持资金使用指向更加明确、发展目标与资金使用联系更加紧密、资金使用绩效考核更加精准，引导其他资金投入到资源型城市转型中</td></tr>
<tr><td colspan="2">地区生产总值（万亿元）</td></tr>
<tr><td colspan="2">采矿业增加值占地区生产总值比重（%）</td></tr>
<tr><td colspan="2">服务业增加值占地区生产总值比重（%）</td></tr>
<tr><td colspan="2">二、民生改善</td></tr>
<tr><td colspan="2">城镇居民人均可支配收入（元）</td></tr>
<tr><td colspan="2">农村居民人均纯收入（元）</td></tr>
<tr><td colspan="2">城镇登记失业率（%）</td></tr>
<tr><td colspan="2">棚户区改造完成率（%）</td></tr>
<tr><td colspan="2">单位地区生产总值生产安全事故死亡率降低（%）</td></tr>
<tr><td colspan="2">三、资源保障</td></tr>
<tr><td colspan="2">新增重要矿产资源接续基地（处）</td></tr>
<tr><td colspan="2">资源产出率提高（%）</td></tr>
<tr><td colspan="2">森工城市森林覆盖率（%）</td></tr>
<tr><td colspan="2">四、生态环境保护</td></tr>
<tr><td colspan="2">历史遗留矿山地质环境恢复治理率（%）</td></tr>
<tr><td colspan="2">单位国内生产总值能源消耗降低（%）</td></tr>
<tr><td>主要污染物排放总量减少（%）</td><td>化学需氧量
二氧化硫
氨氮
氮氧化物</td></tr>
</table>

3. 明确权责，精准考核

按照“资源型城市转型发展申请国家财政支持资金预算实施方案”，资金负责部门按方案实施进度拨付财政支持资金，资源型城市按照实施方案筹措和争取其他资金支持，并严格按照实施方案预期进度推进项目。按照上述实施方案规定的进度和考核办法，资金负责部门引入第三方评估机构 C 对国家财政支持资金使用情况及预期的资源型城市转型目标进行评估考核，明确各方权责，有奖有惩，并根据考核结果对资源型城市转型发展未来预算编制和报批给出意见。

4. 提效引资，助推转型

在资源型城市转型过程中，国家各级财政支持资金转移支付方式改革的主要目标之一是提高资金使用效率。此外，将资源型城市转型资金的拨付方式由被动申请转变为主动申请，有益于提升和激发资源型城市转型热情和动力，也可以使国家各级财政支持资金使用指向更加明确、发展目标与资金使用联系更加紧密、资金使用绩效考核更加精准。不过，完全依靠国家政府对资源型城市的财政资金支持显然是不够的，要真正推动资源型城市转型发展，推动“造血式”扶贫，更需要以国家各级财政支持资金为基础，引导、吸引其他资金投入资源型城市转型这一历史重大任务中。唯有如此，资源型城市转型发展才不会陷入资金掣肘的窘境。

二、扩增流量

根据转型规划和资金测算，着力扩大资源型城市转型其他资金来源和总量，稳步强化对资源型城市的财政资金支持，明确资源型城市转型发展的“短板”和重点，规划好发展的各项优惠政策支持力度和考核标准。

资金相对不足在现阶段资源型城市转型发展中是一个难以回避的问题，第一条建议意在提升国家财政支持资金存量的使用效率，但除此之外，扩充存量、做大蛋糕，逐步加大对资源型城市转型发展的资金支持力度，也是必然之举。但与之前不同，这种扩充需要建立在对资源型城市转型发展进行长远规划和科学测算的基础之上，将测算和国家财政支持资金总量结合起来，确定资源型城市转型发展过程中其他资金所需规模，研判缺口及对应的资金筹措渠道和方式，进而“有备而来”地研究应该如何扩大转型发展支持资金存量，以及落脚在某一个资源型城市或者某一个转型支撑项目上，国家应该如何合理确定给予其的帮助和优惠政策支持力度。优惠政策不能盲目给、不能心里没底地给。同时，应建立起与这些优惠支持政策匹配的考核标准，逐渐解决目前各资源型城市争相反映支持力度不足，集体“哭穷”，而家长却对家底无法拥有足够预期的问题。

现阶段，扩充资源型城市转型发展支持资金存量和加大政策优惠力度可以在以下几个方面寻求突破：

（1）试点发行国家债券、地方政府债券，或者有特定指向用途（资源型城市转型发展）的企业债；

（2）鼓励各类金融机构加大对资源型地区的金融支持力度，按照市场化原则，完善利益联结机制，推动金融产品创新；

（3）成立由中央财政、省市、金融机构、企业等多重主体共同参与的资源型城市转型发展基金；

（4）依托中央预算内投资和政府专项债券，积极发展以工代赈的方式，助力资源型城市基础设施建设；

（5）引导国家开发银行加大对资源型城市转型发展的支持力度，吸引商业银行、保险、信托等其他金融机构以多种方式（如成立基金）参与资源型城市转型发展；

（6）加大对各地区生态补偿力度，增加对资源型城市居民的财政转移支付；

（7）出台财政、税收特殊优惠政策，如增加税收分成等；

（8）利用世行、亚行贷款及国外资本促进资源型城市转型发展。

三、创新引领

营创新环境、引创新人才、提创新技术、激创新合作、变创新机制。多元方式聚集创新资源，抢占资源型城市未来发展制高点。

创新是我国未来很长一段时期内社会经济发展的重要理念，也是我国经济社会实现进一步稳步发展的必然要求，对长三角地区资源型城市转型发展而言，创新尤为重要。“置之死地而后生”，资源型城市处于社会经济发展的瓶颈期和必须变革期，“窘境”之下更需要激发出创新的激情和勇气，走出一条创新发展道路。

现实的情况是，资源型城市对科技创新发展的重视程度严重不足，未能形成有利于创新的氛围和体系，而要实现转型发展又需以科技创新为支撑，资源型城市由此陷入难以两全的境况之中。追求资源开发的规模化，目的在于降低开发成本、提高实际利润、强化产业竞争力，然而这种开发模式会弱化资源的长期效应，导致资源型地区的企业技术攻关的积极性不足，各主体内生动力有限，进而使得资源型城市创新资源严重匮乏。未来的出路是，创新驱动和创新引领。对资源型城市来说，科技创新和制度创新更为重要。

若要破解挤出创新效应与创新驱动这一矛盾，长三角地区资源型城市需要积极运用多元方式汇聚和聚集创新资源的方式，抢占资源型城市未来发展制高点，具体而言，可以概括为营创新环境、引创新人才、提创新技术、激创新合作、变创新机制。但资源型城市对创新资源的吸引力较之其他城市逊色很多，因此，在集聚创新资源时必须善于突出自身优势和敢于“下血本”，与高校和科研院所等源头创新主力军共同搭建产学研平台、建设青年创新创业综合体、充分利用区域性产业技术创新联盟资源（如长三角产业技术创新联盟）等是时下资源型城市可以考虑的重要方式。

四、务实突破

尊重城市发展周期，立足现实兼顾长远，合理疏导人员科学流动；推动资源型城市在部分领域先行突破改革，革新发展理念，实现跨越式发展。

资源型城市在新的发展周期中底子薄、压力大，要顺利实现转型和可持续发展，必须秉持务实原则。资源型城市需要理性认识城市发展的客观规律，顺应并合理利用城市发展趋势变化，化不利为有利，才有可能“柳暗花明又一村”。大多数资源型城市将普遍经历“资源型城市衰退—人口外流—新的发展理念—转型—新的繁荣周期—人口流入”这一过程，所以维护社会稳定和保持充足就业才是资源型城市转型发展的重要任务。但与资源型城市就业压力巨大相对应的却是我国整体劳动力市场的用工荒频仍，尤其是长三角地区资源型城市地处我国经济最为发达的经济圈内，这一困境反而会促成一种优势或者带来机遇。因此，资源型城市较为理性的做法是，在保持本地区劳动力总量动态平衡的前提下，鼓励富余劳动力外出务工，并提供好劳动技能培训等再就业服务。这样，一是可以缓解现实压力，保障民生，减轻就业压力和企业转型阵痛；二是外出务工有益于引进技术、经验和资金等；三是可以引导人口合理流动。

资源型城市转型发展既要务实求稳，也要充分利用后发优势，在关键的环节要有突破的勇气和敢为人先的胆略。一个城市旧的发展周期结束，意味着一个新的周期即将开始。城市的发展轨迹各有不同，资源型城市谋求转型发展不要拘泥于旧有的城市发展模式，要在准确研判自身优势和基础的前提下，革新城市发展观念，突破现有思维，敢于在美丽中国、新农村建设、新型城镇化等领域寻求突破发展、跨越式发展、跳跃式发展。不破不立，面临重重转型压力的资源型城市从某种意义上说更容易突破。新时代背景下，城市发展驱动力转换，经济结构必将变革，与此过程相伴随的必然是一些城市的崛起和另外一些城市的逐渐衰落，部分资源型城市若能准确把握和顺应这一世界经济发展趋势，就会迎来城市转型发展的涅槃。

五、融合共赢

资源型城市转型发展必须与国家发展战略和区域发展需求相融合，大视野谋划整体发展共赢格局。

区域融合携手共赢是世界经济重要发展趋势。长三角地区资源型城市要谋求转型和可持续发展，需要立足于区域经济发展整体视野，将自身的发展需求和国家重要发展战略及区域发展版图的要求融合起来，在共赢中充分发挥绝对和比较优势，逐步实现城市发展的转型升级，开启新的发展周期。

现阶段，长三角地区资源型城市转型发展要与“一带一路”、长江经济带、长三角一体化发展等重要国家发展战略充分融合，在新时代棋局中加以整体考虑，也要充分考虑省域、地区等层次的次区域合作，并善于在这种多重区域合作中寻找和把握资源型城市未来发展的方向和定位，立足互联互通、互补互助的原则，探索资源型城市转型发展的方向和基本路径。例如，安徽省淮南市，既要深入研究新时代世界经济发展趋势的变化、煤炭资源型城市发展周期、第四次全球产业转移、第四次产业革命、新经济创新驱动等重要理论问题，更要深入研究“一带一路”、长江经济带、长三角一体化发展、沿淮经济带、合肥都市圈以及合淮一体化等国家或区域发展谋划中淮南市可能拥有的发展机遇和战略定位，查漏补缺，发现、探求和创造淮南市在未来发展中的独特优势。

六、制度保障

探索成立长三角地区资源型城市转型发展战略联盟，为区域内资源型城市实现转型和可持续发展提供制度支撑。例如，成立长三角地区资源型城市转型发展联盟，设立长三角地区资源型城市转型发展领导小组，设立长三角地区资源型城市转型发展基金，为长三角地区资源型城市转型发展提供体制、资金和领导保障。研究长三角地区资源型城市转型发展理论与实践问题。组织资源型城市转型发展经验交流、问题研讨等多种形式的理念风暴活动，开阔转型发展思路，吸取国内外资源型城市转型发展成功经验。合理依靠长三角地区整体较为雄厚的经济社会发展实力，引导适宜、有助于资源型城市转型发展的资金、项目、技术、人员向资源型地区流动。

争取国家试点，在全国率先探索资源型城市区域性连片转型发展，试行GDP飞地和分成模式，鼓励发达地区反哺资源型城市转型，为全国其他地区积累经验。长三角地区率先探索资源型城市区域性连片转型发展的可行性在于：①长三角地区是我国经济社会发展最为发达的区域，各方面实力最为雄厚；②长三角地区资源型城市转型发展压力在国内主要区域中最小；③长三角地区资源型城市与经济后发地区多有重合。长三角城市群若要继续保持世界六大城市群之一、我国三大城市群之首的优势地位，就必须挖掘内部“潜力”和激发内在“韧劲”，那么，帮助资源型城市等经济落后地区快速发展、打造腹地优势进而促进区域协调发展、壮大区域整体竞争实力就是无法回避的问题。

第二节　分省实施保障与政策建议

一、安徽省资源型城市转型发展政策建议

安徽省资源型城市转型从最初各城市独立开展转型工作到后来政府颁布一系列政策文件，进行引导，给予资金和政策的扶持，经历了曲折的转型历程，成效逐渐显现。为推动资源型城市“脱胎换骨”，各资源型城市应坚持以推动专业结构合理化、高级化为导向，注重发挥政府主导作用，积极“走出去”，向其他城市学习。

首先，安徽省各资源型城市应在当前经济新时代和“一带一路”倡议的背景下，抓住机遇，发挥长三角一体化和淮河生态经济带的政策效应优势，依托自身产业基础实际积极融入长三角地区，积极参与产业分工协作，通过共建园区、项目合作等方式，主动承接发达城市转移的高层次、低污染、有利于本地区发展的产业，提升产业链供应链发展能级，以技术进步为导向，为产业转型和延伸创造适宜的金融环境、政策环境和发展环境，为新进企业提供金融支持，多方式、多渠道解决新兴企业暂时的资金问题，并以优质的服务和优惠的政策留住这些企业，以替代和延伸原有的资源型产业，植入新兴的主导产业，同时加强与中原经济区的联系，扩充市场容量，促进产业联动和转型。此外，安徽省作为一个农业大省，在承接高层次产业的同时，应充分发挥和利用农产品生产加工优势，鼓励发展现代农业、绿色农业、旅游农业，通过科技创新推动农业现代化产业化经营。

其次，资源型城市的转型成功离不开政府的积极作为，在资源型城市转型过程中，各城市政府应积极发挥引导者、协调者、服务者的作用。①政府应成立专门指导经济转型的职能部门，各部门之间相互合作、相互监督、各尽其责，将转型责任落实到具体相关人员，做到有奖有惩，同时专职部门应制定总体的发展战略、转型方案和具体的政策措施，根据不同的转型阶段及

时修改转型方案并落实。②政府应积极协调各相关利益团体的关系，避免转型过程中的各种冲突，降低交易费用，提高资源利用效率。③政府应采取专项扶持手段，在各种政策上予以支持和倾斜，加大资金投入和财政补贴力度，鼓励支持新兴产业发展，增加工业用地供给，促进城市转型。④政府应不断完善公共服务体系，为转型提供必要的公共资源和政策支持，重视基础设施建设，构建完善的教育体系，改善投资环境，简化新兴企业的登记注册程序，对于新入驻企业的疑难问题及时、耐心地解答。⑤政府应坚持推进环境治理与节能减排，大力发展循环经济，提升资源利用效率，将采煤沉陷区治理与旅游观光产业相结合，走工业旅游新道路，及时淘汰落后产能和工艺技术，加大生态恢复治理力度，缓解环境压力。

最后，资源型城市转型虽是近年来的世界性难题，但也不乏一些国内外资源型城市通过转型获得了发展的新动力，摆脱了资源依赖，经济发展速度不断加快，城市整体位势不断提升。安徽省各资源型城市应积极主动向成功转型的城市学习，吸取宝贵经验。一方面，可以派相关人员“走出去”，进行实地考察和学习；另一方面，可以邀请在典型资源型城市转型过程中发挥作用的专家、学者及政府官员到本城市传授经验，献计献策。通过向其他城市学习，总结成功经验，并结合本地区实际情况，不断完善转型中的措施和办法，突破转型困境，促使转型顺利进行。

二、江苏省资源型城市转型发展政策建议

徐州市是江苏省重要的煤炭资源城市，在经历产能过剩、环境污染、能耗严重等问题之后，资源优势逐渐褪去，走上了转型之路。徐州市经过多年转型，已取得初步成效，实现了经济总量增长和发展水平提高，但要获得持续、健康发展的能力，江苏省资源型城市转型还应注重产业结构优化、生态文明建设和社会民生问题的解决。

首先，要继续优化产业结构，彻底改变传统的偏重煤炭产业的结构，调整第一、第二、第三产业的发展格局，以新型工业化发展为主要路径，以科技创新为根本动力，多培育和引进新能源、新材料、物联网、智慧制造业等

现代产业和低能耗的低碳产业，注重发展低碳经济和循环经济，减少对煤炭等传统工业的依赖，提高第三产业在生产总值中的占比和经济发展地位，打造相互融合、多元协调的发展模式，不断升级产业结构、完善产业体系。同时，重点发展各地龙头企业和支柱产业，不断推进技术研发和攻关，增强研发设计能力，发展中高端科技代替传统技术，不断完善产业创新体系，构建产业创新平台，设立创新基金和激励机制，发挥本地高校和科研院所的作用，延伸产学研合作路径，引导产品研发和技术推广，强化科技创新人才队伍建设，以创新科技提高生产力，加强产业创新和区域经济的联系，建立多层次综合产业结构，提高产业竞争力。

其次，要密切关注过去由于资源开采利用对矿区造成的环境污染和生态弱化问题，提高对矿区生态环境治理的投资，坚持绿色发展理念，加大“碳中和”战略的推广应用力度，提高各行业可持续发展的积极性，统筹考虑经济发展、生态与环境的承载力，加大对矿区恢复整治、土地复垦治理以及生态环境保护的力度，有选择、有限度地对矿区进行开采，改变只追求经济效益的传统观念，坚持经济效益、生态效益、社会效益并重，改善矿区人民的生活和生产环境，推动落实人与自然可持续发展。

最后，在资源型城市转型过程中，要始终坚持以人为本、民生优先，坚持兴办民生实事工程，注重对资源型城市劳动力综合素质的提高，创造更多的就业岗位。对于由于传统资源型产业的退出而分离出的失业工人，要纳入再就业范围，实施矿区员工再就业工程，可以借鉴法国洛林的经验，根据新兴产业对技术工人的要求，分门别类建立技术培训中心，对失业工人进行培训，帮助其实现再就业。通过实施奖励政策，鼓励园区企业积极接纳下岗职工及其家属。对于年龄大、身体差、无法再就业的下岗工人，政府要通过财政资金扶持等方式，保障他们的生活。

三、浙江省资源型城市转型发展政策建议

在转型初期，浙江省政府就对资源型城市转型发展进行了引导和支持，学用新思想并采取严举措、高标准的做法，奠定转型成功的基础。在以后的

转型过程中，浙江省资源型城市应坚持进行体制机制创新，加大人才招引力度，培育引进重大先进项目，提高本地居民就业率，追求产业高端增值，扩大自身产业发展优势，进一步整合产业空间。学习国外先进经验，理顺政府和企业之间的关系，压实细化各主体责任，建立政府和企业的双赢机制，以良好的政企关系推动城市发展，完善现代服务业体系，增加高水平公共服务设施供给，减少城市的转型成本，力求达到全局利益均衡，为其他资源型城市做好示范。同时，应继续贯彻习近平总书记“绿水青山就是金山银山”的科学论断，进行绿色矿山建设，努力修复矿山被破坏的生态环境，对重点生态功能区加大保护力度，分区引导进行绿色景观美化，以原来的矿山为地区特色，因地制宜开发新的旅游景点，宣传矿山文化和生态文明理念，促进旅游业、服务业的发展，为资源型城市的经济发展创造新的活力和增长点。

第九章 新时代安徽省资源型城市创新驱动转型发展问题与政策建议

第一节 安徽省资源型城市转型发展历程与成效

安徽省资源型城市共有 11 个，包括淮北市、淮南市、马鞍山市、铜陵市、宿州市、滁州市、池州市、宣城市等，从资源型城市所处发展阶段来看，成长型城市（县）有 1 个，成熟型城市有 7 个，衰退型城市有 2 个，再生型城市有 1 个。从资源类型来看，主要为煤炭类和矿产类资源型城市。

一、安徽省资源型城市转型发展历程

淮北市、铜陵市、淮南市、马鞍山市是安徽省典型资源型城市，都是因资源而兴起，为国家工业化建设和经济发展作出了突出贡献，在国家工业化建设进程中创下了不可磨灭的功绩。淮北市、淮南市是典型煤炭资源型城市，具有丰富的煤炭资源，是全国亿吨级煤炭基地和华东地区仅有的煤炭供应基地。铜陵市、马鞍山市以矿产资源为主，铜陵市拥有丰裕的铜矿产资源，是国家重要有色金属工业基地之一，是最大的电解铜生产基地，以铜为名，因铜而兴；马鞍山市是一座因钢而生的城市，是著名大型企业马钢的所在地。资源曾经为这些城市带来了繁荣和辉煌，同时也让其付出了沉重代价。经过几十年的开采，资源濒临枯竭，生态环境破坏严重，大面积土地塌陷、城市经济衰退、人们生活环境恶劣等问题日渐突出，资源型城市独特的优势禀赋正在逐渐消失，在经济社会发展过程中面对严峻挑战，而要实现可持续发展的

目标，必须摆脱过去依赖开发资源的经济发展战略，进行产业结构转型升级，培育壮大接续替代产业，减轻对资源的依赖，实现经济结构优化。各资源型城市应不断加快转型步伐，以“依托资源、延伸资源、超越资源”为发展思路，以产业转型为基础，延伸传统资源型产业链，提高科技水平，提升资源利用效率，大力探索新兴产业，创造经济新增长点，建立生态补偿机制，推动城市转型。经过多年转型和对可持续发展的探索，安徽省资源型城市可持续发展条件不断改善，但是仍然存在一些问题。

安徽省资源型城市转型主要分为 3 个阶段，即转型探索时期、转型推进时期和新时代新发展时期。

（一）转型探索时期

这一阶段属于转型初期，主要是资源型城市各自进行转型发展，没有省委省政府的统一领导，各资源型城市的政府及相关部门按照本地现实情况和发展水平，借鉴先前资源型城市的转型经验，摸索出适合本区域转型和可持续发展的路径。

淮北市在资源枯竭、经济失衡、环境恶化等问题日渐突出时，为保证城市可持续发展，决定进行转型，不断在各领域进行尝试，制订并实施了一系列转型规划和方案。以有效维持生态平衡和保护环境为条件，淮北市合理使用自然资源，促进城市经济生态化，同时推进各项基础设施建设，密切关注矿区人民的就业、贫困、医疗等各项问题，积极发展接续替代产业，调整产业结构，推进国有企业改革和民营经济发展。

铜陵市的转型之路开始于 20 世纪 80 年代，主要是当地政府意识到依赖资源进行发展存在局限性，便进行自发性和适应性调整，进入 21 世纪之后，尤其是在 2005 年以及 2009 年，铜陵市先后被国家列入首批循环经济试点城市和第二批资源枯竭型城市转型试点，为铜陵市转型带来机遇，加快其转型步伐。该市积极争取国家政策和资金支持，以打造循环产业链为核心，延伸资源型产业，升级非资源型产业，发展循环经济来促进城市转型，取得了阶段性成效。

淮南市一直在考虑城市发展的定位问题，处于“要不要转型”的矛盾中，但是面对资源逐步枯竭、经济下行压力巨大的态势，最终市委、市政府决定进行城市转型，2008 年围绕实施“9771”提升行动计划，以产业结构的优化升级为目标，开始了城市转型，利用自身的资源丰富、地理位置优越等优势，建设“现代煤化工产业园”，通过拉长产业链，提高产业的聚集度和关联度，并提出了建设“五彩淮南”的目标。

马鞍山市在此时期面对资源和环境压力，加之受到金融危机、全球钢价下滑、钢材产能过剩、在马鞍山市的财政收入和规模工业增加值中占据半壁江山的马钢集团连续亏损等影响，为了保持经济状况平稳，决定走转型之路。

（二）转型推进时期

这一时期改变了过去各城市单独转型的格局，资源型城市的转型发展受到了省政府的重视，相关部门领导积极“走出去”向成功转型的资源型城市学习，并深入淮北市、淮南市、铜陵市、马鞍山市等资源型城市走访、调查和指导，定期召开资源型城市转型成果通报会，主要就资源型城市转型发展的基本情况、开展的主要工作、存在的突出问题和下一步工作重点等进行专题通报。

各资源型城市按照国家和省政府的领导，不断明确转型发展思路，着重在产业结构、资源接续替代、改善民生、保护生态环境、提升城市功能、改革体制机制等方面进行转型，积极实施各项生态项目和工程，对资源开采所造成的生态环境问题进行治理，着力解决本地区人民的就业、居住、医疗等问题。

淮北市、淮南市对过去由于煤炭等矿产资源开采而产生的塌陷区进行治理和棚户区改造，解决失地农民的住房问题，逐步改善矿区农民的医疗、卫生条件，围绕“煤—焦—化”产业链、“煤—电”产业链，着力推进煤炭资源加工转化，提升现有生产能力和煤炭资源增值空间，加快推进煤炭资源型产业转型升级，并努力改善城市面貌。同时，淮北市在其转型期间，紧紧抓住被国家列入第二批资源枯竭城市的有利机遇，积极争取国家对资源枯竭城市财力性转移支付资金，强化政府引导和支持作用，2009 年至 2014 年共争取资金 28.73 亿元，弥补了地方转型资金的不足。

铜陵市致力于解决大气、水、地质等环境污染问题，探索并建立了观念转新、经济转型、环境转优、体制转轨、解决历史遗留问题的“四转一解决”转型路径，并建立相关保证金制度，综合治理老工业区环境污染和金属污染，对废弃物进行治理利用，全面整治矿区环境，建设生态宜居城市，通过实施节能减排“1+6”方案，以节能减排和发展循环经济为抓手，改造升级铜冶炼技术和铜冶炼废渣综合利用技术，提高资源使用效率，推动传统产业升级，提高科技的应用率，通过建设和升级产业园，发展新兴工业。全力发挥区位优势辐射效应，不断加强交通基础设施建设，打造江北新区推动跨江融合发展，同时以长江岸线黄金水道为依托，构建对外开放的区位格局。积极推进就业再就业工作和城镇化建设，将棚户区改造列为市“一号民生工程”，解决人们的就业和住房问题，探索提升公共服务水平，加快发展社会公共事业，努力实现公共服务均等化，以深化改革户籍制度、农村产权制度、医疗制度为重点，创新体制机制，推动转型稳步扎实进行。

各城市不断加强与长三角区域的合作，积极承接沪苏浙等地区的产业转移，以此发展本地接续替代产业，减轻对资源的依赖，增加就业岗位，不断提升城市的宜居宜业功能，继续深化户籍制度、土地制度等体制机制改革，致力于为城市转型扫除制度障碍，促进城市绿色、健康、持续发展。

（三）新时代新发展时期

这一时期资源型城市经济已转向高质量发展阶段，其转型升级也是促进中国经济稳步发展的重要推动力之一，各级政府及相关部门在环境治理、民生保障、科技攻关等方面实施各项帮扶举措，致力于提高资源型城市创新水平和市场化程度，引导发展新型支柱产业。

淮北市致力于提升科技创新能力，由各级政府和发改委等部门牵头积极融入长三角科技创新一体化，持续深化与中科院、中科大等高校机构的合作，同时加快对接合肥综合性国家科学中心，着力实施产学研协同创新工程，推动打造省级制造业创新中心，布局各类前沿研发平台。同时对煤电等传统产业进行“零增地”技改，提升工业机器人和新型智能设备应用水平。鼓励创新创业，建立多层次创业平台，开展相关创新创业大赛，大力招引高品质项目，扶持优质制造业企业，推进“三重一创”建设，不断推动陶铝新材料产业化，壮大新兴产业。

淮南市积极建设新型农业经营主体，鼓励发展农民合作社、家庭农场等项目，同时相关部门发挥财政职能，对农产品加工企业实施奖励政策和贷款补贴，提高其防范风险的能力，同时对新型职业农民全额负担进行培训，扶持提高各经营主体自身生产管理水平，与合肥、上海等地区联合参与品牌展销活动，推动农业发展水平提升。

铜陵市聚焦生态环境保护，统筹各方力量保障资金供应，出台各项实施运行方案细化部署，坚持高标准帮扶督查，严格实施各类工地“六个百分百”行动，同时严格各类生产企业低碳化改造，加大企业检查力度，细抓高排放等行为。强化长江保护协同治理，对饮用水水源地实施重点检查，推进污水处理设施的升级改造行动。推进“1+1+N”整改专项行动，严格查处各种环境违法行为，提升环境精准治理水平，不断优化生态环境保护责任体系，助推经济高质量发展。

二、安徽省资源型城市转型发展成效

安徽省资源型城市在借鉴国内外典型资源型城市发展经验的基础上，结合本地现实条件，不断进行转型探索，在国家政策引导下，制定符合自身的转型及可持续发展规划，积极利用政府财政支持，在经济总量、产业结构升级、生态环境修复、社会民生改善等方面取得了显著成效。

（一）不断推动经济发展

各地凭借其要素禀赋优势和政府财政支持，大幅度提升经济总量。淮北市、淮南市、马鞍山市、铜陵市经过十几年甚至几十年的转型发展，经济总量不断增加。铜陵市持续延伸发展铜产业和相关生产性服务业、高新技术产业，2021 年地区生产总值大幅增加，增幅超 178.5%，马鞍山市 2021 年地区生产总值突破 2400 亿元，且呈现持续增长的趋势，淮南市 2021 年全年地区生产总值超 1400 亿元。同时，各资源型城市逐步推进基础设施建设，大力优化投资环境，为可持续发展奠定了一定的物质基础。

（二）升级优化产业结构

安徽省典型资源型城市在转型过程中，坚持以产业转型为基础，一方面利用现代化、精细化生产技术改造提升传统产业，延伸产业链，提高资源的综合利用率，推动接续产业迅速发展；另一方面通过承接发达地区企业转移，使替代产业得到快速发展，有利于推动产业结构优化调整，一定程度上改变了资源型产业“一业独大”的现状。淮北市三次产业结构由 2009 年的 9.6：61.4：29.0调整为 2020 年的 7.2：41.7：51.1，淮南市三次产业结构由 2009 年的 8.69：61.11：30.20 调整为 2020 年的 10.60：39.40：50.00，铜陵市三次产业结构由 2009 年的 2.6：67.9：29.5 调整为 2020 年的 5.6：45.4：49.0。同时资源型城市大力发展新兴产业，鼓励吸引战略性新兴企业落户合肥。充分利用区位优势对接发达地区，推动滁州市和南京江北新区不断合作，不断承接转移沪苏浙高质量项目，紧抓长三角一体化的机遇，积极参与 G60 科创走廊区域合作，推动城市内生动力不断增长。以不断升级产业结构为突破点，促使资源型城市逐渐摆脱以往过分依靠资源发展的畸形经济，吸引高精尖的新型企业不断落户和发展，为可持续发展提供较强动力。

（三）聚焦生态环境治理

资源型城市在过去盲目追求经济增长，对资源进行粗放式开采和利用，造成了严重的生态破坏。在转型期间，各资源型城市积极进行生态环境治理和保护，将沉陷区、废矿区等治理列入城市土地整治规划，由政府主导，集合全社会的力量解决土地塌陷和环境污染问题。淮北市、淮南市对采煤塌陷区和棚户区进行综合治理和改造，其中，淮北市已累计整治采煤塌陷区面积超过 20.62 万亩，人民的生产生活环境得到显著改善。截至 2020 年，各资源型城市的城镇污水处理率均达到 93%以上，生活垃圾无害化处理率均为 100%，城镇绿化覆盖率达到 40%以上，空气质量优良率平均为 83.03%。生态环境的良性改善，为可持续发展提供了基础保障。

（四）持续改善社会民生

转型期间，安徽省资源型城市始终以人为本，坚持人民的问题就是大问题，积极进行棚户区改造和安居工程建设，民众住房困难的问题得到改善；同时逐步建立完备的制度体系，加大社会保障力度，护航居民基本生活，对于从资源型企业退出的失业人员，开展各项就业培训，引导资源型产业失业人员向其他产业转移；推动建设公共培训基地，积极培育接续替代产业相关人才。同时各资源型城市通过建设创业孵化基地、创业园区，对农民自主创业项目进行扶持和管理，以创业促进就业，就业规模不断扩大。

第二节　安徽省资源型城市创新驱动转型发展的基础条件与现实问题

经过多年转型，安徽省资源型城市为实现可持续发展奠定了坚实的基础，提供了良好的条件。目前，我国进入经济发展新时期，世界经济和国内经济都进入了“新时代”，由过去依靠出口、投资推动经济增长转向创新引领、多元支撑发展，“唯GDP”思想被摒弃，经济发展更注重质的提高，区域发展更强调合作的重要性。新时代，资源型城市的可持续发展就是要处理好经济、社会与资源环境的关系，修正原来的粗放式经济增长模式，寻找新的经济增长点。新时代的经济发展方式和要求在为资源型城市可持续发展提供了机遇的同时，也给其带来了挑战。

一、安徽省资源型城市创新驱动转型发展的基础条件

（一）重建区域经济合作格局，扩大资源型城市转型空间

世界经济、中国经济都已进入增长低迷、发展缓慢的新时期，为适应经济发展新时代，世界各国积极加强联系，推进各区域的融合发展。中国对外通过推进“一带一路”等倡议，主动对接海外市场，持续打造多边融资合作平台、建立跨境电商平台、完善跨国物流运输网络，提高了国际影响力，提高了国际地位；对内通过实施长三角一体化、京津冀协同发展等区域发展战略，打破体制机制壁垒，因地制宜促进资源整合，调整升级产业分工体系，

增强区域交流与合作。国际国内区域合作格局的重塑，有利于资源型城市提升对外开放程度，开拓国内外市场，从国内和国际两个层面加强与周边城市的合作，促进资源型城市在科技创新、产业融合等方面实现新突破，同时竞争的加剧也会倒逼资源型城市转型升级。此外，通过借助国家重要战略的实施，资源型城市可以主动申请基础设施建设、产业发展扶持、社会公共领域等方面的政策和资金，完善利益补偿机制，优化城市发展条件，承接区域间产业转移，延伸产业链，建立分工有序的高效产业体系，提高产品附加值和经济转化效益，实现生产全过程、全方位提质增效，区域合作格局的重建为资源型城市转型和发展带来了新空间。

（二）体制机制改革激发发展新活力

新时代，国家积极进行体制机制改革，激发经济社会发展新活力。资源型城市通过对国有企业进行改革，鼓励民营经济发展，丰富资源型城市的经济主体类型，通过将国有企业中的企业办社会职能进行剥离，减轻企业负担，从根本上解决了资源型企业发展中制度和技术双重锁定的问题。同时，新时代，市场的决定性作用得以有效发挥，以市场需求引导资源型城市转型发展方向，提高市场的开放水平，不断激发各市场主体的创新潜力，推进传统产业升级改造与新兴产业发展齐飞。

（三）消费需求升级，为培育新的经济增长点提供契机

随着经济发展和购买力的提高，我国居民消费需求不断升级，已从生存型转向发展型和享受型，表现为多元化、高端化、个性化的消费特征。为满足人民日益增长的美好生活需要，要不断升级新发展格局下人民群众的消费需求，与科技创新有机结合，建立健全完整的内需体系，提升经济增长质量从而匹配消费需求的发展，不断开拓新产品、新业态和新技术，坚持扩大内需的战略基点，为资源型城市培育新兴产业提供契机，使资源型城市转型更加彻底，提高可持续发展能力。

二、安徽省资源型城市可持续发展面临的挑战

新时代，安徽省资源型城市可持续发展主要面临以下三大挑战：

（一）传统资源型经济难以为继

安徽省资源型城市资源约束趋紧，对资源的过度开采又对当地生态环境造成了不可逆的破坏，生态环境承载力趋于极限，环境恶化又引发诸如人口流失、生态修复成本高等诸多问题，而且新时代国家采取资源价格改革和资源去产能化等措施，依靠资源要素的经济发展方式难以为继，资源型经济发展方式必须向低碳、绿色、可持续转型，传统经济衰退和转型可能带来的风险是资源型城市需要积极应对的挑战。

（二）城市发展问题凸显

过去资源型城市经济的快速增长，掩盖了发展过程中造成的环境破坏、资源浪费、民生条件恶化等问题，而新时代，经济增速放缓，相对贫困问题和失业问题突出，资源型企业成本负担增加，资源利用效率有待提高，产业结构亟须调整，资源型城市的资源禀赋优势消失，要素红利减少，可持续发展的内生动力不足，历史遗留社会问题开始显现。与其他城市相比，资源型城市的经济下行压力更大，结构调整阵痛更加凸显，城市可持续发展制约更加严重。

（三）创新意识缺乏，可持续发展能力不足

新时代的经济发展动力主要来源于创新，科技创新能力是城市可持续发展的根本动力。资源型城市由于其发展的特殊性，以经济增长和 GDP 增加为主要目标，盲目开采、利用资源，创新意识缺乏，缺乏足够的资金和政策支撑，对科技人才的投入较低，初级加工产品比重较大，上下游产业链技术含量和产品附加值偏低。人力资本、高新技术的短缺使得资源型城市在创新方面优势不足，难以为城市可持续发展提供新动力。

三、安徽省资源型城市发展面临的难题

自转型以来，安徽省资源型城市在产业升级、生态改善、社会民生问题

解决等方面取得了显著成效，但要实现城市发展的可持续性，仍存在一些难题。

（一）产业结构发展滞后

虽然经过转型，各资源型城市产业结构得到优化，但根本性矛盾还未改变，产业结构仍存在不合理性，初级化、低端化特征明显。在三产结构中，第二产业产值占比较高，第三产业比重偏低，而在第二产业内部，资源型产业仍占据主导地位，煤炭、煤电、矿产等传统产业仍然无法摆脱对资源的依赖，传统产业的技术化改造难度依然较大。同时，受地理位置优势不足、生态环境差、公共设施建设滞后等因素制约，安徽省资源型城市吸引力较弱，难以引进高端的科技创新企业和发展现代化服务业，承接发达地区转移的产业层次低、规模小，接续替代产业的发展尚未形成对城市经济的带动作用和辐射效应，现代化产业体系建设任重道远。

（二）历史遗留问题较多

在资源型城市历史遗留问题中比较复杂和困难的是生态修复问题和社会问题。因资源开采积累的环境污染和生态破坏问题较严重，表现为旧问题还没解决，新问题又出现，淮北市截至 2021 年已累计塌陷土地约 41.6 万亩，其中，耕地面积为 20.6 万亩。一方面，土地不断塌陷增加了生态修复压力；另一方面，无法修复的塌陷区减少人均土地面积，造成众多农民失地，对人们生活造成威胁。在社会问题中，主要是民生问题严峻。资源型产业的员工数量众多、技术水平单一、竞争能力较低，而且难以快速实现员工转型，造成失业人员的就业和再就业压力大，而且低层次、小规模的接续替代产业对劳动力接纳能力有限，资源型城市政府财政实力有限，社会公共事业的发展难以解决民生问题。繁重的历史任务造成资源型城市转型压力较大，而要想实现可持续发展，又必须妥善解决好这些历史遗留问题，逐步减轻负担，轻装上阵。

（三）科技创新的支持力度较小

在现代化市场经济中，创新是城市实现永续发展的主要动力。过去安徽省资源型城市主要依赖资源发展经济，资金投入重点是资源开发利用，对科技、人才投入较少，经历艰难转型后，这一状况并未得到明显改变，目前安徽省资源型城市仍旧缺乏创新意识，科技、人才投入严重不足。2020 年宿州市教育支出占 GDP 比重仅为 0.04%，马鞍山市教育支出占 GDP 比重仅为 0.02%，科技、教育的低水平投入是阻碍资源型城市创新能力提高的主要因素。

第三节　安徽省资源型城市创新驱动转型发展政策建议

一、因地制宜优化产业结构，统筹推进三产发展

产业是城市发展的支撑，资源型城市的产业多以依靠当地资源发展起来的产业为主，如马鞍山市的钢铁工业，以及淮南市、淮北市的煤炭产业等。但是，一个城市如果只有一种产业支撑的话，其风险性和不确定性是非常大的，一旦这种产业出现危机，影响的是整个地区的经济发展，所以必须发展其他的产业与传统的产业相辅相成，共同发展。安徽省资源型城市中，虽然第二产业占据的比重也很大，但第三产业的发展速度是非常快的，淮北市 2020 年第三产业增加值占 GDP 比重为 51.1%，亳州市第三产业增加值占 GDP 比重为 50.8%，这表明第三产业在资源型城市的发展中占据着越来越重要的地位。资源型城市在经济转型过程中，要逐渐降低传统资源型产业的比重，大力发展非资源型产业，如商业、旅游业、交通运输业和服务业，这些都会成为该地区未来经济增长的重要方面，同时，对于传统的加工制造业也要进行产业升级，整合创新资源，强化关键技术的研发攻关，提高科技创新能力，使传统产业与新技术融合发展，拓宽发展的渠道，推动衍生相关产业，提高产业链竞争力。

二、目标导向健全生态保护体系，不断改善环境质量

严重的环境问题不仅影响着资源型城市的发展，更是制约全世界发展的一个重要问题，环境的承载力是有限的，不能以环境破坏为代价寻求暂时的经济发展，新时代，在发展的同时要致力于构建环境宜人、生活舒适的宜居环境，只有可持续的发展才是长久之计。资源型城市传统的加工制造是粗放型的，因此对环境的破坏也较严重。环境保护任重道远，不仅需要企业的努力，政府也要参与其中。首先，政府应当出台相关政策法规，明确规定环境保护的相关要求，做到“有法可依”，严格落实污染防治措施，落实企业主体责任，坚持“谁破坏，谁治理”“谁修复，谁受益”的原则。其次，政府要做到“执法必严，违法必究”，需要严格监控企业是否遵守环境治理的政策法规，对于违反的企业必须严厉处罚，不能纵容。除了政策的制定，政府也需要进行资金支持，并确保资金真正用于环境的治理。企业要积极开发引用新技术，采用清洁环保的生产技术，在生产阶段就减少污染的产生。同时，企业要同政府一样，准备专门运用于污染治理的资金，严格遵守政策法规，处理生产中所出现的各种垃圾，在生产的同时就要处理产生的污染。资源型城市应发展循环经济，不能“先发展，后治理”，加强森林管理与保护，推动退耕还林还草工程，促进森林资源恢复。加快形成绿色生产方式，推广绿色生产方式，落实环境准入法则，对高耗能、高排放的行业进行整治，提高其资源利用效率，淘汰落后产能。环境保护刻不容缓，2020 年，铜陵市空气质量优良天数比例为 91. 8%，水资源也得到较好保护，该地的主要河流水质优良，城市的饮用水水源地水质达标率达 100%，年取水量为 8067. 6 万吨，这些都是环境保护的成果。

三、协调各方补齐民生“短板”，提高生活保障水平

社会问题不仅影响资源型城市的经济发展，更威胁着社会的安定。加强公共基础设施建设，坚持应保尽保，完善基本的医疗、养老等社会保障制度，加大普惠性教育资源投入力度，以保证人们都能获得基本的权益。淮南市

2020 年参加城镇职工基本养老保险人数为 37.9 万，全年参加城镇职工基本医疗保险人数为 60.9 万，城乡居民养老保险参保人数为 153.9 万，全年参加工伤、生育保险人数分别为 33.5 万和 30.4 万。2020 年年末，2.2 万人享受城市居民最低生活保障，8.6 万人享受农村居民最低生活保障，农村五保供养 2.2 万人。同时，资源型城市需要实行积极的就业政策，提供更多的就业岗位。对于失业人员，更要帮助他们解决就业问题，实现下岗人员的再就业。据统计，2020 年，淮南市参加失业保险人数为 29.5 万，实名制新增就业 4.0 万，下岗失业人员再就业 0.86 万，农村转移劳动力 3.53 万。这些都是资源型城市在转型过程中所做的努力，也都取得了不错的效果，所以，在之后的转型道路中，要坚持以人民为中心，以解决人民群众实际需要为根本目标，始终坚持不懈地关注社会问题并着力解决这些问题，为经济发展提供一个安定的社会环境。

四、深化投资壮大人力资本，夯实创新驱动根本

企业和城市的发展都离不开人，人力资本已成为企业越来越注重的部分，而且人力资本的积累对经济与社会的发展所作的贡献比物质资本更大，国家也越来越注重对人才的培养，对教育方面的投资比重也逐年增加。中共安徽省委在 2016 年印发了《关于深化人才发展体制机制改革的实施意见》，提出加大培养人才方面的投资力度，积极引进外来人才，同时对创新人才给予相当的奖励与支持等，这些都是省内在人才培养方面做出的努力。资源型城市也意识到人才对该地区经济转型的巨大作用，淮南市 2019 年全市教育累计投入 47.92 亿元，年末共有高新技术企业 117 家，全年高新技术企业实现总收入 82.8 亿元；科研机构有 145 个，科技人员有 18120 名。科技创新能力大大增强，产业升级转型的内生动力不断提高。可见，大力发展教育事业，培养创新人才是资源型城市经济转型过程中不可或缺的一部分。

五、市场牵引坚持对外开放，打造高水平合作新格局

如今的世界是一个开放的世界，立足新发展格局下国内国际双循环的发

展趋势，扩大内需和深化供给侧结构性改革，打造各国积极合作和良性竞争的发展环境，是实现高质量发展的必然之路、经济发展的重要动力。安徽省资源型城市位于著名的长江三角洲，地理位置优越，发展前景良好。中国地大物博，人数众多，各国企业都想在中国市场占据一席之地，争相在国内进行投资。安徽省资源型城市应当充分发挥本地的地理优势，展现城市的产业优势，强化国内大循环的主导作用，推动建立国内统一大市场，贯通生产、消费等环节，主动寻求机会参与国际资源能源和产业合作，积极参与共建"一带一路"，提高对外开放水平，积极吸引外商的资金、技术和人员投入，借助这些生产要素进行城市经济的转型与升级，减少进出口环节当中的制度性交易成本，鼓励建立综合保税区，推动国内国际双循环。

六、政府主导强化政策支撑，建立精确化长效机制

政府一直在资源型城市经济转型的过程中发挥着重要的作用，从政策和财政方面都给予了资源型城市不小的帮助。在未来安徽省资源型城市的转型过程中，政府依旧要发挥其独特的领导作用，时刻关注安徽省资源型城市的转型发展，加强组织领导，细化职能分工，尊重经济发展规律，优化营商环境，出台相关的法律法规规范资源型城市的转型行为，确保各项政策落到实处；完善对资源型城市的评估机制，适时调整、精准施策，给予不同类型资源型城市相应的政策优惠，为转型发展提供政策保障。在财政方面，政府应当在资金上支持资源型城市经济转型，如为资源型城市设立专门的经济转型基金等。总而言之，政府在资源型城市转型过程中的重要作用是不可忽视的，在转型过程中，政府应当充分发挥主导作用，分类施策，明确各资源型城市发展重点和前进方向，助力其尽快完成经济转型。

第十章　新时代安徽省资源型城市可持续发展能力评价与长效机制构建

第一节　安徽省资源型城市可持续发展能力评价

一、评价方法和指标构建

可持续发展理念自提出以来受到社会各界认可和重视，相关研究也一直是学者们讨论的重点，研究方法也在不断改进。对城市可持续发展能力进行评价的方法主要有层次分析法、熵值法、主成分分析法、德尔菲法。其中，德尔菲法和层次分析法属于主观评价法，主要是通过咨询专家意见，依据专家的知识和经验进行研究；熵值法和主成分分析法属于客观评价法，是根据指标具体数值的差异化程度和指标数值之间存在的客观关系进行分析，研究结果的可信度和认可度更高。

主成分分析法是利用降低维度的思想，对于影响因素比较多的综合评价指标体系，通过把多个指标转化为少数几个综合指标，即主成分，用几个彼此不相关的变量代表原来资料中的大部分变量，这几个变量所包含的内部变量之间是高度相关的。通过几个主要变量代替原来较多的变量，可使问题得到简化，同时保证分析结果的科学性。熵值法是基于信息论和概率论判断指标变异程度或者离散程度的方法，该方法认为，指标的变异程度越大，包含的信息量就越大，对分析结果的影响也就越大，反之影响较小。通过指标数值，可以计算熵值、信息效用值和熵权，最后算出综合得分。熵值法对指标之间的相关性没有要求，且评价过程科学客观，易于理解，评价结果唯一，应用更加广泛。本书选择用熵值法进行分析。

资源型城市可持续发展是一个持久而复杂的过程，关系到城市的各个方面，在对其可持续发展能力进行评价时需要考虑到很多因素，因此本书将各种因素进行分类，采用构建指标体系的方法进行分析。在构建评价指标体系时，应遵循代表性、全面性、实用性、可行性等原则。

资源型城市的可持续发展是一个复杂系统，其核心是实现经济、社会、环境的和谐发展，同时在新时代，还要考虑科技教育在城市发展能力中的作用。基于上述原则，结合相关学者研究，本书在对安徽省资源型城市可持续发展能力进行评价时，主要选取经济、社会、资源环境和科技 4 个指标体系，包括 29 项具体指标，如表 10-1 所示。

表 10-1　资源型城市可持续发展能力评价指标

一级指标	二级指标	三级指标
可持续发展能力指标	经济系统指标	GDP 增长率（%）（X1）
		全年财政收入（元）（X2）
		社会固定资产投资增长率（%）（X3）
		金融机构贷款余额增长率（%）（X4）
		第二产业占 GDP 比重（%）（X5）
		第三产业占 GDP 比重（%）（X6）
		全部工业增加值（亿元）（X7）
		社会消费品零售额（亿元）（X8）
		实现进出口总额（万美元）（X9）
		在岗职工年平均工资（元）（X10）
	社会系统指标	人口城镇化率（%）（X11）
		城镇居民人均可支配收入（元）（X12）
		人口自然增长率（‰）（X13）
		城镇登记失业率（%）（X14）
		社会保障和就业支出（万元）（X15）
		医疗卫生支出（万元）（X16）
		卫生机构床位数（张）（X17）

续表

一级指标	二级指标	三级指标
可持续发展能力指标	资源环境系统指标	森林覆盖率（%）（X18）
		工业用电量（亿千瓦时）（X19）
		工业废气排放量（亿标准立方米）（X20）
		工业废水排放量（万吨）（X21）
		工业固体废弃物排放量（万吨）（X22）
		工业固体废弃物综合利用率（%）（X23）
		单位 GDP 能源消耗量（吨标准煤/万元）（X24）
	科技系统指标	教育支出占 GDP 比重（%）（X25）
		科技支出占 GDP 比重（%）（X26）
		高等学校在校学生数（人）（X27）
		专利申请授权数（件）（X28）
		科技活动人员数（人）（X29）

（一）经济系统指标

经济系统指标主要衡量资源型城市的经济发展水平和速度，对长期依赖单一资源发展的城市而言，只有经济水平提高，才能有充足的资金去进行转型，保障民生和改善环境，经济发展是实现可持续发展的基础。经济系统指标主要包括 GDP 增长率；全年财政收入；社会固定资产投资增长率；金融机构贷款余额增长率，金融机构贷款余额增长率代表了在资源型城市发展过程中的金融支持力度；第二产业占 GDP 比重和第三产业占 GDP 比重，第二产业和第三产业在 GDP 中的占比反映资源型城市的产业结构，在资源型城市转型和可持续发展过程中，第二产业占比应逐渐降低，第三产业占比应逐步升高，并占据主导地位；全部工业增加值；社会消费品零售额；实现进出口总额；在岗职工年平均工资。

（二）社会系统指标

社会系统指标应反映城市基本情况、人们生活保障情况、人口素质、医疗卫生条件等，社会发展是实现可持续发展的关键。社会系统指标主要包括人口城镇化率；城镇居民人均可支配收入；人口自然增长率；城镇登记失业率，城镇登记失业率反映城镇劳动力的就业水平，当失业率长期处于较低水平时，说明经济发展稳定，人们就业状况良好；社会保障和就业支出；医疗卫生支出；卫生机构床位数。

（三）资源环境系统指标

资源环境系统指标主要反映资源型城市的资源利用及对环境的影响程度，环境质量的改善、资源利用效率的提高对增强资源型城市可持续发展能力具有重要意义，主要从城市绿化、资源消耗、“三废”排放等方面选取。资源环境系统指标主要包括森林覆盖率；工业用电量；工业废气排放量；工业废水排放量；工业固体废弃物排放量；工业固体废弃物综合利用率，工业固体废弃物综合利用率反映了资源循环利用的程度，该指标数值越高，说明资源循环利用程度越高；单位 GDP 能源消耗量，单位 GDP 能源消耗量反映了城市在发展经济过程中的资源利用效率和技术水平，一般该指标数值越低，说明资源利用效率越高，技术越先进。

（四）科技系统指标

科技是资源型城市长期可持续发展能力提高的源泉，能为资源型城市产业转型和结构调整提供活力，尤其是在新时代，科技成果对资源型城市发展的贡献更大。科技系统指标主要包括教育支出占 GDP 比重；科技支出占 GDP 比重；高等学校在校学生数；专利申请授权数；科技活动人员数。

二、安徽省资源型城市可持续发展能力评价分析

（一）熵值法操作步骤

熵值法是统计数据和数学模型相结合的方法，是一种客观赋权法，对数据之间的相关性没有要求，操作过程简单，易于理解，结果可靠。主要步骤如下：

1. 数据标准化处理

假设选取 n 个评价对象，m 个指标，用 X_{ij} 表示第 i 个对象第 j 项指标的具

体数值，则有原始数据矩阵 $X=(X_{ij})_{nm}$，其中，$i=1, 2, \cdots, n$；$j=1, 2, \cdots, m$，对数据进行无量纲化处理。

对于正向指标：$d_{ij}=X_{ij}/\max\{X_{1j}, X_{2j}, \cdots, X_{nj}\}$；

对于逆向指标：$d_{ij}=\min\{X_{1j}, X_{2j}, \cdots, X_{nj}\}/X_{ij}$；

标准化处理 $y_{ij}=d_{ij}/\sum_{i=1}^{n}d_{ij}$，得到标准化后的数据矩阵 $Y=\{y_{ij}\}_{nm}$。

2. 计算指标信息熵 E_j 和信息效用值 θ_j

信息熵计算公式为 $E_j=-k\sum_{i=1}^{n}y_{ij}\ln y_{ij}$，其中，常数 k 与系统的样本数 n 有关。

当一个系统处于完全无序状态时，其熵值最大，$e=1$，当 n 个样本有序度为 0 时，$y_{ij}=1/n$，此时，$k=1/\ln n$，$0\leqslant e\leqslant 1$。

3. 计算指标熵权 ω_j

$$\omega_j=\theta_j/\sum_{j=1}^{m}\theta_j$$

一项指标的信息效用值越大，说明其对分析结果影响越大，因此熵权也就越大。

4. 计算综合得分

各指标评价值为：$P_{ij}=\omega_j d_{ij}$。

评价对象综合得分为：$P_{ij}=\sum_{j=1}^{m}P_{ij}$。

（二）安徽省资源型城市可持续发展能力评价

由于评价指标较多，部分城市缺乏相关数值，为保证数据的完整性、正确性和可得性，本书选取了淮北市、淮南市、马鞍山市、铜陵市、宿州市、滁州市、宣城市 7 个资源型城市 2011—2016 年可持续发展能力相关数据进行实证研究，分析近几年各资源型城市可持续发展能力的动态变化趋势，揭示各资源型城市可持续发展能力动态变化情况和主要影响因素，对新时代背景下安徽省资源型城市可持续发展提出政策建议。本章数据主要来源于《安徽统计年鉴》、各市各年统计年鉴及统计公报。

1. 计算结果

对数据进行标准化处理后，利用上述公式计算出指标熵值 E_j、信息效用值 θ_j、熵权 ω_j，最后计算各指标得分及综合得分。各资源型城市经济、社会、资源环境、科技 4 个系统 2011—2016 年的得分及综合得分如表 10-2 至表 10-8 所示，各系统及综合可持续发展能力变化趋势如图 10-1 至图 10-7 所示。

表 10-2　淮北市 2011—2016 年经济、社会、资源环境、科技得分及综合得分

指标	2016 年	2015 年	2014 年	2013 年	2012 年	2011 年
经济	0. 3060429	0. 2865700	0. 3986786	0. 4679809	0. 565504	0. 6094330
社会	0. 0608885	0. 0621279	0. 0532967	0. 0490674	0. 0455920	0. 0412200
资源环境	0. 0655563	0. 0528937	0. 0807136	0. 0789345	0. 0734550	0. 0760930
科技	0. 0865980	0. 1053540	0. 1267890	0. 1429240	0. 1359880	0. 0673420
综合得分	0. 5190860	0. 5069460	0. 6594780	0. 7389070	0. 8205390	0. 7940880

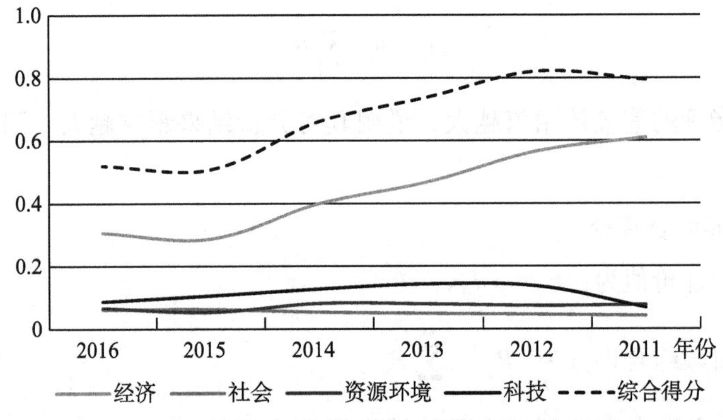

图 10-1　淮北市 2011—2016 年各系统及综合可持续发展能力变化趋势

表 10-3　淮南市 2011—2016 年经济、社会、资源环境、科技得分及综合得分

指标	2016 年	2015 年	2014 年	2013 年	2012 年	2011 年
经济	0. 34707956	0. 26604216	0. 10438655	0. 56653277	0. 59037390	0. 62655932
社会	0. 12726159	0. 08285406	0. 07102711	0. 07008569	0. 06148638	0. 05188731
资源环境	0. 10760797	0. 08663556	0. 05886720	0. 07963062	0. 07773772	0. 07800554
科技	0. 05503283	0. 05519909	0. 04871008	0. 04619916	0. 05049346	0. 02954678
综合得分	0. 63698195	0. 49073087	0. 28299094	0. 76244824	0. 78009146	0. 78599895

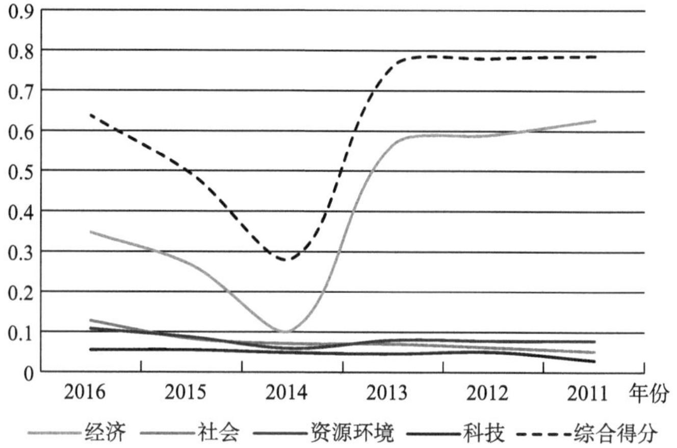

图 10-2　淮南市 2011—2016 年各系统及综合可持续发展能力变化趋势

表 10-4　马鞍山市 2011—2016 年经济、社会、资源环境、科技得分及综合得分

指标	2016 年	2015 年	2014 年	2013 年	2012 年	2011 年
经济	0. 295113	0. 244405	0. 280613	0. 315493	0. 367885	0. 545970
社会	0. 084981	0. 082333	0. 076804	0. 071407	0. 063367	0. 055428
资源环境	0. 102647	0. 098910	0. 090915	0. 090923	0. 076146	0. 082793
科技	0. 202667	0. 191118	0. 141693	0. 177373	0. 119337	0. 080420
综合得分	0. 685408	0. 616766	0. 590025	0. 655196	0. 626735	0. 764611

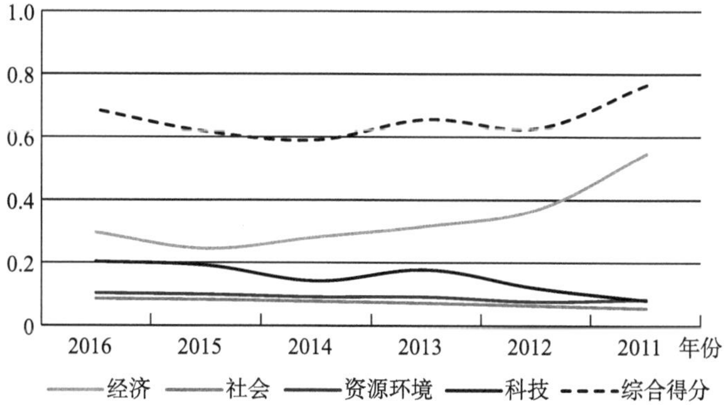

图 10-3　马鞍山市 2011—2016 年各系统及综合可持续发展能力变化趋势

表 10-5　铜陵市 2011—2016 年经济、社会、资源环境、科技得分及综合得分

指标	2016 年	2015 年	2014 年	2013 年	2012 年	2011 年
经济	0. 231171	0. 219280	0. 202222	0. 210285	0. 221408	0. 227308
社会	0. 391220	0. 249505	0. 212616	0. 210398	0. 212596	0. 165608
资源环境	0. 076884	0. 076702	0. 082496	0. 080911	0. 087903	0. 091320
科技	0. 154150	0. 173284	0. 169234	0. 154059	0. 145380	0. 074400
综合得分	0. 853425	0. 718771	0. 666568	0. 655653	0. 667287	0. 558636

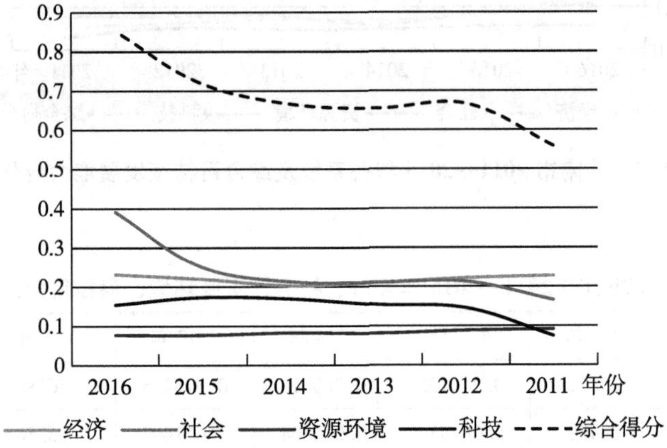

图 10-4　铜陵市 2011—2016 年各系统及综合可持续发展能力变化趋势

表 10-6　宿州市 2011—2016 年经济、社会、资源环境、科技得分及综合得分

指标	2016 年	2015 年	2014 年	2013 年	2012 年	2011 年
经济	0. 187620	0. 214571	0. 197685	0. 182312	0. 165377	0. 145432
社会	0. 161951	0. 174520	0. 130412	0. 113975	0. 100613	0. 091081
资源环境	0. 200441	0. 150114	0. 135895	0. 133261	0. 109298	0. 097353
科技	0. 344246	0. 223028	0. 189543	0. 143877	0. 126257	0. 098557
综合得分	0. 894258	0. 762233	0. 653535	0. 573425	0. 501545	0. 432423

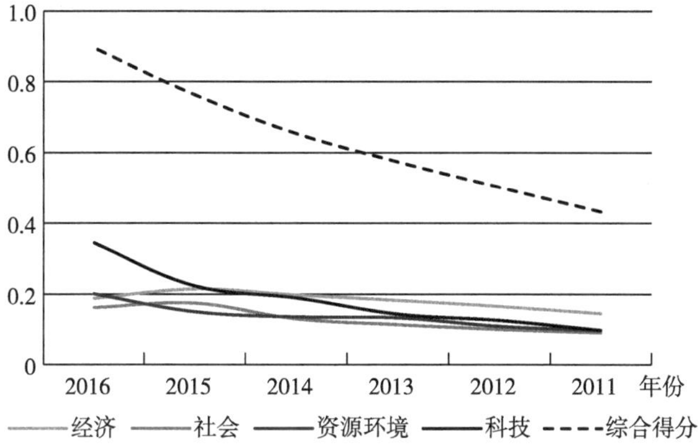

图 10-5 宿州市 2011—2016 年各系统及综合可持续发展能力变化趋势

表 10-7 滁州市 2011—2016 年经济、社会、资源环境、科技得分及综合得分

指标	2016 年	2015 年	2014 年	2013 年	2012 年	2011 年
经济	0. 248130	0. 226802	0. 210889	0. 216698	0. 209674	0. 197074
社会	0. 176131	0. 160511	0. 168367	0. 129002	0. 109018	0. 091975
资源环境	0. 313736	0. 224304	0. 233269	0. 311992	0. 281366	0. 258182
科技	0. 110660	0. 101052	0. 088266	0. 077905	0. 076006	0. 052251
综合得分	0. 848660	0. 712670	0. 700790	0. 735600	0. 676060	0. 599480

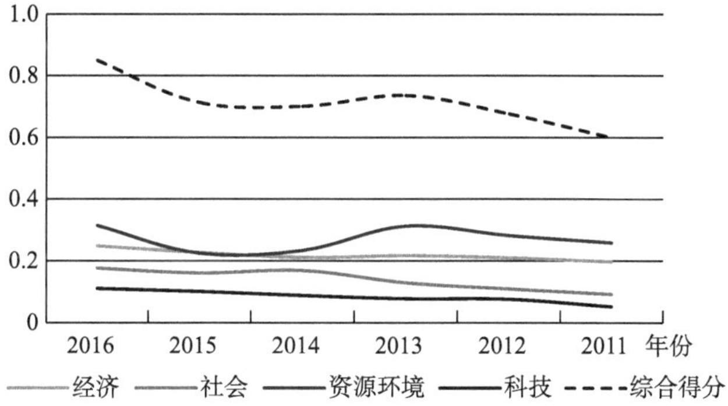

图 10-6 滁州市 2011—2016 年各系统及综合可持续发展能力变化趋势

表 10-8 宣城市 2011—2016 年经济、社会、资源环境、科技得分及综合得分

指标	2016 年	2015 年	2014 年	2013 年	2012 年	2011 年
经济	0.3076569	0.2895105	0.3093608	0.3441606	0.3539253	0.3614210
社会	0.2425579	0.2407257	0.2362903	0.2136226	0.1264078	0.1667809
资源环境	0.2117204	0.1342425	0.1267256	0.1077246	0.1228865	0.1079949
科技	0.0688870	0.0665740	0.0692760	0.0589790	0.0526660	0.0434010
综合得分	0.8308222	0.7310527	0.7416527	0.7244868	0.6558860	0.6795980

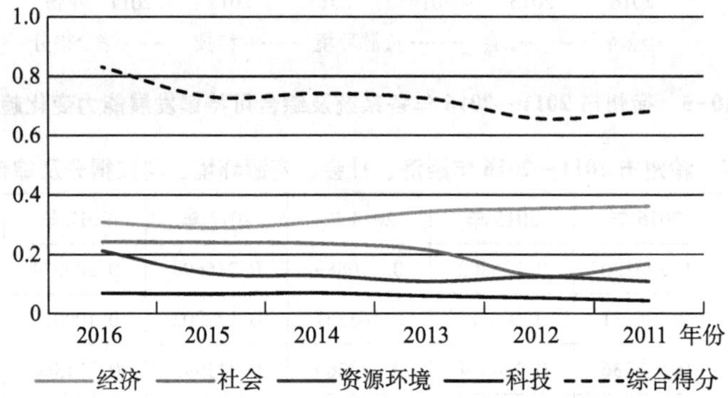

图 10-7 宣城市 2011—2016 年各系统及综合可持续发展能力变化趋势

2. 结果分析

由二级指标的权重可以得出其所属的一级指标权重，具体如表 10-9 所示。

表 10-9 安徽省资源型城市可持续发展能力一级指标权重

指标	淮北市	淮南市	马鞍山市	铜陵市	宿州市	滁州市	宣城市
经济	0.6947	0.6819	0.5975	0.3113	0.2505	0.2909	0.4492
社会	0.0892	0.1274	0.0851	0.3984	0.1807	0.1860	0.2584
资源环境	0.0633	0.1312	0.1096	0.0979	0.2029	0.4124	0.2217
科技	0.1528	0.0595	0.2078	0.1923	0.3659	0.1107	0.0708

由表 10-9 可知，4 项一级指标对资源型城市可持续发展都具有重要作用。其中，在淮北市、淮南市、马鞍山市、宣城市的可持续发展能力评价指标体系中，经济指标的权重最大，一方面是由于经济方面统计指标相对比较全面，

另一方面说明这些城市在转型中促进经济发展、增强经济实力是实现可持续发展的基础。铜陵市社会指标的权重最大，说明社会民生问题的改善对铜陵市可持续发展能力的提高具有重要意义。科技指标的权重在淮北市、马鞍山市、铜陵市和宿州市较大，说明科学技术在城市发展中发挥重要作用，这是与经济发展潮流相一致的，不管是资源型城市还是其他类型城市，要实现可持续发展，必须要加强对科技、人才的重视，只有科技才是第一生产力，加强科技研发和成果转化，是当前资源型城市提高发展能力的重点。此外，社会问题和资源环境对资源型城市可持续发展也具有不可或缺的作用，尤其是滁州市和宣城市，资源环境指标占较大权重，作为成熟型资源型城市，资源的利用和环境保护对其可持续发展能力影响较大。资源型城市在过去只追求经济增长，不关注社会民生问题，资源利用浪费和环境破坏严重，在追求可持续发展过程中，必须加大对民生问题关注力度，节约利用资源，保护环境，实现生态环境与经济、社会统一协调发展。

总体来看，各资源型城市总体可持续发展能力具有不同的动态变化趋势。除滁州市综合可持续发展能力总体处于上涨趋势，且水平较高外，其余资源型城市均在波动中逐渐恢复。淮北市综合得分在 2012 年上升之后，经历连续 3 年下降，2016 年恢复上升，说明“十二五”期间淮北市可持续发展能力逐渐下降，转型任务仍旧艰巨。淮南市自 2011 年加快转型步伐以来，综合可持续发展能力呈现出阶段性变化趋势，主要分为 2011—2013 年、2013—2014 年和 2014—2016 年 3 个阶段。第一阶段可持续发展能力逐渐下降，主要是因为资源型经济仍占据主要地位，过去的粗放式生产方式没有被彻底改变；第二阶段可持续发展能力大幅度下降，主要是受到国际、国内经济形势影响，传统的资源型经济受到严重冲击，GDP 和社会固定投资出现负增长，城市发展严重受阻；第三阶段可持续发展能力开始恢复，主要是转型成效显现，经济、社会、资源环境各方面条件均得到改善。马鞍山市的可持续发展能力变化具有一定波动性，虽然总体表现为微弱下降，由 2011 年的 0.764611 降至 2016 年的 0.685408，但可持续发展能力水平依然较高，经济发展态势良性向好。铜陵市的可持续发展能力逐年提高，且水平较高，由 2011 年的 0.558636 提高至2016年的0.853425，说明铜陵市的转型工作取得了显著成效，城市发展具备较强的可持续性。

从各个系统来看，资源型城市可持续发展能力又体现出不同的变化特征。

首先，在经济系统可持续发展能力方面，淮北市在2011—2015年一直处于下降趋势，2016年稍微上升，总体上由2011年的0.6094330降到2016年的0.3060429。淮南市经济可持续发展能力与综合可持续发展能力具有相同的变化趋势，经济可持续发展能力由2011年的0.62655932降到2014年的0.10438655，后又上升至2016年的0.34707956。马鞍山市经济可持续发展能力经历“迅速下降—缓慢下降—缓慢回升”态势，总体上由2011年的0.545970下降至2016年的0.295113。铜陵市经济可持续发展能力变化较小，表现较为稳定，2011年的经济可持续发展能力为0.227308，2016年为0.231171。宿州市经济可持续发展能力在“十二五”期间逐年提高，2016年出现微弱下降，相较于其他几个城市，水平稍低。滁州市经济可持续发展能力总体呈现上涨趋势，由2011年的0.197074上涨到2016年的0.248130。宣城市的经济可持续发展能力在2011—2015年逐渐下降，2016年稍有恢复，且水平较高。在具体指标中，社会固定资产投资增长率和金融机构贷款余额增长率在资源型城市评价指标中所占权重均较高，说明加大投资力度，注重发挥金融支持作用是资源型城市提高经济可持续发展能力的重要举措。

其次，在社会系统可持续发展能力方面，资源型城市社会可持续发展能力均呈现缓慢上升态势，但淮北市、淮南市、马鞍山市的可持续发展能力水平较低，2016年淮北市社会可持续发展能力为0.0608885，仅约是铜陵市的1/7。社会可持续发展能力的上升得益于各资源型城市在转型发展中对社会民生问题的高度重视，不断提高社会保障和就业支出以及医疗卫生支出，加大对公共设施建设投资力度，但是与可持续发展要求相比，各资源型城市社会民生问题改善还有很大差距，在居民就业、医疗卫生、城乡均衡发展、居民生活条件改善等方面还需更有作为。

再次，在资源环境系统可持续发展能力方面，滁州市和宣城市的资源环境可持续发展能力较强，淮北市和铜陵市这两座衰退型资源型城市的发展能力最弱。淮北市、铜陵市资源环境可持续发展能力在波动中微弱下降，淮北市由 2011 年的 0.0760930 降到 2016 年的 0.0655563，铜陵市由 2011 年的 0.091320 降到 2016 年的 0.076884，说明近几年淮北市和铜陵市环境治理效果不显著，必须进一步加大对生态环境的修复力度和提高资源利用率，发展循环经济，进行精细化生产，节约利用资源。淮南市、马鞍山市资源环境可持续发展能力经历微弱降低后开始提高，淮南市由 2011 年的 0.07800554 上升至 2016 年的 0.10760797，马鞍山市由 2011 年的 0.082793 提高至 2016 年的 0.102647，虽增幅较小，但呈现良好发展态势。

最后，在科技系统可持续发展能力方面，虽然整体上相较于 2011 年，资源型城市 2016 年科技可持续发展能力均得到提高，但水平较低，主要是因为对科技、教育投入严重不足，近几年，各资源型城市科技支出在 GDP 中占比均不足 1%，其中最高的铜陵市在 2015 年也仅为 1.08%，低水平的投入严重限制了科技创新在城市发展中的作用。当前国内经济发展进入新时代，科技和人才对国家、区域、城市全面发展的作用越来越重要，加大科技教育投入力度，高度重视人才培养和科技研发，是资源型城市在新时代实现可持续发展的重点。

由上述对安徽省 7 座资源型城市 2011—2016 年的可持续发展能力分析结果可知，不同资源型城市的可持续发展能力变化趋势和影响因素各不相同，各系统可持续发展能力和综合可持续发展能力变化态势也不相同。目前安徽省各资源型城市综合可持续发展能力较强，但依然有一段很长的转型之路要走，综合可持续发展能力较强并不意味着各个系统可持续发展能力较强，应正确认识经济、社会、资源环境之间的联系，意识到各个系统的发展是相互统一的，而处于当前国际、国内经济发展的新时代，要重视科技、教育和人才的作用，科技可持续发展能力水平高低对城市全面持久发展越来越重要。

第二节　新时代安徽省资源型城市可持续发展长效机制构建

一、创新引领强化核心竞争力

资源型城市一直都热衷于追求资源带来的经济效益，忽视科技创新的重要性，而经济发展新时代，国家实施了创新驱动战略，区域、城市发展不再纯粹依托于低廉劳动力成本和初级资源，而是通过创新、品牌与品质打造核心竞争力，因此资源型城市必须以满足人民日益增长的美好生活需要为导向，以改革创新为根本动力，通过强化创新驱动机制，扶持战略性新兴产业，高度重视科技、人才作用，为可持续发展提供持久动力。

（一）人才是创新驱动的核心

结合城市发展需要，加大对人才引进和培养的投入力度，实施人才强市战略，以企业、项目为载体，引进创新型、技能型、应用型、复合型的先进人才，利用安徽省诸多高等院校的优质教育资源，成立专门的培养机构，提高教育支出和水平，营造良好的学习环境，培养具有自主知识产权、能够突破关键技术的本地专业人才队伍和能够自主创业的现代企业家团体。将人才建设与城市可持续发展紧密结合，提供良好的创新平台和条件，构建合理的人才市场配置机制、有吸引力的人才激励机制，帮助城市用好人才、留住人才。

（二）科技是创新驱动的关键

应抓住国家目前实施创新驱动发展战略的机遇，加大对科学技术的投入力度，开展创新活动，培育一批新兴支柱产业，成立科技研发专项基金，保证科研经费支出。深化产学研合作，建设专门的科研平台，以改革创新为主导，大力培育和引进新兴产业，培育和壮大新材料、新能源、节能环保、高端装备制造等新兴支柱产业，推动“互联网+”建设，同时推进科技创新与传统产业融合发展，建立现代化的农业生产体系和经营体系，提高现代服务业集聚力，注重产业集群式发展。鼓励以自主创新对传统资源型产业进行升级改造，按照新时代经济发展要求，提升煤炭、冶金、钢铁等资源型产业的科技水平，延伸产业链，由粗放型经济增长方式向集约型经济增长方式转换，提升产品附加值和经济转化效益，提高核心竞争力。同时应建立公正、透明的知识产权保护体系，尊重科研成果，利用高新技术企业孵化器促进科研成果的应用。

（三）企业是创新驱动的主体

明确企业的创新主体地位，形成以企业资金投入为主、政府财政支持为辅、金融机构投入为补充的多元化创新投入体系，政府主要积极宣传创新理念，为创新提供轻松的环境，完善创新基础设施建设，制定激励创新的优惠政策，培育和引进创新型管理人才，统筹创新要素向企业集聚，推动企业智能化技术改造，强化关键核心技术研发攻关，激发企业的创新活力，培育新的创新企业，推动企业在资源循环利用、高端装备、物联网等领域的创新性发展，给予企业充分的创新空间，积极推进跨区域、跨行业联合创新，鼓励传统资源型产业建设智能工厂，提升产业链的创新能力和附加值，以创新为资源型城市的持续健康发展提供新引擎。

二、协调布局培育发展新动能

我国经济社会发展正由高速增长阶段转向高质量发展阶段，解决好发展不平衡不充分问题是当务之急，习近平总书记指出：“贯彻新发展理念就需要协调处理好局部和全局、重点和非重点的关系。”协调发展就是要站在全局的角度，立足实际、深入实践，培育有利于区域整体发展的生机活力。

安徽省各资源型城市应识别自身比较优势，明确城市定位，以满足人民日益增长的美好生活需要为导向，抢抓长三角一体化、中部崛起、长江经济带战略等发展机遇，依托合理的政策安排和优越的区位特征，以更主动的姿态深化区域合作，通过行政体制改革释放新动力，在区域协作的任务分工、资金配置、利益分配和成效考核等方面发挥统筹协调和规划引导作用，明确合作重点，提高政策协同程度，规划好城乡衔接的发展机制，顺势而为拓展产业和企业发展新空间。强化安徽省资源型城市交通、信息等基础设施建设，突破省际限制，共建一体化交通网络体系，为各类要素资源在各区域内高效流通提供保障支撑，加速承接沪苏浙等发达城市高端产业转移，确保高端科技城市内快速转化和优秀人才地区间高效转移。同时注重产城融合，加强平台建设，精准对接国内供需系统，致力于促进国内不同区域之间的良性合作，以工业化开辟资源型城市转型升级之路，从供给结构和布局的整体战略视野出发，紧密对接市场供需格局，进一步提高供需对接质量，为安徽省各资源型城市注入强大的发展势能。

三、绿色发展提高生态延续性

历史遗留问题的解决是促进和保障安徽省资源型城市实现可持续发展的前提。一方面，要继续加强对采矿区环境污染和生态弱化问题的关注，加大对矿区生态环境治理的投资和保护力度，加强采煤塌陷区整治和棚户区改建。积极推广绿色环保发展方式，耗能低、污染小的生态友好型发展方式不仅是新时代经济发展的要求，也是资源型城市实现可持续发展的必然路径。另一方面，依据区域和城市现实情况、发展定位以及产业规划，引进和培育符合低碳经济、循环经济和可持续发展要求的新兴产业，提高资源配置效率，提升绿色技术创新水平，推动实现产业绿色化发展，从根本上摆脱对资源的依赖。对采煤塌陷区进行生态修复，种植观赏性植物等，建成现代化湿地公园景区。淮南市、淮北市可以依托丰富的煤炭文化和深入人心的“煤城”形象，将过去资源开采和工业发展中的历史遗迹进行开发和保护，对废弃矿井进行改造，一方面减少生态恢复和环境治理的成本；另一方面发展旅游业带动地方经济发展，将过去的地下优势转变为地上优势。

坚持“双碳”战略和绿色发展理念，以生态环境保护为前提，大力发展循环经济，倡导节能、节水、节气的环保生活方式，加强对生活污水的处理，提高居民生活垃圾的利用率。积极推进低碳化、绿色化、智能化转型升级，减轻生态环境的压力，鼓励发展新材料、新能源、节能环保、高端装备制造等战略性新兴产业，研发和推广绿色创新技术，提升自然资源利用效率和质量，形成绿色发展方式，探索实现高耗能、高排放、高污染的产业向高利用、低排放、低污染的循环产业转变，在各资源型城市大力推广节能减排技术，最大限度降低资源能源消耗，坚持经济效益、生态效益、社会效益并重，改善矿区人民的生活和生产环境。

四、对外开放强化转型驱动力

对外开放是资源型城市实现可持续发展的必然要求，具体地，要坚持开放，立足区域内部，发挥本地资源优势，同时加强与国内国外其他城市的经济联系，聚焦市场化要求，建设重点开发开放平台，深入推进“放管服”改革，深化行政体制改革，简化审批程序，优化外贸结构，建立能够保障资源型城市持续健康发展的体制，提升城市自我发展能力，积极应对新环境、新挑战，推动实现新时代高质量对外开放。

安徽省资源型城市应抓住新时代国家构建开放新格局的时机，抢抓长三角一体化、“一带一路”和长江经济带战略实施的发展机遇，不断延伸对外开放的维度和深度，建立健全新兴产业扶持机制，积极参与产业合作，推动与周边省市进行产业协作，加强承接发达地区产业转移以及招商引资，建设产业园区和企业孵化基地，引进和培育能够发挥本地优势、符合转型要求的现代产业，新企业的进入不仅可以提高生产效率，提供就业岗位，而且可以通过市场竞争效应，进行优胜劣汰，推进开放型经济体系建设。各资源型城市应识别自身资源禀赋以发展促进开放，铜陵市、马鞍山市可以利用其优越的交通位置，在长江经济带战略实施背景下，加强港口建设，发展临港产业，建设现代化临港产业园，实施以港兴市战略，促进港城一体化，推动外向型经济发展。

从国际视角积极与其他城市加强项目合作和贸易联系，对接国际规则，创新开放机制，抢抓新一轮世界经济大循环机遇，紧跟趋势把握全球资源和市场，努力融入全球价值链，统筹全球资源，积极参与国际分工。鼓励有条件的资源型地区按程序申请设立综合保税区，降低进出口制度性交易成本，引进外部新型企业、新技术和先进生产经营理念，提高对内对外开放程度，围绕共性技术研发、工程示范和产业发展加强与国内外的项目合作和科学技术交流，学习先进的创新经验，吸引外部投资，拓展城市发展空间，利用国际国内两个市场，促进要素集聚，引进资本、技术等要素替代资源要素，以发展新产业替代资源型产业，促进发展动力转换，推动打造国内国际双循环的理想态势。

五、共享成果增强人民幸福感

共享发展的主体是全体人民，我国已经基本实现全面建成小康社会的目标，现阶段，如何实现社会公平，进行公平的社会分配成为发展过程中必须面对的难题。安徽省资源型城市的兴起大多是因矿建市、因厂建市，市企不分，行政力量在发展过程中起主导作用，政府干预太强影响本区域居民和企业发展的主动性，阻碍资源型城市发展活力提高，要统筹政府管理和市场调节，以政策倾斜、财政支持、投资引导加强社会公共基础设施建设，完善社会保障体系，以实践为基础，以制度为保障，推动实现人人共建、人人共享。

一方面，要优化收入分配格局，完善相关政策体制，消除不利于可持续发展的制度障碍，构建高效的服务型政府。提升劳动在初次分配中所占比重，以制度为保障维护劳动者的合法权益，完善再分配调节机制，省政府牵头加大对资源型城市转移支付力度，深化财政体制改革，改善各资源型城市由于经济发展水平制约造成的金融业落后现状。

另一方面，社会民生条件改善是安徽省资源型城市转型和实现可持续发展的根本，在安徽省资源型城市转型过程中，要始终坚持以人为本，注重解决社会民生问题，扩大公共服务领域的有效供给，大力完善基础设施建设，提高基本公共服务配套水平，使人民群众共享经济发展成果，提高人民生活水平，调动广大人民群众投入社会建设的积极性和主动性，以满足人民群众的需求和根本目标，致力于提高公共服务水平。同时要做好对当地人民的社会保障工作，制定相应的就业优先政策，提高规模性失业风险的防范能力，对于由于传统资源型产业的退出而分离出的失业工人，要纳入再就业范围，实施矿区员工再就业工程，加强对下岗职工的技能培训，打造产教融合实训基地，提高居民就业质量。鼓励发展中小型企业，开发公益性工作岗位，扩大就业规模，提高对劳动力的容纳能力，通过实施奖励政策，鼓励园区企业积极接纳下岗职工及其家属，对于年龄大、身体差、无法再就业的下岗工人，政府要通过财政资金扶持，完善社会保障体系，建立健全社会福利政策，保障居民生活水平。

第十一章　新时代安徽省资源型城市创新驱动转型发展的金融支持

第一节　资源型城市创新驱动转型发展的金融视角

安徽省 11 座资源型城市大都面临资源已经枯竭或即将枯竭的窘境，淮北市和铜陵市已被列为资源枯竭城市，经济发展动力持续衰退。熊彼特在 20 世纪初便提出，当经济发展因要素或资源短缺而面临发展“瓶颈”时，创新才是解决问题的有效举措。从 2012 年国家首次提出实施“创新驱动发展战略”到 2016 年《国家创新驱动发展战略纲要》的发布，到 2017 年党的十九大报告中，习近平总书记提出创新是引领发展的第一动力，再到“十四五”规划明确要坚持创新在我国现代化建设全局中的核心地位，坚持创新驱动发展战略。由此可见，利用创新驱动发展是顺应经济发展潮流的重大战略举措，也是经济发展新常态下，转变经济发展方式，实现经济持续稳定增长的重要路径。利用创新驱动资源型城市转换经济可持续发展动能，摆脱过度依赖资源型产业的局面，是资源型城市可持续发展的必然之选。创新驱动发展过程中，会面临企业创新主体能力不强、创新人才匮乏、制度创新体系不完善等问题。这些问题均涉及实体经济与虚拟经济的联动发展，需要发挥金融支持作用，疏通金融进入实体经济的渠道，利用虚拟经济的改革发展来带动实体经济的壮大。

现阶段，学者对资源型城市的研究主要集中在可持续发展和转型路径方面，学界对驱动资源型城市可持续发展的动力机制看法不一。王树义、郭少青（2012）认为应从制度扶持与立法保障两个方面实现资源型城市可持续发展；马克、李军国（2012）认为体制机制创新是资源型城市实现转型升级的重要推动力；刘丹（2016）认为技术与制度协同创新是资源型城市转型的主要驱动因素；高志刚、李明蕊（2021）认为制度质量能够促进政府创新支持从而推动高质量发展。也有少数学者认为，应发挥金融支持的重要推动作用。刘芳（2015）认为资源型城市转型中的资金需求，在借助政府力量的同时，应有效发挥金融机构的功能；秦军（2011）以及刘降斌、李艳梅（2008）均认为金融体系的创新支持作用是科技型中小企业自主创新的重要动力之一；祝佳（2015）认为应不断提升金融行业水平，从而促进金融支持与创新驱动协同发展；邵文静（2021）认为要以金融作为经济发展的转换器，通过引导资金流向，培育非资源型主导产业。

值得注意的是，对资源型城市可持续发展的驱动力研究中，鲜有文献从金融支持的角度对资源型城市可持续发展展开分析，涉及安徽省资源型城市的更是寥寥无几。本书的创新在于从创新驱动资源型城市发展过程中遇到的问题入手，在借鉴北京、上海、成都三市金融创新发展经验基础上，从金融支持的角度给予安徽省资源型城市相对应的建议。探究安徽省资源型城市创新驱动转型发展的金融支持问题，有助于从理论上丰富我国资源型城市转型与金融支持体系的研究，并在实践中为安徽省资源型城市可持续发展提供理论指导。

第二节　安徽省资源型城市创新驱动转型发展面临的现实问题和困难

安徽省科技创新发展存在竞争力不强、创新创业环境亟待优化、新兴产业规模小等诸多问题。现阶段，安徽省资源型城市要完成创新驱动可持续发展任务，须克服诸多困难障碍。企业创新能力不强，无法有效发挥创新主体作用；人才培养力度不足，存在创新人才“短板”；制度创新体系不完善，技术革新缺乏创新基础环境，企业与高校和科研机构没有建立起产学研一体化创新体系；服务业发展滞后，创新体系不健全。

一、企业活力不足，创新能力亟待强化

创新是企业持续发展的重要因素，有创新才不会被淘汰。现在，安徽省资源型城市普遍存在企业创新能力不足的现象，企业无法承担创新主体角色，成为制约资源型城市创新驱动发展的“瓶颈”。

从数据来看，安徽省资源型城市规模以上工业企业有R&D活动企业占比整体呈递增趋势且占比增长速度较快，但淮南市呈现递减趋势。淮南市、铜陵市、淮北市与南京市差异显著，马鞍山市在2019年有大幅上升。南京市总体呈上升趋势，且一直大幅度超过淮南市、铜陵市和淮北市（见表11-1）。由此看出，安徽省资源型城市企业不重视科技创新活动开展，创新意识不强现象明显。

表11-1 2016—2020年规模以上工业企业有R&D活动企业占比

单位：%

城市	2016年	2017年	2018年	2019年	2020年
淮南	20.4	26.6	13.9	18.0	12.8
马鞍山	33.6	40.1	38.5	52.8	52.8
铜陵	28.7	39.3	28.4	41.2	43.0
淮北	6.3	7.8	6.0	15.7	20.0
南京	40.1	42.5	42.5	59.4	52.2

资料来源：《安徽统计年鉴》《南京统计年鉴》。

概括来说，可将原因总结为以下3个方面：首先，研究开发过程复杂，需与多部门和多类型人才共同合作，但企业并没有大量多方面人才；其次，研究开发成本高，需要大量资金投入，许多刚起步的中小型企业无法满足研究开发的大量资金需求；最后，研究开发风险大，资源型城市中的非资源型企业或是新兴科技企业，都不具备较强的抗风险能力。

二、人力水平偏低，引才途径有待拓展

人力资本要素是创新主体的重要构成部分，也是推动资源型城市转型的主要驱动力。人力资本的投资，可以培养聚集高端优秀人才，提高劳动者素质。

安徽省资源型城市高等学校在校生总数呈现递增态势。在占高等学校在校生数比重中，淮南市2016—2019年逐年小幅减少，2020年小幅增加；马鞍山市呈现不明显的上下波动，总体稳定；铜陵市2016—2019年逐年小幅减少，2020年稍有增加；淮北市先增加后减少。可以看出，安徽省资源型城市并未注重对高等教育人才的培养。2020年，淮北市所占比重最低，低于3.55%，马鞍山市低于4.98%，淮南市低于5.64%，铜陵市低于3.16%（见表11-2）。由此看出，安徽省资源型城市对高等教育人才培养力度不足，与经济发达地区差距较大，导致创新人才匮乏。

表11-2　安徽省资源型城市高等学校在校生统计情况

单位：万人,%

城市	在校生情况	2016年	2017年	2018年	2019年	2020年
淮南	高等学校在校生数	6.46	6.26	5.98	6.49	7.28
	占全省比重	5.64	5.46	5.25	5.23	5.32
马鞍山	高等学校在校生数	5.37	5.36	5.61	6.18	6.62
	占全省比重	4.69	4.67	4.93	4.98	4.84
铜陵	高等学校在校生数	3.62	3.61	3.41	3.43	3.80
	占全省比重	3.16	3.14	3.00	2.76	2.78
淮北	高等学校在校生数	3.98	3.95	3.87	4.40	4.67
	占全省比重	3.48	3.45	3.40	3.55	3.41

资料来源：安徽省各资源型城市统计年鉴。

三、创新制度掣肘，融资渠道不畅通

安徽省资源型城市普遍存在政企职责不明确、产权不明晰、监督管理滞

后等现象。制度体系陈旧，政府和企业均缺乏转换制度的创新意识。

首先，安徽省资源型城市受计划经济时期影响，政府和资源型国有企业大多沿用过去的制度管理体系，忽视新常态对制度体系提出的更高要求。制度体系与技术创新相辅相成，制度体系的落后，会导致制度与技术创新不融合的现象，从而制约技术创新的发展。其次，金融制度创新能为安徽省资源型城市解决融资问题，为其实现可持续发展提供更高效的融资体制。安徽省资源型城市经济发展水平低，目前的金融制度无法解决科技创新企业和中小型企业的中长期贷款和融资困难问题，制约资源型城市产业优化升级。

安徽省有中国科学技术大学、安徽大学、合肥工业大学等 120 所高校，多所科研院所和国家重点实验室，高等教育机构和科研机构数量众多。但安徽省资源型城市并没有充分利用该优势，建立产学研一体化的创新体系。

如表 11-3 所示，2016—2020 年，马鞍山市和淮北市的 R&D 经费支出逐年增加，淮南市在 2019 年有所下降后又上升，铜陵市在 2018 年有所下降后又逐年增加。虽然 4 个资源型城市 R&D 经费支出在逐年增加，但 2016—2019 年其占安徽省 R&D 经费比重却在逐年下降，2020 年有小幅回升，反映出安徽省资源型城市对 R&D 活动的投入滞后于安徽省非资源型城市，R&D 经费投入不足状况依然存在，对科技研发的重视程度不足，投入力度较小，难以形成产学研一体化的创新体系。

表 11-3　2016—2020 年安徽省资源型城市 R&D 经费支出情况

单位：亿元,%

省市	2016 年	2017 年	2018 年	2019 年	2020 年
淮南	12.90	14.18	15.24	11.61	13.84
马鞍山	38.90	43.62	48.75	60.62	70.76
铜陵	23.27	27.82	23.36	28.10	33.09
淮北	10.02	11.94	13.65	16.74	20.32
安徽省	475.13	564.92	648.95	754.03	883.18
占比	17.93	17.27	15.56	15.53	15.63

资料来源：安徽省各资源型城市统计年鉴。

四、服务体系不健全，金融服务发展滞后

安徽省资源型城市普遍存在服务业发展落后现象，没有形成健全的创新服务体系。创新服务体系涉及生产制造每个环节，可将各环节与服务融合，推动经济发展。例如，技术转化中心、信息咨询、金融服务等。金融领域服务创新有利于解决企业融资难题，而安徽省各资源型城市金融机构种类单一、金融机构运行效率低下，多以国有四大行为主，缺乏保险公司、信托投资公司等各类非银行金融机构；专业金融人才匮乏，金融创新不足，金融发展水平低，无法满足各种科技型企业的创新需求；金融政策不完善，不能有效防范金融风险。

安徽省资源型城市政策性金融机构较少，金融支持不足，从正规金融机构获得的资金支持还不足，机构投放贷款效率低，无法满足安徽省资源型城市经济发展的资金信贷需求，社会融资增量的提升空间较大，资源型城市中企业多为中小企业，在此情况之下容易面临贷款成本偏高、资金供应不足等难题，不利于企业成长。以上问题又致使安徽省资源型城市的民间金融组织较为活跃，其偏高的贷款利率和混乱的经营管理制度，导致存在较大风险，给金融市场增加了较多不稳定因素，同时资源型城市的金融交易机制落后，金融工具创新不足，发展模式单一，无法满足市场的多样化需求。

第三节　国内典型城市实施创新驱动转型发展战略的金融支持经验启示

北京市、上海市在创建国际金融中心过程中，充分发挥金融创新功能，提高金融市场、金融机构、金融服务等创新板块综合水平，金融支持实体经济发展力量大大提升。成都市近年来金融创新改革取得了重大进展，平稳加快西部金融中心建设步伐。因此，北京市、上海市、成都市三地金融支持实体经济发展经验对安徽省资源型城市创新驱动发展金融支持具有一定的借鉴

作用。创新是引领发展的首要动力，是实现经济可持续发展的重要途径，下文将在总结上述三市金融支持共性和特性的基础上，分析金融政策在安徽省资源型城市的可行度。

北京市、上海市、成都市深化金融改革，提升金融创新的最终目的均为增强金融服务实体经济的能力。三地金融创新改革共性总结如下：立足实际发展态势，明确金融服务发展方向。通过不断完善金融市场体系、加强金融机构运作和促进金融环境发展等，把握政策机遇，加快信息共享平台建设，逐渐改善金融基础设施。强化金融市场与实体经济的协调发展，加大金融信贷政策对欠发达地区的倾斜力度，最大化发挥金融杠杆的益处，提高金融服务质量，优化产业结构。深化科技金融创新，把准科技企业业务发展方向，规划整体架构，完善科技企业信贷服务。支持科技创新企业、战略性新兴企业等在创业板、中小板及境外资本市场上市。上市公司可通过配股，发行可转债、企业集合债券、中小企业集合票据、定向私募债券等方式扩大融资规模。设立科技企业和中小企业风险补偿专项基金，加大天使投资、创业投资的资金投入力度，分阶段支持企业科技活动开展，构建多层次资本市场。提高实体经济对金融资源的利用效率，由政府牵头引导金融资源流向，优化金融资源在市场上的配置，促进各类融资渠道优良有序发展，推动提高科技创新企业的全要素生产率。积极发展债券市场、期货市场和保险市场，推进固定收益和权益类市场共同发展；创新金融机构种类，培育发展与金融市场相关的资产中介机构，鼓励设立保险公司、小额贷款公司、金融租赁公司等。创新发展消费金融，设立汽车金融公司、消费金融公司等非银行金融机构，延伸金融机构服务领域；优化金融发展环境，健全社会信用体系，完善金融法治制度，营造极具竞争力的金融发展环境。健全金融监管机制，加强法治建设，构建多层次金融信用体系，推广金融法制观念，规范企业信贷行为，有效结合银行的征信体系，提高其服务社会的效率，提高风险监测与防控水平，依据自身禀赋理智分析、合理判断，支撑金融市场服务于实体经济，打造协调健康的金融生态环境。

北京市、上海市、成都市三地功能定位、发展目标与困难均不同，推进金融创新改革需与各地实情紧密结合，建立健全差异性货币信贷政策，不仅要充分把握市场动向，还要对接不同类型的发展要求，所以金融支持政策存在各自特性。北京市要发挥其首都功能，打造全国文化中心、国际交往中心。即通过文化金融创新，加大文化产业集聚区金融支持力度，实现全国文化中心建设。创新发展金融媒体平台，扩大服务开放试点，引入提供出口业务服务的各类机构，加强国际金融交流活动，有效推进国际交往中心构建。强化中关村作为全国科技核心区的集聚作用，不断完善区域内证券公司等金融机构和企业的沟通交流渠道，同时持续吸引资产评估事务所等各类科技中介机构，充分发挥其示范效应，为创新发展提供坚实基础。上海市国际金融中心建设要与自贸区改革实现联动发展，建成全球人民币投资中心。因此，上海市金融改革以建设人民币跨境结算中心为重点，积极开展人民币资金池业务，为中国实体经济高效服务。为了解决企业投资风险与收益不对等的问题，上海市引导浦发银行等商业银行不断创新金融服务模式，开拓各类融资渠道，提高金融产品对接中小企业需求的精准程度，健全金融机构审批流程。同时出台各类科技扶持政策，促进金融机构和科技创新企业有序、良好互动，强化对符合条件的企业的信贷支持，设立专项发展基金，健全相关支持体系，优化企业投融资环境。四川省有近 80%贫困区域，脱贫攻坚任务艰巨，成都市作为省会，更要深入推进脱贫攻坚工作。完善发展股权、债券融资市场，探索深入期货、保险市场，推进固定收益和权益类市场共同发展，引导金融产品创新，培育发展各类非银行金融机构。通过金融创新探索脱贫攻坚途径，发展扶贫金融、“三农”金融等，充分发挥政府资金的杠杆作用，积极推出各类相关融资服务产品，构建更加完善的融资服务体系，加快金融业创新改革，实现普惠金融。

第四节　新时代安徽省资源型城市创新驱动转型发展的金融支持政策建议

从安徽省资源型城市创新驱动发展遇到的困难障碍分析可以看出，其涉及实体经济与虚拟经济的联动发展。“十四五”规划提出，提高金融服务实体经济的能力，充分发挥国家财政的支撑作用。因此，利用金融支持解决安徽省资源型城市创新驱动发展中遇到的问题，有利于推动资源型城市可持续健康发展。根据北京市、上海市、成都市金融发展创新经验分析，结合安徽省资源型城市发展实情，本书提出以下政策建议：

一、建立人才培养基金，提高引才聚智力度

政府牵头并积极引导社会资金成立创新创业人才培养基金，建立人才扶持政策体系，梳理人才培养理念，加大创新人才培养力度，完善人才培育引进体系，健全人才晋升制度。一方面，投资于资源型城市高校，改革金融专业人才教育模式，以差异化方式培养复合型金融人才，加强与企业进行实习实践合作，提升人才的实际操作应用能力；另一方面，投资于资源型城市创业者，鼓励大学毕业生等一些青年知识分子创业，这不仅能降低失业人数，更重要的是把创新理念带入市场，激发企业和居民创新创业热情。

二、完善金融服务体系，多点布局消除阻碍

不断升级互联网技术，缩小不同区域之间的发展鸿沟，统筹规划、高效赋能，有机融合消费金融和市场，扩大金融市场规模，从企业需求出发，完善金融生态结构。鼓励中小企业、高科技企业在主板、中小板、创业板市场上市融资，实施上市优惠政策。推广产业链金融模式，完善多层次股权、债券融资市场，提高直接融资比重，协调发展直接融资和间接融资。支持证券、期货公司创新产品，针对资源型产业转型升级和新兴中小企业规模扩张提供

一系列融资产品。各资源型城市应结合实际需求，创新发展地方性新兴金融机构，鼓励发展非银行金融机构，壮大股权投资。建立政策性担保公司和专业担保公司，形成以政策性担保公司为主、专业担保公司为辅的担保体系，完善中小企业和科技创新企业信用体系。建立风险分担的激励政策，强化金融服务水平，减少无效的金融供给，让有限的信贷资源发挥最大效用，推动产业链金融普惠化，优化投融资环境。

三、加强金融支持力度，推进产学研一体化发展

在合肥市设立科技金融银行，各资源型城市设立科技金融支行，为高新技术企业或企业科技技术创新提供融资服务，提高支持科技发展的金融产品创新水平，提升支行对企业贷款风险容忍度。引导和鼓励各类符合条件金融机构在风险可控前提下，按照市场化原则加大信贷力度，提高重大项目金融服务质效，支持资源型地区转型升级，鼓励社会资本投资设立融资担保机构，加大对其风险补偿力度，引导融资担保机构为中小型企业和高新技术企业服务，搭建高效率的银企合作通道，针对企业特点推出专门的创新产品，发挥示范效应，拓宽资源型地区科技型企业的直接融资渠道，激发企业创新活力。激励企业发行集合债券、集合信托等产品，筹集长期资金，缓解企业融资困难。吸引国内知名风险投资机构进驻资源型城市，对企业科技创新活动进行投资的机构，政府予以重点支持。

对政府和企业共同出资建立的科技园区、研究中心、企业孵化基地等，在充分发挥财政资金撬动作用的同时，也应有效发挥政策银行投资功能。增加政策性银行对科技园区、企业孵化基地等科技贷款的发放额度，增加多样化金融产品，并推出一系列贷款优惠活动。创建高校和科研机构科技成果转化引导基金，鼓励天使投资、股权投资分阶段支持企业创新活动开展。推动创新型金融机构集聚，建立信息服务平台，完善各类金融机构的沟通机制，缓解中小企业融资难的问题。积极鼓励符合条件、发展较好的非资源型企业上市，发行债券，通过资本市场直接融资，壮大非资源型企业发展规模。

四、推进金融制度创新，优化投融资环境

加强安徽省金融法治环境建设，研究出台配套措施，维护金融消费者和投资者权益，促进金融活动公平、高效运行，营造金融投资安全环境，推动金融经济互动发展。建立功能齐全、开放共享的金融基础设施，推进金融业统一征信体系建设，由金融机构根据征信记录，对守信客户提供优惠利率等，同时加大对信用黑名单的惩戒力度。强化区域金融监管，完善金融监管制度，打造金融监管平台，增强对金融风险预防、监测、评估、处理的能力，不断改进监管方式，优化风险分担和补偿机制，政府主导，鼓励金融机构研发推广科技保险产品。结合各资源型城市实际情况，制定相关防范金融风险政策措施。

第十二章　新时代安徽省资源型城市创新驱动转型发展过程中的反贫困问题

第一节　资源型城市创新驱动转型发展中的反贫困问题

贫困问题是全人类面临的难题，贫困不仅威胁人类生存，影响生产，还制约经济社会发展。因此，消除贫困、实现共同富裕是全世界人民的愿望，各国政府及国际组织都把消除贫困和反贫困放在首要位置。中国政府高度重视反贫困，从《关于加强贫困地区经济开发工作的通知》（1987 年），到《中国农村扶贫开发纲要》（2001—2010 年），到国务院印发《中共中央、国务院关于打赢脱贫攻坚的决定》（2015 年）、《国务院关于印发“十三五”脱贫攻坚规划的通知》（2016 年）、《关于做好农村低保制度与扶贫开发政策有效衔接的指导意见》（2016 年）、《中共中央、国务院关于打赢脱贫攻坚三年行动的指导意见》（2018 年），到党的十九大报告着重强调要打赢脱贫攻坚战，再到贫困人口全部脱贫的目标实现后，“十四五”规划提出巩固拓展脱贫攻坚成果。我国始终将反贫困与贫困治理摆在治国理政的重要位置，在经历了减贫探索阶段（1949—1978 年）、体制改革推动减贫阶段（1979—1985 年）、大规模开发式扶贫阶段（1986—2000 年）、村级扶贫推进阶段（2001—2012 年）、精准扶贫阶段（2013—2020 年）5 个阶段后，贫困治理成效显著，成为世界上减贫人数最多的国家。截至 2020 年年底，中国如期完成新时代脱贫攻坚目标任务，现行标准下 9899 万农村贫困人口全部脱贫，区域性整体贫困得到解决。

经过党的十八大以来精准扶贫政策的实施，我国取得了举世瞩目的反贫困成就，按现行农村标准历史性地解决了绝对贫困问题，实现了第一个百年奋斗目标，为实现联合国千年发展目标作出了巨大的贡献。但是，我国仍然存在发展的不平衡不充分导致的相对贫困问题，尤其是资源型城市存在的相对贫困问题较为严重，因此脱贫攻坚的主要重点之一依然是在资源型城市建立解决相对贫困的长效机制，巩固其脱贫攻坚成果。资源型城市是指依托于该地区丰富的自然资源（煤炭、矿石、有色金属等）而迅速兴起的城市，以资源的开采和加工为支柱产业，具有“先生产，后生活”“先矿后城”的城市特点。在计划经济时期，资源型城市作为我国重要的能源和资源的供应地，为支持中国工业化建设作出巨大贡献，随着资源的枯竭、经济体制的改革，城市面临着贫困、衰败，陷入了“矿衰城亡”的窘境。与其他地区不同的是，资源型城市的贫困问题不仅仅表现在拥有大规模的贫困人口上，而且伴有经济停滞、生态环境恶劣、基础设施落后、居住区破败等严重现象，是整体城市的贫困。2007 年 12 月 8 日，我国首次在《关于促进资源型城市可持续发展的若干意见》中，针对资源型城市失业与贫困人口多现象，提出采取有效措施努力消除贫困代际传递现象，着力解决就业等问题。2021 年，国务院通过批复《推进资源型地区高质量发展“十四五”实施方案》，对资源型城市提出了可持续发展的要求，要以改革创新为根本动力，推动资源型城市转型升级。资源型城市严重的相对贫困问题及解决机制，引起了国内外各界更广泛的关注。

在全面消除绝对贫困问题之前，资源型城市中安徽省资源型城市贫困问题尤为突出。而在当今的“后减贫时代”，虽然我国已经在脱贫攻坚战中取得胜利，但与实现“十四五”规划中提出的 2035 年共同富裕取得实质性进展的目标还有一定距离。相对贫困问题将长期存在，这不仅关系到社会安定和谐与可持续发展，更关系着我国全面建成小康社会、中华民族伟大复兴总目标的实现。因此，研究安徽省资源型城市转型升级与高质量发展具有重要意义。

18 世纪 60 年代，欧美等西方国家率先完成工业革命，进入工业化时期。

因而对于工业时代的产物——资源型城市，国外的系统性研究与分析要早于国内，在资源型城市定义及类型、面临的问题及原因、产业与城市转型、城市可持续发展等方面成果颇多，但综观现有的文献可以发现，国外系统地研究资源型城市的贫困问题的文献较少，只是把其当成资源型城市发展周期中的一个伴生现象。而我国在 20 世纪 70 年代后期，才开始进行资源型城市的研究，对资源型城市贫困问题较为深入性的探究大致开始于 20 世纪 90 年代中后期，部分地区资源严重枯竭引发了一系列的经济社会问题，进而引起国内学者们的关注。

1921 年，英国学者 Auronsseau 首次提出将矿业城镇这类城市分类为资源型城市。1971 年，加拿大地理学家 Inns 和 Lucas 对资源型城市（矿产）的居民生活方式及城市运行模式等进行了拓展性研究。Bradbury（1984）在此基础上，通过对城市运行模式等基本特征的分析，发现资源型城市普遍存在“城市发展周期”，主要包括初期建设、扩大雇佣、过度发展、成熟、衰退和消亡 6 个阶段。Marsh（1987）发现资源型城市在经历 6 个城市发展周期阶段的过程中，经济效应会随着资源大量输出而消失。当资源地区的资源日趋减退，经济发展停滞所带来的后果是人口的大量外流，以贫困问题为首的社会问题开始显现。Buadury（1988）对加拿大 Asbesstos 矿区进行实证分析，研究资源型城市兴盛与衰退的轨迹以及产业及城市的“路径依赖”，发现贫困人群主要为资源枯竭的资源产业的失业人群。克拉多斯（Collides）和杜勒（Duane）（1999）从资源型城市的居民生活质量的角度出发，发现资源型城市贫困居民面临着生态环境恶劣导致的生活质量较差问题。

朱荣科（2003）和吴要武、赵泉（2005）比较了资源型城市与非资源型城市城镇居民的人均收入、人均 GDP 增长速度、失业率和贫困发生率，王朝明（2003）分析了矿产类资源型城市的贫困现状，均发现资源型城市的贫困问题更严重，认为资源型城市贫困问题能否解决直接关系着中国全面建成小康社会目标的实现。赵琪（2007）以东北地区资源型城市为研究对象，从贫困城市、贫困居民和城市贫困多层面分析资源型城市贫困现象更为严重的原因，得出的结论是资源型城市的城市贫困是中国特有的贫困问题。郑文升

（2008）在此基础上，以东北地区作为典型案例进行研究分析，从资源型城市可持续发展的补偿与援助视角出发，认为资源型地区普遍存在城市贫困人口众多、产业发展困难、生态环境恶化、能源开发合作困难等现象。田源、董丽晶、李晶（2011）进一步具体地总结了东北地区资源型城市贫困问题：资源枯竭、产业结构扭曲、劳动力市场不健全、体制障碍，从而生产、生活、生态环境恶化直接和间接地导致贫困发生。韩瑛、郭丕斌、冯文勇、周喜君（2011）运用偏离—份额分析模型（SSMM）对山西省典型煤炭资源型贫困地区进行产业分析，提出产业结构不合理影响着城市发展。

李文祥（2006）、张芳（2008）发现我国现行的社会保障制度不能满足资源型城市，特别是资源枯竭型城市的需求，存在保障不足、保障过度、社会保障政策执行不到位等问题。王桂云、陈先勇（2011）提出资源型城市地方政府财政与治理能力不足间接导致贫困问题恶化。朱海波（2014）对山西资源型城市大同市农村贫困进行研究，认为资源型地区农村生态环境脆弱，缺乏政策与资金支持，造成农村地区发展滞后，农民脱贫难度大。陈妍（2018）从社会、经济和环境 3 个方面出发，通过面板回归模型实证分析得出东北地区资源型城市转型发展的整体效率不高，产业的转型升级存在较多障碍的结论。杨桐彬（2020）以 115 个资源型城市的面板数据分析产业协同集聚与环境污染的关系，发现产业过度集聚会产生拥挤效应，导致环境问题恶化。

刘志超（2017）在研究黑龙江省煤炭资源型城市脱困发展过程中发现，经济增量和经济总量大幅下降、技术进步动力不足使黑龙江省煤炭资源型城市陷入“贫困陷阱”。赵洋（2019）采用数据包络法测度了地级市资源型城市产业绿色转型效率，发现提升新兴产业培育程度和资源利用率可以提高资源型城市产业绿色转型效率。付铭、宋锋华（2011）以库尔勒市为例，对新疆资源型城市居民相对贫困进行研究，运用回归分析及比较分析发现资源型城市存在外部与内部的相对贫困现象。徐崴威（2018）对典型的资源衰退型城市昆明市东川区的就业情况进行实证分析，发现资源型城市普遍出现下岗职工数量高于全国平均水平、劳动力再就业困难、贫困人数增加等现象，表明资源型城市尤其是衰退型资源型城市的就业问题尤为严重。罗登楠、潭子旋（2019）采用熵值法以渝东北地区数据为基础探究城市贫困程度，发现渝东北地区存在贫困由中部向东部和西部扩散的特征，提出根据得出的贫困程度制定反贫困政策。李小帆（2021）运用面板 VAR 模型对资源型城市产业结构调整与环境污染排放的联动效应进行了定量分析，发现城市产业结构与污染减排存在失调情况，提出要以产业结构升级促进资源型城市绿色发展。唐宇（2022）以山西省资源型城市为例，运用综合指数法和障碍度模型实证分析了城市经济韧性的障碍因素，发现创新能力是影响资源型城市经济韧性提高的关键因素。

面对资源型城市严重的贫困现状、致贫原因的复杂性与多样性，丁四保（2005）曾提出加快长效反贫困机制的建设是从根本上解决资源型城市贫困的必然选择。李旭红、安树伟（2005）从满足资源型城市产业转型需求视角，王晓来（2005）从促进社会和谐、改善民生角度出发，均提出适时发展替代产业，有助于解决贫困人群失业问题。赵晨（2006）也认为建立再就业体系、实行政策与资金倾斜是克服资源型城市贫困的有效措施。赵琪（2006）提出东北地区出现的民生问题部分是因为养老保险、医疗保险等制度的不足造成社会保障体系托底作用未充分发挥，完善现行的社会保障体系是关键。张芳（2006）也认为面对我国以资源型枯竭型城市为代表的资源型城市的社保体系存在的社保基金不足、最低生活保障参保率高、保障执行不到位等严重问题，应加大中央的转移支付，多渠道筹集资金，广范围覆盖社保，实行社保与就业的联动机制等。

李朝鲜等（2006）从反贫困的视角出发，提出加大对资源型城市人力资本的投入力度，激发劳动者发展的内在潜力。丁四保、郑文升等（2008）认为东北资源型城市棚户区的治理可以从空间上打破社会矛盾高度集中的城市贫困区，有利于社会和谐稳定。郑文升（2008）提出解决资源型地区贫困问题的核心是完善产业发展、生态环境补偿与能源区域合作的援助机制，需要政府、社会组织等多方参与，使资源型地区贫困问题得到极大的缓解。汪晓文等（2012）从生态保护建设的可持续角度出发，指出应从积极推进环境保护与治理、大力推进循环经济发展、构建城市生态体系 3 个方面转型，有助于解决资源型城市贫困问题。崔湛钜（2014），韩瑛、郭丕斌、冯文勇、周喜君（2011）认为包括产业结构调整在内的反贫困措施对于促进资源型城市经济增长、缓解贫困具有积极作用。赵玮璇（2021）认为金融抑制等外部约束影响了资源型城市转型，可以通过构建政策性产业发展基金、优化财政补贴结构、搭建金融合作与服务平台等方式减轻资源型城市贫困问题，推动可持续发展。潘云、张秀艳（2016）运用 Alkire 等多维度测量方法测算山西资源型地区多维贫困程度，得出了积极探索资源型地区采煤沉陷区治理的创新机制，尤其对煤炭型资源城市减贫效果显著。

许琳（2009）探讨资源富集地区的民生问题，提出应建立以增加政府财力为目的的资源利益分配及利益共享机制创新的反贫困模式。付铭、宋锋华（2011）等在研究新疆资源型城市相对贫困的基础上，认为理顺政企关系，加快条块分割管理体制改革，解决大企业、小政府局面，有利于提高政府反贫困能力，为降低贫困发生率提出了新的思路和方法。徐崴威（2018）以昆明市东川区为研究对象，以解决资源型城市的就业问题为目的，指出应健全资源衰退型城市社会保障体系，提出完善资源衰退型城市社会保障体系、扩大社会保险覆盖面和政府加大社会保障投入力度三大解决措施。胡尧（2021）研究发现资源依赖导致资源型城市贫困问题更加严重，提出可以通过优化财政支出结构、加大涉农领域投入力度、提高城市开放度等方式缓解地区贫困，提高减贫效率。

综观现有的文献可以发现，学术界对资源型城市贫困问题的研究已经较为深入，但相对于资源型城市的城市特点与生命周期、产业与城市转型、城市可持续发展等方面，其在贫困治理方面、反贫困体系方面的研究仍不够全面。这说明资源型城市贫困治理研究有很大的发展空间，资源型城市贫困治理仍是未来研究的重点。

第二节　安徽省资源型城市反贫困现状与进展

一、安徽省资源型城市基本情况

根据国务院印发的《全国资源型城市可持续发展规划（2013—2020）》，全国共有262个资源型城市，具有数量多、分布广的特点。再依据资源型城市发展周期，将它们分为成长型城市（31个）、成熟型城市（141个）、衰退型城市（67个）和再生型城市（23个）。安徽省共有11个资源型城市，约占省内全部城市的70%，包括成长型城市1个、成熟型城市7个、衰退期城市2个、再生型城市1个。

淮北市、淮南市、铜陵市、马鞍山市为安徽省4个典型的资源型城市。淮北市、淮南市为2个煤炭资源型城市，已探明煤炭储量530亿吨，分别是"全国13大煤炭生产基地之一""六个大型煤电基地之一"。铜陵市以丰富的有色金属资源而著称，是全国八大有色金属工业基地之一，长江经济带重要节点城市和皖中南中心城市，同时拥有全国第一、世界第二的电解铜生产企业。马鞍山市于1956年建市，是新兴钢铁工业城市，2020年全市规模以上工业企业1134家，分属钢铁、电力、化工、黑色金属矿采选、金属制品等十大行业。安徽省资源型城市在计划经济时期快速兴起与发展，为支持我国建设工业化国家作出巨大的贡献，与此同时，也付出了惨重的代价与重大的牺牲。经过几十年的开采，由资源枯竭所带来的产业结构不合理、生态环境污染严重、基础设施不健全、就业困难导致的发展不平衡不充分、相对贫困、相对落后等一系列问题日渐严重。近年来，安徽省资源型城市已逐渐意识到要巩固拓展脱贫攻坚成果，实现全面建成小康社会的总目标，就必须完善农村低收入人口精准帮扶机制、农村社会保障和救助制度。分析安徽省资源型城市发展现状，是缓解相对贫困问题的基础，是健全巩固拓展脱贫攻坚成果长效机制的有力依据，有助于更加高效精准地把巩固脱贫攻坚成果同乡村振兴相衔接，也是解决安徽省资源型城市相对贫困、相对落后问题的关键所在，是新时期全面建成小康社会的必经之路。

二、安徽省资源型城市相对贫困现状

（一）生活水平整体偏低

安徽省资源型城市城乡人均居民收入低于全省平均水平且城乡差距明显。以宿州市为例，2021 年城乡常住居民人均可支配收入分别为 37278 元和 15913 元，城镇居民人均收入低于全省平均水平 13%，且城乡常住居民人均可支配收入倍差达到 2.3，城乡差距明显。安徽省仅有 30%的资源型城市 2021 年的恩格尔系数低于全省恩格尔系数，这说明资源型城市居民收入的主要开支是食品，娱乐、生活用品等消费较少，生活水平整体偏低。

（二）相对贫困现象严重

随着我国经济发展有序推进，我国历史性消除了绝对贫困问题，832 个贫困县全部摘帽，农村贫困人口全部脱贫，向全面建成小康社会又迈出有力的一步。贫困群体的主体构成发生改变，由绝对贫困人口转化为相对贫困人口。党的十九大报告明确指出："我国社会的主要矛盾是人民日益增长的美好生活需要和不平衡不充分的发展之间的矛盾。"绝对贫困是指收入无法满足个人基本生存的需要，并且我国扶贫标准设置主要解决绝对贫困问题。而相对贫困是指可以满足温饱需要，但无法有体面、有尊严地生活，这部分群体以其他群体为参照物，感到相对剥夺的社会心态。目前，安徽省资源型城市贫困状况由绝对贫困转化为相对贫困，且相对贫困现象较为广泛，这是巩固脱贫攻坚成果道路上亟待解决的关键问题。

（三）经济发展落后非资源型城市

与安徽省非资源型城市整体比较，资源型城市经济发展远远落后，主要表现在以下 3 个方面：

1. 城市经济实力不强

GDP 反映了一个地区的经济水平，是城市竞争力、综合能力和反贫困实力的体现。资源型城市与非资源型城市相比，GDP 落后显著，低水平的经济实力难以抵御经济市场风险，易出现衰退，使城市失去反贫困能力。

2. 农民人均收入差距大

非资源型城市 2018 年农村人均收入为 15114 元，高于资源型城市 10%，表明区域间差距显著、发展不平衡。

3. 城市相对贫困现象严重

虽然我国现行标准下贫困人口脱贫的目标已经全面完成，但安徽省资源型城市大规模相对贫困存在仍是社会的一大隐患，仍需建立合理有效的防止返贫机制。

三、安徽省资源型城市巩固脱贫攻坚进展

（一）扶贫工作取得显著成效，绝对贫困彻底消除

截至 2020 年年底，安徽省已经实现现行标准下 484 万贫困人口全部脱贫，历史性地解决了绝对贫困问题。安徽省资源型城市贫困发生率从 2014 年的 5.1% 到 2020 年的全面脱贫。近几年，安徽省资源型城市减贫工作取得显著成效，区域性整体贫困问题得到有效解决。以淮南市为例，从 2015 年到 2018 年，脱贫人数占比逐年增加，特别是在 2018 年达到了安徽省脱贫人数的 5.9%，2019 年取得显著成就后脱贫人数已经减少至 2 万，此时占全省脱贫人数比例也减少（见表 12-1）。

表 12-1　2015—2020 年淮南市脱贫与安徽省脱贫情况

单位：万人，%

年份	淮南市脱贫人数	安徽省脱贫人数	占比
2015	2.7	180.1	1.5
2016	3.5	103.0	3.4
2017	3.0	85.8	3.5
2018	4.3	72.6	5.9
2019	1.6	42.9	3.7
2020	0.4	8.7	4.6

资料来源：2015—2020 年《淮南统计年鉴》、政府工作报告。

（二）失业率下降，生活质量提高

从失业情况来看，失业率反映的是一个地方就业的情况，失业率越高，意味着城市失去稳定收入的人越多，贫富差距拉大，城市贫困加剧。以淮北市为例，失业率由2014年的4.1%下降到2020年的2.76%，失业人数减少，失业情况改善。从生活质量来看，2020年年末，淮南市参加城镇职工基本养老保险人数为37.9万，城乡居民养老保险参保人数为153.9万，2.2万人享受城市居民最低生活保障，8.6万人享受农村居民最低生活保障，农村“五保”供养2.2万人。全市空气质量优良天数比例达72.7%，污水处理率达到98.1%。人民生活水平有了显著提高，生活质量明显改善。

四、巩固脱贫攻坚成果面临的问题

虽然安徽省资源型城市的贫困治理取得了显著成效，全面消除了绝对贫困问题；但是随着“后减贫时代”的到来，其在解决相对贫困问题、实现地区高质量发展中遇到的障碍与问题越来越多，主要表现在以下几个方面：

（一）贫困识别机制存在缺陷

在“后减贫时代”，最为重点的任务已经从解决绝对贫困问题转变为缓解相对贫困问题，安徽省资源型城市现行的贫困人口识别标准已经不再适用于新时代。实际上，理论界已普遍认同单维收入贫困瞄准机制的局限性（只能解决绝对贫困，无法从根本上解决相对贫困），但在实践中我国绝大多数地区仍然采用收入作为衡量贫困的唯一指标。因此，科学建立新时期相对贫困标准并完善贫困瞄准机制是解决相对贫困问题、巩固拓展脱贫攻坚成果的基础，是推进乡村振兴、全面建成小康社会的关键。

1. 识别覆盖范围小

阿马蒂亚·森认为贫困不仅仅是收入低下，还包括能力与权利的贫困，即维持基本生存的能力与参与社会权利的剥夺与缺失。这说明贫困是一个多维的概念，收入低下只是贫困的一个维度，贫困还存在其他方面的多维度剥夺，并且其他维度剥夺无法用货币化的方式去体现。因此，采用单一收入维度去鉴定贫困者可能会忽视收入高于扶贫标准，但实际生活水平低于社会平均水平的一部分群体，即忽略除收入以外其他维度剥夺的一部分潜在贫困群体。这部分群体本身具有极强的脆弱性，不仅易面临各种风险的打击、遭受各种突发事件带来的冲击，而且他们应对这些的能力、措施往往有限或者缺失，这部分潜在群体是贫困瞄准机制的盲点。

2. 识别偏差较大

现行的瞄准机制识别精确度不高，未精确识别出潜在贫困者（相对贫困者），主要原因有：一是安徽省资源型城市贫困群体绝大多数是原国有资源企业的下岗职工，属于结构性失业贫困人群，靠临时工、钟点工等维持基本生活，收入不稳定，难以测量并存在部分虚报的现象。二是即使收入测量结果真实可靠，但收入贫困的群体是否存在其他维度剥夺及其剥夺程度都无从考量。安徽省资源型城市贫困群体除收入低下的贫困表征外，还表现在因失业失去高生活保障、因下岗剥夺原国有企业的“高福利”、因环境污染失去健康体质、因贫困失去受教育机会等方面的剥夺，从而造成识别偏差大，影响反贫困措施的实效。

3. 贫困标准设置低

安徽省已经推出贫困线与低保线双线合一的政策，但反贫困与最低生活保障制度的贫困标准过低，产生识别偏差。欧盟国家的救助对象是其可支配收入低于社会平均水平的50%~60%，美国的贫困线为社会平均水平的33%。而安徽省贫困标准中可支配收入占社会平均水平比例较低且贫困标准仅局限于维持基本温饱，从而将大部分相对贫困群体排除在救助范围外，加上随着经济增长、基本需求的变化、通货膨胀、由绝对贫困向相对贫困转变，仍沿用一成不变的贫困标准已经无法应对相对贫困突出的现实，也不符合目前的反贫困形势，造成扶贫资源浪费，影响反贫困实施效果。

（二）经济可持续性发展困难

经济可持续性发展的外在表现是经济持续增长。经济持续增长，社会财富积累迅速，社会福利水平较快提升，从而提高贫困人口的收入水平、增加地方税收，进而改善贫困程度，为地方反贫困积累资金。而资源型城市经济持续增长受多方面因素影响，主要是经济发展动力和经济发展潜力不足。

1. 经济发展动力不足

安徽省资源型城市经济结构中存在产业结构刚性，表现为三产比例不协调、第二产业突出。虽经多年经济转型，但资源产业“一业独大”的局面没有得到根本性转变。第一、第三产业发展相对滞后，即使培育了一些接续替代产业，也多处于“年幼”状态，难以支撑经济发展。从总体上看，产业结构失衡，经济结构脆弱，难以抵御市场风险；资源利用率低，资源开采粗放，循环经济体系仍需完善；过分依赖资源，自主创新能力不强，技术创新相对匮乏，经济发展的内生动力不足。

2. 经济发展潜力不足

人力资本学家舒尔茨早在1960年就提出人力资本是经济持续发展的潜在因素。他认为传统理论过分强调生产资料与货币，忽视了人推动经济的作用，即人力资本对经济发展同样起决定性作用。因此，对于任何一个地区而言，高水平的人力资本是经济持续发展的先决条件。但安徽省资源型城市劳动者的人力资本水平较低，一是身体素质较差：资源型城市因过度开采资源导致生活环境恶化、医疗救助体系不完善，因病致贫比例远高于省平均水平，劳动者身体素质差。二是教育水平较低：2020年亳州市15岁及以上人口的平均受教育年限为8.38年，比省平均水平低10.4%；阜阳市15岁及以上人口的平均受教育年限为8.51年，比省平均水平低9%。这表明资源型城市大部分居民只接受九年基础义务教育，受教育层次低，又由于长期从事单一采掘业，技能单一，学习新知识和掌握新技能的能力有限，无法适应劳动市场需求的变化。三是高科技人才缺乏：城市长期依赖技术含量低的资源产业，因而忽视对高科技人才的培育与引进。同时，近些年资源型城市形象欠佳，环境与社会问题频发，地方吸引人才的条件也欠缺。2020年，宿州市参与研究与试验发展（R&D）项目的人员仅为3896人；亳州市参与研究与试验发展（R&D）项目的人员仅为3968人。高素质人才缺乏，无法满足城市经济转型的要求，导致经济发展潜力不足。

（三）地方政府财政能力薄弱

财政是调节收入差距的重要手段，是缓解贫富悬殊和稳定社会的主要政策工具，也是政府实施反贫困的资金保障。资源型城市财政收入水平的高低、收支差额直接影响到政府在完善社会保障体系、为贫困居民提供再就业机会与公共物品、支持城市经济转型和培育接续替代产业、加快国有企业改制和剥离社会职能、治理生态环境等方面的投入，关系到政府反贫困能力的发挥。表 12-2 列出了 2020 年安徽省资源型城市政府财政能力情况。

表 12-2　2020 年安徽省资源型城市政府财政能力情况

地区	地方财政收入（亿元）	财政支出（亿元）	人均财政收入（元）	财政自给率（%）
颍上县	27.9	86.9	2327	32
宿州	133.2	486.0	2501	27
巢湖	23.2	67.0	3193	35
亳州	126.4	391.0	2529	32
池州	67.0	178.1	4988	38
淮南	104.0	288.1	3427	36
铜陵	81.8	182.5	6234	45
淮北	80.1	183.8	3661	44
滁州	226.0	462.9	5666	49
宣城	168.0	324.8	6717	52
马鞍山	169.5	264.8	7845	64

资料来源：2020 年安徽省各市统计年鉴。

由表 12-2 可知，一方面，安徽省资源型城市财政自给能力严重不足，80%的资源型城市地方财政收入无法维持一半的财政支出。其中，宿州市的财政收入仅能供给 27%的地方支出，颍上县和亳州市的财政收入仅能供给 32%的地方支出，完全依赖上级转移支付和其他地区的援助，体现出资源型城市财源不足、收入较低。另一方面，资源型城市人均财政收入水平低。人均财政收入反映的是一个地方政府为居民提供公共服务的能力，大部分资源型城市人均财政收入低于安徽省城市人均财政收入（5268 元），最大相差

2941 元。综上可知，安徽省资源型城市财政能力薄弱，制约着反贫困能力的提升。

安徽省资源型城市财政能力薄弱的原因，一方面是安徽省资源型城市是依托资源国有企业发展起来的，国有经济在城市国民经济中占据重要地位。在资源所有权归国家和国有企业的属性下，资源国有企业对地方政府的贡献较少，并且资源型城市部分存在“政企不分”管理体制，政府没有资源的使用权，无法实现招商引资。另一方面是受去产能政策、经济下行压力宏观环境的影响，以及在安徽省资源型城市自身经济增长缓慢的条件下，资源型城市国有企业和非国有企业经济效应差，严重影响资源型城市的税收收入，使地方财政收入紧张。另外，多年受“价格双轨制”的制约，资源及其产品低价输出，加工品和制成品又被高价输入，导致资源型城市利益大量外流，资源型城市和企业缺乏必要的财力、物力的积累。长年下来，资源型城市整体财力下降，资金匮乏。

（四）城市再就业的难度提升

失业导致的贫困是资源型城市最根本的问题。因此，扩大就业是解决贫困问题最有效的措施之一。安徽省资源型城市失业率近年来虽大幅下降，但城市贫困人口显著上升，城镇失业率仍有 2.8%，城镇失业贫困人群依旧大范围存在，且集聚在城市棚户区中。与外来务工等流动人口组成的城市贫困人口不同的是，资源型城市的贫困人口主要由因资源枯竭或改制而被资源企业减员的下岗职工、因资源企业萎缩而萧条的关联企业的失业员工、因企业停产或半停产的生活特困职工与收入低的退休职工组成，这些职工面临失业与再就业的双重压力。另外，城市经济不景气，地方供给岗位的能力受限，增加了失业贫困者再就业的难度。

1. 产业再就业岗位供给短缺

安徽省资源型城市为了恢复昔日辉煌，增加城市地区生产产值，过多引进和发展一些生物医药、金属新材料、机械制造等高新技术产业、战略性新兴产业项目。比如，淮北市发展铝基高端金属材料产业、科宝生物医药产业新兴制造业；铜陵大力培育新能源汽车、智能产业集群等新兴制造业产业集群等。虽然这些项目可以给地方带来一定的经济增量，但资本、技术密集型产业对从业的劳动者技能、文化知识要求较高，吸纳技能单一、文化程度低的资源型城市贫困劳动力有限，尤其排斥“4050”。

2. 小额信贷难，创业空间受限

在大众创业、万众创新的背景下，资源型城市贫困居民自主创业也是摆脱贫困的有效途径。首先，银行出于降低风险与经营成本的顾虑，放贷门槛较高，对抵押与质押的要求高，常常让缺少创业初始资金的贫困人群“望而却步”。其次，安徽省资源型城市小额贷款发放的主体银行仅为农商银行。虽然农商银行在金融反贫困里发挥着重要的主体作用，但难以满足广大贫困群体的小额贷款的金融需求。

（五）社会保障体系不完善

从宏观上看，社会保障可以通过分散风险、收入再分配、人力资本投资等途径减少绝对贫困与相对贫困。从微观上看，社会保障通过增加收入、资产，减少支出、损失，促进就业与创业等措施直接作用于贫困家庭群体。因此，应健全社会保障体系，降低贫困人口社会风险，减小贫困发生率。我国真正开始建设社会保障体系是在建立社会主义市场经济体制之后，起步较晚，层级不高、水平较低。同时，随着体系的不断发展，制度本身的弊端也日益凸显。因此，社会保障体系不完善，问题不断。目前，安徽省资源型城市社会保障体系存在以下不足：

1. 水平低，发展不协调

以淮南市为例，2020 年人均城乡居民最低生活保障仅为 3932 元，远低于全省人均城乡居民最低生活保障的 5391 元，社会保障水平偏低；同时近年来安徽省资源型城市社会保障支出增长率高于同期 GDP 增长率，社会保障支出速度超过经济增长速度，资源型城市经济与社会保障发展不协调、适度性差。资源型城市社会保障体系的低水平与“虚高”现象并存，对薄弱财政能力的政府来说无疑是“雪上加霜”，不利于城市的反贫困。

2. 养老保险保障不足

我国已经陷入“未富先老”的困境，人口老龄化超 20%，因此，养老保险是我国社会保障体系中最重要的制度安排。完善社会保障体系就必须重视养老保险的改革。现行的资源型城市养老保险的制度在运行过程中，存在以下不足：

普惠性不强。按照规定养老保险缴费额需由企业和个人共同承担，且企业承担较多的缴费责任。这使得非正规就业贫困群体失去养老保障的机会，也超出部分民营资源型企业（小钢铁、小煤矿）的缴费能力，“漏保”“选择性参保”普遍存在，造成企业职员工缺乏养老保障，在晚年易受风险打击，陷入贫困。同时，企业中国企缴费困难。近几年，受经济下行压力、产业结构调整、大力推进去产能政策的影响，淮南、淮北等地资源型国有企业经营亏损或者微利，相继出现了拖欠社会保险费的现象，使部分法定职工无法正常领取养老金、办理退休手续等，产生各种社会不稳定因素，使城市的贫困问题加重。

“大集体”职工难入保。安徽省虽积极出台了《关于解决未参保集体企业人员退休人员基本养老保障等遗留问题意见》等政策，指出大集体员工可以补缴参保费用形式入保，但补缴费用额度较高，形成较重个人负担。以淮南市为例，大集体员工一次性需补交3.4万元，即使在满足优惠政策的条件下，最低缴费金额也不得低于2万元。据不完全统计，只有15%资源型城市的大集体贫困群体选择补缴参保费，政策实施的效果欠佳。

“4050”问题突出。首先，为了达到国有企业“减员增效”的目的，对部分“4050”实施“提前退养”。但在此过程中，政府和企业为了减轻资金负担和减小改革阻力，采取“只计不提”，造成养老保险账实不符，致使“4050”真正退休时办理养老保险困难。其次，对因缺乏稳定收入而个人缴纳养老保险金困难的“4050”下岗贫困群体来说，即使安徽省给予“4050”社保补贴优惠政策，但受限于政策补贴的期限短、门槛较高、审核条件苛刻，大部分“4050”困境仍无法改变。

3. 制度碎片化严重

制度碎片化是因为长期以来社会保障体系始终作为一种“救济补缺”手段而存在，甚至对其改革与完善也处于一种应急状态，是用其去解决发生的某种社会问题。比如，城市最低生活保障制度的建立是为了快速解决因体制改革产生的下岗贫困群体的生存问题。制度碎片化不仅增加制度运行成本、制约制度本身的可持续运行与健康发展，还会影响减贫效果和社会稳定和谐。安徽省资源型城市制度碎片化现象尤为突出：首先，社会保障制度设计上存在城乡分立状况，表现在城乡社会保障在救助水平、救济待遇、救助程序等方面均存在明显差异。2021 年淮北市城乡平均低保标准为 673 元，淮南市城乡平均低保标准为 671 元，低于全省低保平均水平。其次，不同资源型城市社会保障体系差异明显。受限于各地经济发展、政府财政水平、生活条件等因素，区域间的保险收益、基金统筹、救助水平差异极大。最后，安徽省资源型城市社会保障体系的制度间协调不足。多头管制，甚至一种制度多部门管理，各制度间缺乏有效协调与有机衔接。

（六）沉陷区治理与环境问题

经过多年大规模粗放式、掠夺式资源开采，资源采掘区的地面沉陷使附近棚户区出现大面积塌陷，并与大量职工失业、环境污染、农民失地问题结合在一起，提升了城市沉陷区治理的难度，加剧了城市的贫困。截至 2020 年年底，全省共有采煤沉陷区 105 个，总面积达 108.4 万亩，严重威胁着居民生命财产安全，影响着群众生产与生活。由于沉陷区扩大的速度超过沉陷区治理的速度，淮南市农民失地问题日益加剧。为此，资源型城市采取异地迁移安置、失地补偿为主的应对措施，保障沉陷区附近居民、失地农民的生存安全与生活稳定。但按照异地迁移的规定，人均补偿面积过小，仅为 32 平方米，且安置地点位于城市边缘地段，与群众期望值相去甚远，使群众失去迁移的动力，造成异地迁移工程难推进；补偿标准较低，失地农民青苗补偿费淮南市为每年每亩最高 2020 元，淮北市为 1700 元，农民的利益难保障。城市在“先生产，后生活”的发展理念下，忽视生态建设，致使生态环境退化严重；工业发展产生了大量的“三废”，造成水源污染、空气质量下降、土壤污染。以淮北市为例，淮北市工业污水排放严重污染了地表水，人均水资源占有量为 398 立方米，不足全省平均水平的 1/3、全国平均水平的 1/5。空气可吸入颗粒物为 77 微克/立方米，低于国家标准，空气质量差，环境治理难度大。

综上所述，近几年，安徽省资源型城市在脱贫人数、贫困发生率、生活质量等方面脱贫成效显著，但仍面临着较多的难题，为巩固拓展脱贫攻坚成果，达成2035年基本实现社会主义现代化的目标，亟待解决当前的困难。

第三节　安徽省资源型城市贫困治理评估实证分析

安徽省资源型城市贫困问题由来已久，经过多年的努力，贫困发生率、失业率显著下降，脱贫人数持续升高，生活质量明显提高。同时，在经济、社会、环境等方面有了极大的改善，呈现良好的发展态势。但根据上述分析，安徽省资源型城市反贫困仍存在突出的问题。当前，安徽省乃至整个中国扶贫工作都已进入攻坚拔寨的决胜期，在此关键点上，安徽省资源型城市必须着力解决贫困治理的突出问题，提高贫困治理能力，加快贫困治理与反贫困进程，巩固和拓展脱贫攻坚成果。本节对淮南市、淮北市、铜陵市、亳州市、宣城市、宿州市6个安徽省资源型城市贫困治理成效进行实证分析，通过构建贫困治理评价体系，深入探讨安徽省资源型城市贫困治理能力与反贫困成效，为下文有针对性地提出相关政策建议提供依据，对其提高贫困治理水平、巩固贫困治理成果，党和政府下一步制定和实施“收官之战”扶贫举措具有重要意义。

一、方法与模型

前文探讨了安徽省资源型城市反贫困情况，发现在贫困识别、经济可持续性发展、政府财政能力、再就业、社会保障体系和沉陷区治理与环境6个方面问题尤为突出。本节基于这些突出问题来构建贫困治理评价体系。考虑到这些问题涉及层面的多样性与复杂性，简单地按照单因素方法进行评估，不能准确、客观地反映贫困治理情况与水平。同时，贫困治理体系还应客观地反映各个层面对贫困治理影响程度的大小。综观现有的文献发现，目前学者构建贫困治理评价体系以及绩效评估的主流分析法是熵值法（吴炯丽、宋建华，2015；何潇蓉、王晓荣、吴玉婷、任贺宇、杜乾立，2018；罗登楠、谭子旋、刘亦文、厉亚、李毅、邓晶晶等，2019）、层次分析法（祝汉顺、李瑞华，2013；付英、马燕，2014；杜栋、郝鹏飞，2018；等等）、主成分分析法（喻军，2011；焦克源、徐彦平，2015）。

层次分析法属于主观评价方法，通过咨询专家意见，在专家的知识和经验基础上进行研究，但其存在定性成分较多，定量数据较少等缺点，研究结果的可信度和认可度较低。主成分分析法是把复杂的多维度指标转化为少数几个综合指标，用这些不相关的综合指标去代替原有的大部分变量，从而达到降低维度、简化问题的目的。但这些综合指标所包含的内部变量是高度相关的，因而目前学者运用主成分分析法建立贫困治理模型的较少。

熵值法起源于德国，由物理学家克劳修斯（K. Clausius）于 1856 年年初次创立使用。该方法主要适用于评估实践，在评估实践中，评估数据信息量越大，其指标的不确定性与准确性就越小，熵值也就越小；反之，熵值就越大。将各项指标形成一个评估原始矩阵，通过运算法则对原始矩阵进行处理得出指标权重值。具有客观性、指标覆盖全面的优势，并且数据之间没有相关性的要求。因此，本节采用熵值法来构建贫困治理评价体系。

二、指标的选取

资源型城市的贫困治理评价体系是一个多层次、多因素的综合评估体系，指标的选取涉及多方面。基于上一节分析安徽省资源型城市面临贫困治理的难题所涉及的经济、财政、社会、环境、科技与教育等方面，本节在上一节涉及的方面选取关键指标，通过这些关键指标构建贫困治理评价体系，以此直观地反映资源型城市贫困治理能力以及经济发展、社会保障水平、财政能力、生态环境、贫困识别和科技与教育在贫困治理中的作用与水平。因此，分别设置经济发展、财政能力、贫困识别、社会保障水平、生态环境和科技与教育 6 个二级子系统，共计 30 个三级指标构建贫困治理评价体系（见表 12-3）。

表 12-3　贫困治理评价体系构建

一级指标	二级指标	三级指标
贫困治理评价体系	经济发展（B1）	GDP 增长率（%）（C1）
		第二产业占 GDP 比重（%）（C2）
		第三产业占 GDP 比重（%）（C3）
		金融机构贷款余额增长率（%）（C4）
	财政能力（B2）	地方财政收入（亿元）（C5）
		地方财政支出（亿元）（C6）
		财政自给率（%）（C7）
		人均财政收入（元）（C8）
	贫困识别（B3）	绝对贫困/相对贫困（万人/万人）（C9）
	社会保障水平（B4）	人均社保水平（人/元）（C10）
		社保支出水平（万元）（C11）
		社会保障支出增长率/GDP 增长率（%）（C12）
		失业率（%）（C13）
		城镇基本养老保险参保人数（万人）（C14）
		城镇基本医疗保险参保人数（万人）（C15）
		城乡人均社保水平比值（C16）
		城镇再就业岗位数（万个）（C17）
		医疗机构数（个）（C18）
		专业卫生技术人员（个）（C19）
		医院床位数（张）（C20）
	生态环境（B5）	人均日可用水资源（立方米）（C21）
		空气可吸入颗粒物（C22）
		工业废水排放量（万吨）（C23）
		工业废气排放量（亿立方米）（C24）
		工业固定废弃物排放量（万吨）（C25）
		沉陷区治理面积/现有沉陷区面积（%）（C26）
	科技与教育（B6）	人均教育年限（年）（C27）
		研究与试验发展（R&D）人数（人）（C28）
		高等学校在校学生数（人）（C29）
		研究与试验发展（R&D）经费支出（万元）（C30）

（一）经济发展

经济发展用来衡量资源型城市经济增长水平和经济可持续发展能力。经济发展，城市整体经济实力增强，社会财富积累迅速，产业快速发展，提高政府财政能力，提高社会福利和社会保障水平，从而增加贫困人口救济，进而改善贫困。城市经济水平提高是贫困治理的基础，城市有充足的资金才能缓解贫困、改善民生。因此，经济发展是贫困治理评价的主要指标。经济发展指标主要包括：①GDP 增长率。②第二产业占 GDP 比重。③第三产业占 GDP 比重。第二产业占 GDP 比重与第三产业占 GDP 比重反映的是一个城市的产业结构。对于依托单一资源型产业发展的资源型城市而言，产业结构不均衡发展是影响资源型城市经济结构和经济发展的主要因素。要想使得资源型城市经济增长和经济可持续发展，就必须提高第三产业占比，降低第二产业占比。④金融机构贷款余额增长率。主要体现资源型城市在反贫困与贫困治理过程中的金融支持力度。

（二）财政能力

财政能力反映的是政府财政收支、财政自给、人均财政收入等情况。财政水平的高低是影响贫困治理的重要因素。地方财政收入数值越高，政府提供的资金支持力度越大。地方财政支出是地方政权为行使其职能，保障相关机构运转与社会安定，对筹集的财政资金进行有计划的分配与使用。地方财政支出越少，则地方反贫困财政能力越弱。财政自给率是地方本级财政收入与地方最终财政支出的比例关系。财政自给率可以反映出地方政府自身财源是否充足，政府是否有能力分配和补给反贫困所需的资金。财政自给率过高说明过多地依赖中央政府及其他外界的财政支援，并不利于城市的贫困治理。

（三）贫困识别

贫困识别是城市的绝对贫困人数与相对贫困人数两者的比值，是衡量贫困识别是否存在偏差的重要指标。随着反贫困的推进，贫困表现由绝对贫困转向相对贫困。

（四）社会保障水平

社会保障水平主要反映的是社会保障体系的整体水平、城乡社保差距情况、失业与就业、医疗卫生条件等，包括以下几个方面：①城市社保支出；②人均社保收入；③城镇登记失业率；④城镇基本养老保险参保人数；⑤城乡人均社保水平比值，城乡人均社保水平比值是城镇人均社保水平与农村人均社保水平的比值，表现的是城乡人均社保水平的差距；⑥城镇再就业岗位数；⑦医疗机构数；⑧医院床位数。

（五）生态环境

生态环境主要是从环境污染和环境治理两个角度确定指标。资源型城市秉承“先生产，后生活”的方针，相对于一般城市而言，工业污染更为严重，生活环境更为恶劣。生存环境质量的高低直接影响着贫困治理的进展。生态环境指标包括：①人均日可用水资源；②空气可吸入颗粒物；③工业废水排放量；④工业废气排放量；⑤工业固定废弃物排放量；⑥沉陷区治理面积/现有沉陷区面积。

（六）科技与教育

我国20世纪90年代提出科教兴国战略。从微观层面来说，科技教育可以解决个人能力贫困、摆脱家庭贫困代际传递，培养个人自力更生的能力。从宏观角度来说，科技教育是资源型城市实现长效脱贫的根本举措。科技创新为资源型城市产业转型与结构调整提供条件，发展经济，吸引企业和人才流入。因此，科技教育对于资源型城市的贫困治理具有重要意义。一个城市的科技教育体现在以下几个方面：①人均教育年限；②研究与试验发展（R&D）人数，研究与试验发展指在科学技术领域为增加知识总量（人类文化与社会知识的总量），以及运用知识去创造新的应用，进行系统的创造性的活动，这一指标客观地反映出地方参与科研水平以及科技成果的人数；③高等学校在校学生数；④研究与试验发展（R&D）经费支出。

三、实证研究

贫困治理评价体系涉及的指标较多，为保证数据的“系统性、全面性、科学性、可操作性”，本书选取淮南市、淮北市、铜陵市、亳州市、宣城市、宿州市6个安徽省资源型城市作为实证分析的对象，主要是上述城市的贫困人数占到安徽省资源型城市贫困人口的80%，因此选取这6个资源型城市2013—2017年贫困治理情况进行实证分析，探讨安徽省资源型城市六大维度的贫困治理情况、城市贫困治理能力以及存在的不足与问题，有针对性地对安徽省资源型城市提供政策建议。主要数据来源为《安徽统计年鉴》、各资源型城市统计年鉴、政府工作报告等。

（一）数据处理

1. 无量纲化处理

数据处理结果见表12-4。

表12-4　2017年六大资源型城市无量纲化数据处理结果

指标	亳州	宿州	淮南	淮北	铜陵	宣城
GDP增长率（%）	1.000	0.989	0.750	0.859	0.891	0.924
第二产业占GDP比重（%）	0.966	0.596	0.768	0.647	0.596	0.763
第三产业占GDP比重（%）	0.952	1.000	0.902	0.788	0.744	0.895
金融机构贷款余额增长率（%）	1.000	0.493	0.352	0.317	0.100	0.486
地方财政收入（亿元）	0.662	0.700	0.708	0.431	0.541	1.000
地方财政支出（亿元）	0.939	1.000	0.674	0.442	0.463	0.790
财政自给率（%）	0.573	0.632	0.838	0.791	0.953	1.000
人均财政收入（元）	0.339	0.076	0.538	0.121	0.890	1.000
绝对贫困/相对贫困（万人/万人）	0.019	0.018	0.034	0.042	0.020	1.000
人均社保水平（人/元）	0.701	0.460	0.945	0.756	2.176	0.942
社保支出水平（万元）	1.000	0.718	0.909	0.453	0.444	0.680
社会保障支出增长率/GDP增长率	0.690	0.429	1.000	0.400	0.462	0.314
失业率（%）	0.942	0.860	0.835	1.000	0.906	0.855
城镇基本养老保险参保人数（万人）	0.068	1.000	0.102	0.124	0.095	0.159
城镇基本医疗保险参保人数（万人）	0.163	0.546	0.458	0.500	0.358	1.000
城乡人均社保水平比值	0.933	0.824	0.737	0.875	1.000	0.875
城镇再就业岗位数（万个）	0.789	1.000	0.757	0.546	0.485	0.703

续表

指标	亳州	宿州	淮南	淮北	铜陵	宣城
医疗机构数（个）	0.020	1.000	0.007	0.032	0.025	0.006
专业卫生技术人员（个）	0.994	0.011	1.000	0.693	0.503	0.795
医院床位数（张）	0.907	1.000	0.614	0.627	0.376	0.452
人均日可用水资源（立方米）	0.756	0.421	0.514	0.514	1.000	0.858
空气可吸入颗粒物	0.603	0.568	1.000	0.592	0.516	0.445
工业废水排放量（万吨）	0.838	0.723	0.325	0.938	0.510	1.000
工业废气排放量（亿立方米）	0.153	1.000	0.335	0.717	0.285	0.814
工业固定废弃物排放量（万吨）	1.000	0.512	0.088	0.166	0.138	0.496
沉陷区治理面积/现有沉陷区面积（%）	1.000	0.788	0.836	0.739	0.630	0.766
人均教育年限（年）	0.860	0.902	0.972	1.000	0.962	0.898
研究与试验发展（R&D）人数（人）	0.216	0.252	0.920	0.702	0.958	1.000
高等学校在校学生数（人）	0.145	0.365	1.000	0.413	0.465	0.394
研究与试验发展（R&D）经费支出（万元）	0.126	0.274	0.418	0.487	1.000	0.427

2. 2017 年 6 个资源型城市三大权重结果

2017 年 6 个资源型城市三大权重结果见表 12-5。

表 12-5 2017 年 6 个资源型城市三大权重结果

指标	e_j	g_j	w_j
GDP 增长率（%）	0.525	0.475	0.030
第二产业占 GDP 比重（%）	0.522	0.478	0.030
第三产业占 GDP 比重（%）	0.525	0.475	0.030
金融机构贷款余额增长率（%）	0.475	0.525	0.033
地方财政收入（亿元）	0.517	0.483	0.030
地方财政支出（亿元）	0.513	0.487	0.031
财政自给率（%）	0.526	0.474	0.030
人均财政收入（元）	0.444	0.556	0.035
绝对贫困/相对贫困（万人/万人）	0.160	0.840	0.053
人均社保水平（人/元）	0.488	0.512	0.032

续表

指标	e_j	g_j	w_j
社保支出水平（万元）	0.514	0.486	0.031
社会保障支出增长率/GDP 增长率	0.503	0.497	0.031
失业率（%）	0.526	0.474	0.030
城镇基本养老保险参保人数（万人）	0.355	0.645	0.041
城镇基本医疗保险参保人数（万人）	0.490	0.510	0.032
城乡人均社保水平比值	0.525	0.475	0.030
城镇再就业岗位数（万个）	0.519	0.481	0.030
医疗机构数（个）	0.118	0.882	0.056
专业卫生技术人员（个）	0.469	0.531	0.033
医院床位数（张）	0.510	0.490	0.031
人均日可用水资源（立方米）	0.513	0.487	0.031
空气可吸入颗粒物	0.516	0.484	0.031
工业废水排放量（万吨）	0.478	0.522	0.033
工业废气排放量（亿立方米）	0.478	0.522	0.033
工业固定废弃物排放量（万吨）	0.438	0.562	0.035
沉陷区治理面积/现有沉陷区面积（%）	0.518	0.482	0.030
人均教育年限（年）	0.526	0.474	0.030
研究与试验发展（R&D）人数（人）	0.487	0.513	0.032
高等学校在校学生数（人）	0.484	0.516	0.033
研究与试验发展（R&D）经费支出（万元）	0.478	0.522	0.033

（二）计算结果

数据指标经过同度量化处理，计算出熵值与纵向指标差异性系数与熵权，最后计算各指标得分以及综合得分。安徽省 6 个资源型城市经济发展、社会保障水平、生态环境、贫困识别、财政能力、科技与教育 6 个维度 2013—2017 年的得分及综合得分如表 12-6 至表 12-11 所示。

表 12-6 2013—2017 年亳州市经济发展、社会保障水平、生态环境、贫困识别、财政能力、科技与教育得分以及综合得分

单位：分

指标	2017 年	2016 年	2015 年	2014 年	2013 年
经济发展指标	84.305	74.429	68.862	56.322	58.824
财政能力指标	63.920	60.029	57.566	53.632	49.224
贫困识别指标	12.394	20.331	34.085	29.674	26.678
社会保障水平指标	81.417	70.510	64.305	75.915	55.503
生态环境指标	74.711	67.796	67.792	75.306	83.056
科技与教育指标	79.688	72.711	59.060	53.955	52.704
综合得分	97.923	92.033	85.985	89.752	81.367

表 12-7 2013—2017 年宿州市经济发展、社会保障水平、生态环境、贫困识别、财政能力、科技与教育得分以及综合得分

单位：分

指标	2017 年	2016 年	2015 年	2014 年	2013 年
经济发展指标	57.66	60.79	57.29	58.97	56.15
财政能力指标	64.46	61.16	56.71	53.15	47.59
贫困识别指标	32.99	22.42	20.79	24.57	18.41
社会保障水平指标	77.93	76.27	68.73	68.34	70.91
生态环境指标	81.50	78.67	69.30	66.87	72.81
科技与教育指标	70.33	57.50	66.96	39.59	44.92
综合得分	95.89	84.07	79.32	73.21	74.20

表 12-8 2013—2017 年淮南市经济发展、社会保障水平、生态环境、贫困识别、财政能力、科技与教育得分以及综合得分

单位：分

指标	2017 年	2016 年	2015 年	2014 年	2013 年
经济发展指标	60.147	59.607	50.681	49.044	62.000
财政能力指标	58.356	54.528	46.202	49.034	60.918
贫困识别指标	33.578	22.460	20.737	20.314	15.857
社会保障水平指标	81.142	71.729	58.831	69.560	64.075
生态环境指标	81.938	74.365	58.684	60.826	70.949
科技与教育指标	59.671	61.600	62.653	61.192	64.423
综合得分	97.152	89.509	76.500	81.638	87.193

表 12-9　2013—2017 年淮北市经济发展、社会保障水平、生态环境、贫困识别、财政能力、科技与教育得分以及综合得分

单位：分

指标	2017 年	2016 年	2015 年	2014 年	2013 年
经济发展指标	56.025	54.353	45.294	53.846	62.267
财政能力指标	63.492	61.763	62.823	57.864	55.913
贫困识别指标	18.236	34.458	23.305	21.683	13.365
社会保障水平指标	85.495	75.707	73.367	64.652	60.650
生态环境指标	87.353	75.702	65.751	73.184	82.806
科技与教育指标	67.513	65.225	62.383	58.097	56.579
综合得分	90.598	84.837	78.628	76.327	76.810

表 12-10　2013—2017 年铜陵市经济发展、社会保障水平、生态环境、贫困识别、财政能力、科技与教育得分以及综合得分

单位：分

指标	2017 年	2016 年	2015 年	2014 年	2013 年
经济发展指标	47.224	56.996	62.645	51.596	54.161
财政能力指标	59.887	61.685	53.978	54.098	52.809
贫困识别指标	33.848	27.129	18.620	14.177	20.242
社会保障水平指标	96.537	79.924	58.663	57.881	54.118
生态环境指标	77.715	68.710	63.825	67.372	80.199
科技与教育指标	73.834	63.687	55.266	56.190	47.555
综合得分	93.431	84.598	72.170	70.122	70.316

表 12-11　2013—2017 年宣城市经济发展、社会保障水平、生态环境、贫困识别、财政能力、科技与教育得分以及综合得分

单位：分

指标	2017 年	2016 年	2015 年	2014 年	2013 年
经济发展指标	57.895	59.284	52.518	56.711	63.011
财政能力指标	64.109	54.815	53.521	50.604	46.454
贫困识别指标	49.585	4.677	3.652	2.908	2.260
社会保障水平指标	76.607	67.033	66.776	59.727	59.761
生态环境指标	92.677	77.402	69.942	66.066	68.264
科技与教育指标	62.426	59.035	58.279	55.520	53.217
综合得分	90.723	77.088	73.628	69.662	70.019

（三）结果分析

如表 12-12 所示，总体而言，2017 年亳州市、宿州市、淮南市、淮北市、铜陵市以及宣城市 6 个资源型城市贫困治理水平较高，均在 75 分以上，最高达到 89.314 分，表明近几年反贫困成效显著，6 个资源型城市贫困治理能力较强。同时，也客观地反映出经济发展、财政能力、生态环境、贫困识别、社会保障水平、科技与教育六大维度在贫困治理中发挥着不同程度的减贫作用。根据各维度的得分结果，发现社会 2013—2017 年保障水平均高于其他五大维度，说明 6 个资源型城市的社会保障在贫困治理与反贫困中能力较强，发挥着“兜底”与“最后一张安全网”的减贫作用。但在贫困识别、科技与教育两个维度，资源型城市整体水平较低。在贫困识别这一维度中，资源型城市的贫困识别能力较弱，均在 10 分以下，说明现有的贫困识别机制不完善，2017 年淮北市的贫困识别覆盖面仅为 66%；淮南市的贫困识别偏差达到 27%，这表明贫困识别机制存在识别覆盖范围小、识别偏差较大的严重问题。在科技与教育方面，各个资源型城市得分均在 55 分以下，表明 6 个资源型城市在人均教育年限、研究与试验发展（R&D）人数、高等学校在校学生数、研究与试验发展（R&D）经费支出 4 个方面较为欠缺。

表 12-12　2017 年 6 个资源型城市经济发展、社会保障水平、生态环境、贫困识别、财政能力、科技与教育得分以及综合得分

指标	2017 年	2016 年	2015 年	2014 年	2013 年	指标
经济发展指标	60.704	53.297	42.680	40.241	35.747	47.290
财政能力指标	46.010	37.420	43.643	27.989	45.713	60.208
贫困识别指标	1.973	1.954	3.226	3.226	2.049	53.465
社会保障水平指标	75.365	92.110	77.358	63.356	72.028	71.505
生态环境指标	70.348	56.541	48.796	58.747	48.840	70.574
科技与教育指标	21.550	28.700	53.013	41.606	54.351	43.590
综合得分	88.613	89.314	86.652	75.066	83.205	89.314

1. 亳州市

具体地对各资源型城市的各个维度进行分析，亳州市 2017 年贫困治理城市综合得分在6个资源型城市中最高。亳州市在2014年城市转型成效显著，其中经济转型效果明显，产业结构改善，第二产业占GDP比重与第三产业占GDP比重相等，2015—2017年第二产业占GDP比重超过第三产业占GDP比重，“一业独大”现象得到改善；在科技与教育方面，虽然科技与教育得分近5年逐渐提高，呈现良好的发展趋势，但与其他城市相比，亳州市的科技与教育水平起点较低。即使该市2013—2017年参与研究与试验发展（R&D）的人数、研究与试验发展（R&D）经费支出大幅度增加，城市注重发展教育与科技，可城市的科技与教育水平仍处于落后状态；在贫困识别方面，2013—2017年，亳州市贫困识别维度整体在六大维度中呈现最低状态，说明贫困识别机制方面仍存在明显的欠缺。

2. 宿州市

宿州市虽然科技与教育水平（得分）从2013年的44.92上升至2017年的70.33，贫困治理能力得到较快的提升，但是宿州市的人均受教育年限仅为8.6年，这表明宿州市存在大量未完成九年基础义务教育的群体，受教育层次低，再加上长期从事单一采掘业，技能单一，学习新知识和掌握新技能的能力有限，无法适应劳动市场需求的变化，使居民难以脱贫，亳州市（人均受教育年限8.2年）、宣城市（人均受教育年限8.5年）也面临着相同的情况。

3. 淮南市

淮南市2013—2017年科技与教育水平降低9%，并呈现下降趋势。主要是近5年内，淮南市参与研究与试验发展（R&D）人数、高等学校在校学生数以5%的速率减少，研究与试验发展（R&D）经费投入与支出缩减率竟达到29%，这些因素制约着科技与教育在贫困治理中的作用。在财政能力方面，淮南市的问题较为突出，2013年财政自给率为65.5%，而2017年仅为42.4%，说明淮南市财政自给严重不足，地方财政收入无法维持一半的财政支出；人均财政收入不到3000元，与2013年水平一致，可见淮南市财政能力相当薄弱。

4. 淮北市

淮北市的经济发展情况不容乐观，淮北市是安徽省典型的资源型城市，虽经过多年经济转型，但三产比例不协调、第二产业（资源产业）突出，“一业独大”的局面没有得到根本性转变：第二产业占 GDP 的比重高达 56.7%，而第三产业仅为 36%。产业结构的严重失衡，导致经济结构脆弱，使淮北市的经济发展动力不足，影响着城市反贫困能力。同时，淮南市、铜陵市（第二产业占 GDP 的比重高达 61.6%，第三产业的比重为 34%）在经济能力方面也面临着同样的困难。

5. 铜陵市

目前，铜陵市经济发展能力（得分）在 6 个资源型城市中处于最低状态，除了上述产业结构失衡问题，金融机构贷款余额增长出现乏力现象，2017 年铜陵市金融机构贷款余额增长率为 2.9%，直接影响着次年小额信贷发放情况，难以满足广大贫困群体的小额贷款的金融需求。在生态环境方面，铜陵市处于劣势，沉陷区治理问题尤为突出，铜陵市沉陷区治理率仅达到 52%，沉陷区大面积的存在制约着贫困居民的生产生活条件，严重威胁着贫困居民的生存。同时，城市污水排放严重污染地表水，市人均可用水资源占有量仅为全省平均水平的 25%。空气可吸入颗粒物为 88 微克/立方米，低于国家标准，空气质量差，工业废气排放量高至 3104 亿立方米，工业“三废”问题严重。此外，铜陵市经济发展（2017 年得分为 47.2 分）方面的问题主要是，为解决产业失衡问题，大力培育新能源汽车、智能产业集群等新兴制造业产业集群等第三产业，虽然可以给地方带来一定的经济增量，但资本、技术密集型产业对从业的劳动者的技能、文化知识要求较高，吸纳技能单一、文化程度低的贫困劳动力有限，城市再就业岗位不到 1 万个，产业再就业岗位供给严重短缺。

6. 宣城市

宣城市社会保障水平在六大资源型城市中最低，其主要问题表现在以下几个方面：社会保障支出增长率/GDP 增长率为 1.9，社会保障支出速度超过经济增长速度，经济与社会保障发展不协调、适度性差；人均社保水平为 867.8 元，是六大资源型城市最低水平；城乡人均社保水平比值达到 1.6，社会保障城乡制度碎片化严重；全市医疗机构数较少，低于其余五大资源型城市，相匹配的专业卫生技术人员、医院床位数严重紧缺，医疗水平较低。城镇基本养老保险参保人数、城镇基本医疗保险参保人数分别达到 56 万与 151 万，但覆盖率仅为 84%，“4050”与“大集体”仍面临着“入保难”问题。

综上所述，在贫困治理评价体系中，科技与教育、生态环境、贫困识别、经济发展、财政能力、社会保障水平六大维度发挥着重要的减贫作用。各维度整体呈现良好的发展趋势，但是各资源型城市中各维度显现的水平不一，仍存在较多的问题，影响着各个资源型城市的贫困治理能力。为实现到 2035 年人民生活更加美好的远大目标，各个资源型城市应尽快解决科技与教育、生态环境、贫困识别、经济发展、财政能力、社会保障水平六大维度面临的难题，增加城市治理贫困的能力，减少贫困的发生，打赢脱贫攻坚的“收官之战”，为乡村振兴、全面建成小康社会打下良好的社会经济基础。

第四节　国际反贫困与贫困治理经验及启示

贫困是一个全球性的问题。不仅仅在资源型城市，无论是包括中国在内的发展中国家还是发达国家，都存在不同比例的贫困人口与不同程度的贫困。各国政府高度重视贫困问题，均采取了积极有效的反贫困措施。由于各国的国情不同，经济发展与社会水平存在差异，本节通过对发达国家与发展中国家进行贫困治理实践分析，总结它们行之有效的贫困治理经验，对安徽省资源型城市贫困治理具有借鉴意义。

一、发达国家反贫困措施

与发展中国家相比，发达国家经过多年的快速发展，经济社会水平和人均 GDP 普遍处于较高水平，而且国家、政府财力雄厚，人民生活质量较高。因此，发达国家的贫困现象有着鲜明的特征：一是贫困表现为相对贫困。居民在高水平的经济社会下极少面临绝对贫困，生存得到基本保障，主要是社会贫富差距带来的相对贫困。二是贫困人口主要集中在城市。失业是造成发达国家贫困问题产生的重要因素之一，贫困人口倾向于选择大城市谋求发展与就业，因而城市成为贫困人口主要的聚集地。如美国著名的三大贫民窟：布鲁克林、皇后区、布朗士区。三是发达国家的贫困人口带有一定的种族、性别和年龄特征。受劳动力市场上供求关系和种族歧视的影响，黑人贫困发生率远超过拉美人贫困发生率与非拉美人贫困发生率。同时，女性在就业方面的困难程度高于男性，即使就业成功，工资待遇也普遍低于社会平均水平。目前，发达国家基本都已经进入老龄化社会，无人赡养的老年人与孤儿成为发达国家贫困人口的主要构成部分。面对刻不容缓的贫困问题，以美国和英国为代表的发达国家具体做法如下：

（一）美国

美国是世界上经济水平最高、综合实力最强的发达国家，其反贫困措施最具有影响力。主要包括以下几个方面：

1. 实行政策倾斜

（1）反贫困计划。此计划分为两类：一是授权计划。通过制订详细的就业方案，促使教育机构等部门吸纳贫困失业人员；由政府主导，推动实施青年人集团计划；农业部实行乡村贷款计划，使贫困人口具备相应的贷款能力或者提供一定的初始资金。二是直接计划，如地区发展计划等。通过积极推动社会各界多方参与、各个部门相互作用，贫困发生率减少了7.9%，贫困人口减少了1310万。

（2）反贫困对策。一是学费分期制，以阻断贫困代际传递为主要目的，帮助贫困学子顺利完成学业，提高社会整体青少年文化水平；二是收入调节政策，着重聚焦在缓解社会贫富差距方面；三是负得税政策，政府通过转移支付，使收入低于贫困线的贫困家庭总收入达到贫困标准以上。

（3）公共服务政策。一是改变男女群体、种族上的收入差别；二是提高女性的社会地位，提供平等就业的机会；三是开展以老年人为受益群体的福利政策。

2. 增加就业机会

在上述一系列的贫困治理过程中，美国政府遇到的最大的阻碍是政府开支较大，预算赤字严重。其原因主要是早在1929—1933年大危机时期，美国就开始构建社会保障体系。1935年推出以老年人、儿童等弱势群体为主要对象的《社会保障法》，标志着以物资救助为核心的社会保障制度逐渐完善。但自此以后，庞大的社会福利制度也成了国家最大的支出，沉重的负担使当地政府面临着预算赤字的窘境。为了解决这一难题，当时的克林顿政府决定改变以往发放可兑现的支票等物质救济，采取将获取社会救助的权利与参加工作的义务结合起来的方式，以此来鼓励拥有自力更生能力的贫困人口摆脱贫困，有效减少贫困群体过度依赖政府福利制度的现象。1996年《个人责任与工作机会协调法案》的颁布意味着扩大就业成为解决贫困问题的主要措施。政府鼓励贫困群体积极就业，增加对穷人提供就业培训与教育的机会，使他们拥有一定的技能，获取就业机会，脱离贫困，从而在相当程度上缓解了政府赤字和资金支出的压力。

3. 重视区域协调发展

区域发展的不平衡也引起美国政府的高度关注，其将贫困群体聚集较多的区域作为贫困治理的重点，实行贫困区域援助发展政策。1933年“罗斯福新政”中，以田纳西河流域作为重点开发区域。1965年，美国政府又连续颁布《公共工程和经济开发法》（EDA）、《阿巴拉契亚区域开发法》，继续加大对贫困区域的政策支持力度。《公共工程和经济开发法》（EDA）将援助的重点放在公共工程投资上，并且提高援助区域的门槛。满足下列任何一项即可获得资格：失业率高且居高不下；中等家庭收入低于全国平均水平的40%；该区域突发性失业率提高，如关键企业倒闭。《阿巴拉契亚区域开发法》则将援助重点放在公路建设，随后又对教育、卫生等基础设施进行完善。兴办各类学校、教育机构等，加大对人力资本的投入力度；增强环境保护，提升住房等居住条件，调动地方贫困者积极性，培育区域自我发展的能力。同时，提供必要的援助发展配套资金与优惠的地方政策，加强与周边区域的经济合作与交流。

4. 发展经济

1960年美国政府提出“旅游扶贫”等特色产业，它通过发挥资源优势，将当地特色景点项目发展成为旅游胜地，除了在短时间内提高当地的经济水平外，还可快速发展服务业，增加就业岗位，吸纳贫困劳动力。依靠旅游业兴起的贫困地区阿巴拉契亚，到1980年，游客接待量就达到3000万人次。在农村贫困地区，美国政府一直把养殖业、农产品加工业作为国民经济的基础、“提供可靠的收入安全网”。但由于养殖业与农作物易受自然灾害和市场需求的影响，美国政府注重发展农业保险业，为贫困地区农民提供农业保险及费率补贴。在美国推出的《联邦受援助区和受援社区法案》中，拨款25亿美元、10亿美元分别无偿用于粮食补贴、农民保险、农民合作社和订单式保险，为农村地区提供经济可持续发展机会。

（二）英国

欧洲四大经济体之一的英国作为高度发达的资本主义国家，也面临着贫困难题，其反贫困措施也为世界减贫贡献出宝贵经验。

1. 加大财政转移支付力度

英国国民拥有世界较高水平的福利政策，政府的财政收入与财政支出有着不对称的特点：增值税、个人所得税等的征收范围为全国；在支出方面，除了失业金、住房补助金等是按统一标准发放外，教育与医疗服务则是由中央政府根据相关政策，进行标准性发放，贫困群体可以免缴纳某些税项。

2. 人口迁移与产业引进

英国对待贫困落后的地区，采取迁移与引进政策。将失业率高的贫困人群迁移到发达地区，直接降低当地的失业率。再进行招商引资，以资金补贴、优惠政策引入企业，从而进行产业调整，重新规划落后地区的要素配置，促使地区改变贫困落后的局面。

二、发展中国家反贫困措施

发展中国家一般是指社会经济发展水平介于“发达”与“一般不发达”之间的国家，其人均国民生产总值和社会财富都处于中等状态。发展中国家的贫困问题的主要特征：一是贫困表现为绝对贫困。世界贫困人口中，那些难以维持基本生存的贫困群体主要集中在发展中国家。二是发展中国家的贫困人口主要集中在农村区域，兼具城市贫困与农村贫困。可见，相较于发达国家，发展中国家贫困程度更严重，贫困人口数量庞大，反贫困难度更大。我国是贫困人口数量世界第二多的发展中国家，积极探讨发展中国家反贫困的成功措施，对加快我国推进反贫困工作具有重要意义。

（一）巴西

巴西政府根据“增长极”发展理论，希望发展某个地区成为一个“增长中心”，通过这个“增长极”辐射周边地区，以此带动经济增长，缓解当地贫困，提高当地贫困人口及政府的财力。巴西政府以“增长极”为贫困治理的理论基础，实施各项扶贫政策。

1. 加快发展经济

为了更好地实行反贫困措施，巴西政府将首都由里约热内卢迁往人烟稀少的巴西利亚，充分发挥全国政治、经济和交通中心的作用，其辐射力可以达到边远地区，以期快速实现内地地区的经济增长。同时，在亚马孙地区设立自由贸易区，利用亚马孙流域的地理和资源优势，积极发展贸易，吸引国内外企业到当地发展，制定专门的优惠政策吸引优质项目，以外来资本补齐财政投入不足的“短板”，带动本地经济发展。1974 年，亚马孙地区已经相继建立了 17 个发展极，有效转移了农村剩余劳动力。亚马孙地区成功形成发展极网络后，经济和社会水平得到明显提升。

2. 提高人力资本水平

为了提高欠发达地区教育水平，巴西政府设立东北部教育基金，推出“远距离教学计划”，以卫星电视为中介，在各偏远地区开展教学，并免费为贫困人群发放教科书，降低了贫困落后地区的文盲率。同时由政府主导，对贫困人群进行生产技能培训，再由专业人员通过网络平台对学习者进行规划指导，为企业输送新兴复合型人才，加大人力资本投入力度，提高居民正规就业比重。

3. 生态补偿机制

经过多年的经济开发，巴西生态环境破坏严重，生活环境恶劣，巴西政府已意识到环境保护和生态补偿的重要作用。巴西各州政府首先根据自身条件和财力情况建立健全相关法规法治，明确对生态环境补偿的政府转移支出范围与金额，强制对开发商收取生态环境补偿税。规定在农田种植中，一半种植农作物，另一半需要保留为森林，明确森林产权和森林管理权。同时，以资源破坏程度和范围为指标制定惩戒标准，向开发商进行索赔。另外，巴西政府规定开发商要获得土地准用权，需要拿出总投资的0.5%作为环境赔偿金，环境保护机构负责征收并使用赔偿资金，为巴西建设环境保护与生态补偿体系提供重要的资金来源。对于资金筹集不到位的情况，巴西政府1989年建立环境基金会（FNMA），主要负责筹款事项和本国环境保护政策的顺利实施。

（二）印度

和中国国情相似，印度也是个人口数量大国，由于现代科学技术和医疗水平的提升，印度的死亡率数值较低，并且国家实行无节制的计划生育，导致其人口增长率近几年来持续攀高。预计到2050年印度人口将会突破16亿，成为世界上第一人口大国。在此背景下，印度国家贫困问题和贫困数量也是全球性关注的焦点。综合来看，印度近几年的反贫困措施的亮点主要表现在以下方面：

1. 发挥金融机构扶贫作用

印度积极发挥银行等金融机构在扶贫开发方面的作用，为贫困人群降低融资门槛，为其提供初始资金，增加贷款的可能。增设商业银行农村分支银行，建设地区性农业银行等政策银行。对贫困人群实行差别利率，并且重视利用外资来弥补本国资金的不足。1991年，印度金融机构开展NABARD模式进行小额信贷，促使非正规农户互助组与正规金融机构合作。NABARD对农村互助小组（15~20名）进行培训，鼓励农户互助组内部先进行贷款活动，NABARD通过验收后，直接或者通过基层商业银行间接向农户互助组发放贷款。2016年，NABARD提供了12143.03亿卢比的小额贷款资金支持，对印度贫困群体的小额贷款的推广及普及起到了促进作用。

2. 健全社会保障制度

为解决贫困人群基本生存问题而建立起来的基本社会保障制度，主要包括：一是发展公营分配制度。此制度是通过制定合理的基本消费品价格而解决贫困群体的生存问题。它实际上是由政府建立控制基本消费品价格的平价商铺，这些商铺在政府的支持下源源不断地给贫困人口提供平价的基本消费品。二是实行全民免费医疗制度。政府医院在其中发挥着举足轻重的作用，它负责全民免费医疗制度的落实，使贫困人群实现医疗救助，对减少因病致贫起到了积极作用。但总体而言，相比发达国家，印度社会保障制度建设较晚，仍处于发展初期，水平较低。

3. 国际组织积极参与

国际组织联合国儿童基金会（UNICEF）为解决印度严重的贫困问题，以印度贫困地区的农村妇女为主要扶贫对象，在提高贫困妇女个人能力的同时，努力开展各项增加收入的经济活动。国际货币基金组织（IMF）虽然并不直接推动贫困地区的发展，但是为贫困地区的银行提供业务（小额信贷等）和资金支持，也间接地为反贫困事业助力，发挥重要的国际组织援助功能。世界银行（IBRD）加强对印度贫困地区的援助，建议印度政府调整贷款，同时推动多地区贸易自由化，为印度反贫困作出重要贡献。

三、国外反贫困经验启示

（一）经济发展是摆脱贫困的基本途径

在发达国家和发展中国家的反贫困措施中都将以经济增长为主要目标的经济发展作为摆脱贫困的基本措施。各国政府都力求在促进经济增长的同时，缓解贫困等社会问题。发达国家的绝对贫困问题已经基本得到解决，很大程度上是由于国家经济水平和经济增长速度均处于较高和较快的状态，即经济处于可持续发展阶段。经济处于可持续发展阶段的国家，经济实力提升较快，解决贫困问题所需的财力和物力积累迅速，能够有效降低贫困程度。安徽省资源型城市应加快培养城市的经济可持续发展能力，寻找新的经济增长点，以新产业、新技术等作为经济发展的新动力，调整产业结构，发展金融扶贫等。

（二）政策倾斜为反贫困提供体制保障

无论是发达国家还是发展中国家都采用立法、建立健全法律机制的政策倾斜制度为贫困群体提供保障。因为贫困的产生并不仅仅是个人的原因，还有经济变革和社会转型使他们失去生存的基本权利的原因。同时，反贫困措施以法律的形式固定下来，并且强制执行，可以加大反贫困的力度。由国外实践经验可知，适当的政策倾斜可以为贫困地区提供优先发展的机会，可以加快社会保障、环境保护、教育及培训、基础设施、小额信贷等方面的发展，尤其是社会保障制度。各国应积极努力完善社会保障制度，发挥社会保障制度的兜底作用，为其提供必要的人力、物力和财力，加快缓解地方贫困。安徽省政府应加快建设健全资源型城市包括社会保障制度在内的相关制度。

（三）教育与产业就业是反贫困的根本措施

分析发达国家和发展中国家的反贫困经验均发现，各国均将教育与就业放在重要位置。通过提供教育与培训，提升劳动力素质，为增加就业机会提供前提，加大教育投入的力度，有效阻断贫困代际传递。政府通过产业调整、发展特色产业，增加与企业合作，增加就业岗位，吸纳劳动力，鼓励贫困群体自食其力，有效持续脱贫。安徽省资源型城市应大力发展农业、服务业，为农民购置农业保险，发展旅游等特色产业，扶持接续产业或者替代产业。

（四）加强合作是贫困地区自我发展的关键环节

这里的合作是指与发达地区的区域合作，与国际援助组织、非政府组织的扶贫合作。借鉴各国经验发现，美国、英国、巴西等国重视贫困地区的贫困治理，实行将人口迁移至发达地区、通过产业引进调整产业结构、修建公路加强与外界联系、政策倾斜提供有力保障等措施，无非希望将发达地区优秀资源引进，使欠发达地区多渠道受到发达地区的辐射，以推动其实现经济增长。安徽省资源型城市应加强与非资源型城市、国际组织合作，借此发展贫困地区。

（五）生态补偿与财政能力是反贫困的有效举措

通过建立生态环境补偿机制、增设环境补偿税、提高环境开发的门槛、对开发环境破坏行为进行惩罚、建立专门机构负责监管与政策落实等方式，筹集补偿资金，增加政府自身的财力，提升政府转移支付的能力，拓宽政府财政资金来源，对贫困人群提供必要的免税、减税的措施。

第五节　新时代安徽省资源型城市创新驱动转型发展过程中反贫困的政策建议

安徽省资源型城市在经济发展、贫困识别、社会保障、生态环境方面问题尤为突出，解决安徽省资源型城市贫困治理面临的难题是重中之重，是2035年基本实现社会主义现代化、全体人民共同富裕取得更为明显的实质性进展的关键。结合国际经验的总结与启示，本节提出合理有效的政策建议以提高反贫困效率。

一、增强经济发展可持续性，提升地方政府财政能力

首先，安徽省资源型城市应加快产业转型的步伐，减少第二产业占GDP的比重，提高第三产业占GDP的比重；发展接续替代产业，设计好衰退产业的援助机制，提升第二产业的资源利用率，增加产业附加值，延长产业链；加快发展服务型产业，支持淮南市的旅游扶贫；利用农业大省优势，促进各资源型城市的绿色农业、特色农业等的发展，注重对农产品深加工的龙头企业的培养；引导新兴产业、高新技术行业发展，培育新的经济增长点；实施创新驱动发展战略，多措并举实现科技创新与经济紧密结合，积极推进合淮（南）产业走廊建设，将创新摆在重要位置，解决发展动力问题；积极融入长三角一体化和长江经济带发展战略当中，政府主导推动淮北市、宿州市融入徐州都市圈，发挥发达城市辐射效应，加速各类资源要素流动，以满足经济、市场和企业的需求；引进和培养一批创新型技能型人才和创新团队，实施多种形式的吸引和留住人才的政策；大力发展产业创新中心和省级实验室等研究中心，鼓励安徽省内各大高校和科研院校交流与合作，培养创新型科技人

才，打造亳州市、马鞍山市等中国（安徽）自贸试验区联动创新区，提高对外开放水平；加大对安徽省资源型城市 R&D 资金投入力度，进一步推动高新技术企业倍增计划；推动传统产业绿色化，加大技术资金投入力度，大力建设省级绿色工厂，利用信息化技术减少采掘业比重，做好人才引进工作，增强企业自主创新能力和城市竞争力，如淮北市推行“中国碳谷·绿金淮北”战略，聚焦发展非煤产业，举办文化旅游节等展会，不断提升服务业比重。

其次，提高安徽省资源型城市教育水平与质量，推动义务教育均衡发展，各级政府提高对普惠性学前教育的重视程度，积极落实九年义务教育政策，提高对教育的资源投入，优化人力资本结构，提高整体教育水平。建立资源型城市的职业教育培训机制，规定无论是否就业的劳动者与贫困者，每年都要定期完成专业的培训，以提高资源型城市整体劳动者的素质。

最后，面对安徽省资源型城市财政能力低下问题，第一，要突破体制障碍，重建资源管理体制。建立资源所有权归国家所有，地方政府拥有部分资源使用权的机制，使资源可以得到最大化地利用，同时赋予地方政府“招商引资”的权力，吸引外资投入。第二，要加快政企分离，推动国企剥离社会职能。理顺政企关系，减轻企业负担，使政府掌握城市管理的实权，整合、调度资源与完善基础设施。第三，要加快税制改革，以个税为专项税源。个人所得税是实现再分配的手段，是政府税收主要来源。将其作为资源型城市的专税，填补国企对地方贡献少的不足，增加资源型城市税源，积累地方政府财政资金，提高反贫困能力。第四，要扶持民营企业，提升民营经济活力。在去产能的背景下，扶持民营企业，激发其经济活力，促进经济可持续增长，提高非国有经济在资源型城市中的比重，改变税收基数，增加税收收入。

二、构建多维贫困指标体系，制定资源型城市贫困标准

其一，根据安徽省资源型城市的绝对贫困转变为相对贫困的贫困表现特征变化，科学精确地确定多维贫困指数。一方面，在单一收入维度识别的基础上加入多维贫困指标，有助于准确识别出潜在贫困者。另一方面，多维度贫困指标作为收入指标的辅助手段，可以填补收入测量难、精确度低的不足，

进而鉴别出真正的贫困者，排除“虚报”或者实际生活水平较高的“贫困者”。另外，多维度贫困综合指标体系可以准确分析出资源型城市贫困群体的致贫原因，有利于“对症下药”，达到精准扶贫的效果，同时有助于反贫困政策方向的调整，从而因地制宜创新反贫困机制。

其二，安徽省资源型城市应建立动态的贫困标准机制，加大相对贫困人口监测力度，提高监测效率和精确度，同时因地制宜、因时制宜，根据每年经济增长的程度、人民生活水平提高的速度、通货膨胀及基本需求的变化，基于资源型城市特殊的贫困城市、贫困居民等贫困现状，制定安徽省资源型城市的贫困标准。扩大贫困救助的范围，提高扶贫资源的使用效率，为反贫困措施实施创造良好的条件。

三、优化产业结构促进就业，多措并举创新信贷机制

首先，安徽省资源型城市要摒弃过分追求经济效应的理念，寻找发展经济与解决民生问题的平衡点。积极调整产业，充分利用劳动密集型行业促进经济增长与增加就业的特点，发挥安徽省邻近经济发达的江苏省、浙江省等华东地区、市场与区位的优势，通过发展商贸、物流等服务性第三产业，加强与周边省份经济交流与合作，形成“涓滴效应”，促进贫困群体收入增加。

其次，安徽省资源型城市政府面对资源型城市再就业岗位供需不匹配、企业扶贫积极性不高的问题，应在增加财力的同时创新再就业岗位形式，支持、引导社会组织与社区力量提供再就业岗位，创造政策环境鼓励贫困群体发展非正式就业，推动“互联网+”创业模式的发展。

最后，放宽小额贷款对贫困户的准入条件，降低借贷门槛、抵押与质押的要求；国家财政设立小额贷款担保基金，发挥风险补偿作用；引导政策性银行、开发银行等金融机构、社会力量与市场资源参与到减贫任务中，扩大金融扶贫队伍；各大银行积极创新与贫困户贷款多元化需求相匹配的信贷服务机制，包含互联网金融产品等，为贫困人群创造就业条件与空间。

四、完善城市社会保障制度，加大社会保障改革力度

（一）调整社会保障水平，注重增强社会救助

一方面，在促进安徽省资源型城市经济持续稳定增长的基础上，放缓社保支出的增长速度，使其与地方 GDP 增速相适应，改善社保“虚高”现象。通过发行债券、福利彩票等形式，接受社会资本，拓宽筹资渠道，提高社保基金的投资收益，缓解地方政府在公共财政支出上的压力。改变以县为单位的筹资机制，提高筹资层次，方便省内基金资金转移。

另一方面，基于安徽省资源型城市相对贫困现象严重的现实，以现金与实物救助已经难以达到良好的救济效果。应通过加大社会救助的服务和救助力度，达到持续性脱贫的目的。提高社会救助的专业化服务水平，以教育救助、就业救助和医疗救助形式提高贫困人群的人力资本水平，切断贫困代际传递，培养相对贫困者的自我发展能力以推进反贫困的进程。加大公共物品（医疗卫生机构、床位数等）的投入力度，为城市创造良好的文化氛围。全省共谋，统筹企业职工基本养老保险，不断提升资源型地区基本养老保险参保率。建立健全援企稳岗政策，积极为失业贫困者制订符合自身条件和劳动市场变化的培训计划，掌握多元化的技能，增强自我发展能力，有效降低规模性失业风险。

（二）拓宽覆盖面，加快社会保障改革

一方面，拓宽覆盖面，将“大集体”“4050”、从事灵活就业、无正式工作的贫困人群纳入社会保障范围；降低养老保险的缴费率，缓解民营企业的社保缴费压力。必要时，成立“4050”专项基金。相关部门做好社会保险稽核和劳动保障执法监察工作，对有选择性参保和漏保的民营企业采取罚款等行政手段，营造良好的监督氛围。对安徽省资源型城市缴费困难的国有企业社保项目欠费情况进行核查，确定其欠费缺口，对于有清偿能力的国有企业，监督其尽快补交费用并防止产生新的欠费；对于未来有清偿能力的，可以缓缴，政府免除滞纳金等；对于完全失去清偿能力的，政府负责“善后”，保障

职工享受养老等社会保障服务。

另一方面，针对安徽省资源型城市社会保障制度严重的碎片化现象，建议采取以下改革措施：第一，省政府出台《安徽省资源型城市社会保障体系》，成立负责统筹全省社会保障体系的省行政部门，各资源型城市建立集社会保险、社会救助和社会福利于一体的市社会保障机构。优化各部门管理体制，明确各资源型城市政府、部门的权力与责任，以及城乡、区域统筹的服务对象、内容、方式及社会保障相关申请与审核程序，确保安徽省资源型城市申请程序与救助待遇统一等。第二，加强各制度间的整合与衔接。借鉴美国、澳大利亚等国家“一站式服务”模式促进制度间协同化治理的经验，即在安徽省各资源型城市同一个机构中各个部门应明确分工，分别负责社会保险、社会救助与社会福利 3 个制度，建立各制度间的衔接机制，促进各部门交流、合作，加强各制度间的衔接与协调。

五、通过创新加快沉陷区治理，推进生态环境修复建设

淮南市与淮北市应注重加大对沉陷区的治理力度，中央、省政府与各个资源型城市企业承担起资源型城市沉陷区治理支出的主体责任，以激发失地农民、易地搬迁群体的积极性为目的，加大安置经费、失地补贴的支持力度。将安置小区的选址与就业紧密结合，使安置点接近商业区、经济开发区等就业机会多的区域；加强交通基础设施等公共物品的投入，减少居民的外出成本。创新沉陷区治理机制，对塌陷程度低的沉陷区，应加快填充与复垦，返还给失地农民，同时为失地农民购买相应的保险，做到把“二次沉陷”或者遭受自然灾害等意外风险的损失降到最低。对于土壤瘠薄的沉陷区，填充成建筑用地；对于塌陷较深的沉陷区，治理为湖泊、水库和旅游观光区等，与旅游开发相结合。

借鉴发展中国家的经验，加快生态环境修复必须以建立环境污染问责机制为出发点，坚持“谁破坏，谁治理”的原则，将生态恢复治理成本内化为企业生产成本，加快生态环境的修复，建立与生态利益相适应的经营模式；加大对企业的监督力度，增加信息透明度，成立安徽省资源型城市环境官网，

每月更新企业的“三废”排放情况，接受广大社会媒体监督；完善资源开发制度，引进设备改进资源开采方式。加强城市绿化与公园建设，缓解城市空气污染，改善居民生产生活环境，增强人民的福祉。

六、推动非资源型城市合作，促进区域协调稳定发展

借鉴巴西实行“发展极”区域政策的成功经验，安徽省资源型城市应抓住成为“一带一路”倡议与长江经济带战略双覆盖区域的历史机遇，加强与非资源型城市合作，促进资源型城市发展，为安徽省资源型城市集聚人力、物力和财力创造条件，改变地区落后面貌，奠定城市反贫困要素积累的基础。同时，在区域政策背景下，充分利用部分资源型城市沿江分布的地理优势，实施港城一体战略，实现沿江串联芜湖市、安庆市、铜陵市、马鞍山市等资源与非资源型城市，促进资源交流与共享、贫困劳动力外流与迁移，有助于增加就业机会，缩小区域差距与发展不平衡，减少反贫困阻力。

参考文献

[1] INNIS H A. The fur trade in Canada: An introduction to Canadian economic history [M]. Toronto: University of Toronto Press, 1930: 383-402.

[2] LUCAS R A. Minetown, Milltown, Railtown: life in Canadian communities of single industry [M]. University of Toronto Press, 1971: 31-39.

[3] MARSH B. Continuty and decline in the anthracite towns of Pennsylvania [J]. Annals of the Association of American Geographers, 1987, 77 (3): 337-352.

[4] HAYTER R, BARNES T J. The restructuring of british columbia coastal forest sector: Flexibility perspectives [J]. BC Studies, 1997 (13): 7-34.

[5] BRADBURY J H. Towards an alternative theory of resource-based town development in Canada [J]. Economic Geography, 1979, 55 (2): 147-166.

[6] MARKEY S, HALSETH G, MANSON D. The struggle to compete: From comparative to competitive advantage in Northern British Columbia [J]. International Planning Studies, 2006, 11 (1): 19-39.

[7] TONG D, LI J, ZHAO Y, et al. The impact of the industrial restructuring on the environment in the resource-based city: A case study of Daqing [J]. Industrial Economics and Industrial Security, 2015, 12 (3): 431-436.

[8] DONG S, LI Z, LI B, et al. The Problems and strategies of industrial transformation of China's resource-based cities [J]. China Population Resources & Environment, 20 (10): 1016.

[9] MARTINA M K. Sustainability and science-challenges for theory and practice [J]. Sustainable Development, 2010, 18 (5): 241-244.

[10] AUTY R M. Sustaining development in mineral economics: The resource curse thesis [M]. London: Rout Ledge, 1993: 56-79.

[11] SANTOS T M, ZARA T M L. Mineral resources accounting: A technique for monitoring the Philippine mining industry for sustainable development [J]. Journal of Asian Earth Science, 1997, 15 (2): 155-160.

[12] SACHS J. Natural resources and economic development: The curse of natural resources [J]. European Economic Review, 2001 (45): 827-838.

[13] MATTHEW T. Labor market dynamics in resource dependent regions: an examination of the Western Australian goldfields [J]. Geographical Research, 2010, 48 (2): 148-165.

[14] RACHNA ARORA, KATHARINA P, ABHIJIT B, et al. Potential and relevance of urban mining in the context of sustainable cities [J]. IIMB Management Review, 2017.

[15] BRADBURY J H. The impact of industrial cycles in the mining secter [J]. International Journal of Urban and Regional Research, 1984, 8 (3): 311-331.

[16] MARSH B. Continuity and decline in the anthracite town of Pennsylvania [J]. Annals of the Association of American Geographers, 1987, 77 (3): 337-352.

[17] BRADBURY J H. Living with boom and cycles: new towns on the resource frontier in Canada [M]. Australia: Resource Communities, 1988: 3-19.

[18] CECILIA C, TIMOTHY D. Natural capital and quality of life: A model for evaluating the sustainability of alternative regional development paths [J]. Ecological Economic, 1999, 30 (3): 441-460.

[19] 张米尔. 资源型城市产业转型研究[D]. 大连: 大连理工大学, 2002.

[20] 官锡强. 国外资源型城市经济转型思路及对我国的启示[J]. 改革与战略, 2005 (12): 12-16.

［21］张耀军．资源型城市转型中的人力资源开发[J]．地域研究与开发，2006（6）：24-27.

［22］王建平，陈元朝．资源型城市的产业转型与可持续发展研究[J]．科学管理研究，2006（2）：48-50.

［23］柳泽，周文生，姚涵．国外资源型城市发展与转型研究综述[J]．中国人口·资源与环境，2011（11）：161-168.

［24］史俊梅，胡春晓．资源型城市实现生态环境可持续发展的策略[J]．经济研究导刊，2011（3）：124-125.

［25］杨继瑞，黄潇，张松．资源型城市转型：重生、困境与路径[J]．经济理论与经济管理，2011（12）：77-83.

［26］马克，李军国．我国资源型城市可持续发展的实践与探索：国内资源枯竭型城市十年经济转型经验与展望[J]．经济纵横，2012（8）：1-7.

［27］罗洪群，王凤，南剑飞，等．油气资源型城市的可持续发展机制[J]．软科学，2011（10）：65-68.

［28］张友祥，支大林，程林．论资源型城市可持续发展应处理好的几个关系[J]．经济学动态，2012（4）：80-83.

［29］张学春，张友祥．吉林省资源型城市可持续发展机制探讨[J]．经济问题，2013（9）：111-114.

［30］任娟娟．山西省资源型经济发展评价研究[D]．太原：太原科技大学，2013.

［31］李宪海，周进生，解宷妍．资源枯竭型城市转型路径与效果评价：以铜陵市为例[J]．中国矿业，2014（2）：8-10.

［32］吴艳茹，周瑞平．鄂尔多斯市资源型城市的经济转型模式研究[J]．内蒙古师范大学学报，2015（5）：47-49.

［33］刘世磊，张文会．资源枯竭城市转型的产业选择研究[J]．工业经济论坛，2015（3）：121-133.

［34］胡美林．新常态下内陆资源型城市传统产业转型升级研究[J]．区域经济评论，2015（6）：68-72.

[35] 支航，金兆怀．不同类型资源型城市转型的模式与路径探讨[J]．经济纵横，2016（11）：34-37.

[36] 靳来月．大庆产业转型模式选择与可持续发展对策研究[J]．大庆社会科学，2016（4）：53-55.

[37] 青雪燕．西部资源型城市可持续发展的内外动力分析[J]．工业经济论坛，2016（4）：440-444.

[38] 马琼．资源型城市转型中社会保障问题研究：以安徽省淮南市为例[J]．中国财政，2016（10）：47-48.

[39] 赵琪．东北地区资源型城市贫困问题研究[D]．长春：东北师范大学，2007.

[40] 张威风．新常态下增强资源型城市创新驱动发展动力研究：以铜陵市为例[J]．山东财经大学学报，2016（4）：52-58.

[41] 徐慧娟，刘娜，何云，等．我国资源型城市转型发展对策分析：德国鲁尔区转型发展的经验及启示[J]．环境保护与循环经济，2016（5）：14-16.

[42] 曾坚，张彤彤．新常态下资源型城市经济转型问题、对策及路径选择[J]．理论探讨，2017（1）：81-86.

[43] 李雨潼，王海红．我国资源型城市的劳动力就业问题探析[J]．人口学刊，2008（4）：55-59.

[44] 刘芳．论资源型城市转型的金融支持模式：以辽宁省为例[J]．山东社会科学，2008（2）：96-99.

[45] 魏琦，王春波，李鸿渐．借鉴休斯敦经验推进资源枯竭型城市转型：以甘肃省白银市为例[J]．生态经济，2011（9）：71-75.

[46] 许祥左．德国鲁尔矿区产业转型的具体实践及其启示[J]．煤炭经济研究，2013（5）：74-77.

[47] 邢利民．资源型地区转型发展：产业结构多元化的国际经验与启示[J]．中国城市经济，2012（2）：36-37.

[48] 李向阳．产业转型的国际经验及启示[J]．经济纵横，2013（10）：

107-110.

［49］张海娜，乔华．煤炭资源型城市生态环境问题研究及对策探讨[J]. 经济研究导刊，2013（29）：63-64.

［50］洪银兴．论创新驱动经济发展战略[J]. 经济学家，2013（1）：5-11.

［51］张来武．论创新驱动发展[J]. 中国软科学，2013（1）：1-5.

［52］胡钰．增强创新驱动发展新动力[J]. 中国软科学，2013（11）：1-9.

［53］祝佳．创新驱动与金融支持的区域协同发展研究：基于产业结构差异视角[J]. 中国软科学，2015（9）：106-116.

［54］孙浩进．我国资源型城市产业转型的效果、瓶颈与路径创新[J]. 经济管理，2014（10）：34-43.

［55］支大林．我国资源型城市转型与可持续发展的困境及破解对策[J]. 福建论坛（人文社会科学版），2015（4）：13-21.

［56］王伟，孙雷．区域创新系统与产业转型耦合协调度分析：以铜陵市为例[J]. 地理科学，2016（2）：204-212.

［57］涂蕾．新常态下资源型城市产业转型研究[D]. 长沙：湖南师范大学，2016.

［58］郑有贵．供给侧结构性改革视域下破解资源型城市转型发展之路[J]. 开发研究，2016（4）：1-5.

［59］蒋诗琪．新常态下中国经济转型与产业结构优化升级的探讨[J]. 金融经济，2016（14）：61-63.

［60］赵东霞，李赖志．城市经济内生发展及其动力机制研究[J]. 当代经济管理，2016（4）：68-73.

［61］王彩霞．经济新常态下资源型城市的经济转型问题研究[J]. 现代管理科学，2016（10）：85-87.

［62］张生玲，李跃，酒二科，等．路径依赖、市场进入与资源型城市转型[J]. 经济理论与经济管理，2016（2）：14-27.

［63］白雪洁，汪海凤，闫文凯．资源衰退、科教支持与城市转型：基于坏产出动态 SBM 模型的资源型城市转型效率研究[J]. 中国工业经济，2014

(11)：30-43.

[64] 胡钧. 科学定位：处理好政府与市场的关系[J]. 经济纵横，2014(7)：9-12.

[65] 金碚. 中国经济发展新常态研究[J]. 中国工业经济，2015（1）：5-18.

[66] 刘媛媛，孙慧. 资源型产业集群形成机理分析与实证[J]. 中国人口·资源与环境，2014（11）：103-111.

[67] 张丽华，赵利广. 资源型经济转型效率测度与比较分析：基于DEA交叉效率模型[J]. 经济问题，2014（11）：123-126.

[68] 陈燕，高红贵. 资源枯竭型城市转型发展中的生态困境及路径选择[J]. 经济问题，2015（3）：125-129.

[69] 张卫枚，方勤敏. 资源衰退型城市经济转型效率研究[J]. 经济问题，2015（11）：90-94.

[70] 彭佑元，程燕萍，梅文文，等. 资源型产业与非资源型产业均衡发展机理：基于合作创新的演化博弈模型分析[J]. 经济问题，2016（2）：80-85.

[71] 张文忠，余建辉，李佳. 资源枯竭城市转型的驱动因素和机理解析[J]. 中国科学院院刊，2016（1）：92-100.

[72] 周民良. 东北地区“再振兴”战略下资源型城市转型发展研究[J]. 经济纵横，2015（8）：58-63.

[73] 施筱勇. 创新驱动经济体的三大特征及其政策启示[J]. 中国软科学，2015（2）：44-56.

[74] 杨显明，焦华富，许吉黎. 煤炭资源型城市空间结构演化过程、模式及影响因素：基于淮南市的实证研究[J]. 地理研究，2015（3）：513-524.

[75] 兰国辉，荀守奎. 供给侧改革下我国资源型城市发展转型研究[J]. 江淮论坛，2017（6）：44-48.

[76] 徐君，李巧辉，王育红. 供给侧改革驱动资源型城市转型的机制分析[J]. 中国人口·资源与环境，2016（10）：53-60.

[77] 朱阿丽，倪良明，温立武. 资源型城市中小企业科技创新能力提升

路径[J]. 经济纵横，2016（4）：49-53.

［78］支航，金兆怀. 不同类型资源型城市转型的模式与路径探讨[J]. 经济纵横，2016（11）：34-37.

［79］徐晓亮，程倩，车莹. 中国区域“资源诅咒”再检验：基于空间动态面板数据模型的分析[J]. 中国经济问题，2017（3）：29-37.

［80］王国霞，刘婷. 中部地区资源型城市城市化与生态环境动态耦合关系[J]. 中国人口·资源与环境，2017（7）：80-88.

［81］陈妍，梅林. 东北地区资源型城市经济转型发展波动特征与影响因素：基于面板数据模型的分析[J]. 地理科学，2017（7）：1080-1086.

［82］郭淑芬，马宇红. 资源型区域可持续发展能力测度研究[J]. 中国人口·资源与环境，2017（7）：72-79.

［83］谢远涛，李虹，邹庆. 我国资源型城市创新指数研究：以116个地级城市为例[J]. 北京大学学报（哲学社会科学版），2017（5）：146-158.

［84］郭爱君，胡安军，王祥兵. 资源型经济区产业路径依赖的形成机制、特性与破解[J]. 经济问题探索，2017（10）：73-79.

［85］张娟. 资源型城市环境规制的经济增长效应及其传导机制：基于创新补偿与产业结构升级的双重视角[J]. 中国人口·资源与环境，2017（10）：39-46.

［86］周璞，刘天科，王昊. 我国资源型城市经济转型升级路径思考[J]. 资源与产业，2017，19（5）：9-14.

［87］蒋闯. 基于全要素框架的资源型城市能源效率测度研究[D]. 北京：中国地质大学，2017.

［88］郭海霞. 国际产业转移视角下资源型地区产业结构优化研究[D]. 太原：山西财经大学，2017.

［89］张斯琴，秦宇. 劳动力成本、市场规模与资源型城市产业结构优化[J]. 经济与管理，2017，31（4）：77-82.

［90］叶雪洁，吕莉，王晓蕾. 经济地质学视角下的资源型城市产业转型路径研究：以淮南市为例[J]. 中国软科学，2018（2）：186-192.

[91] 杨建林，张思锋，王嘉嘉. 西部资源型城市产业结构转型能力评价[J]. 统计与决策，2018（5）：53-56.

[92] 敬艳丽. 新常态下煤炭资源型城市可持续发展评价分析：以河南省平顶山为例[J]. 经济研究导刊，2018（10）：135-138.

[93] 张志赟，刘辉，杨义炜. 资源枯竭型城市空间扩展进程研究：以淮北市为例[J]. 地理研究，2018（1）：183-198.

[94] 陈茜. 煤炭资源枯竭型城市转型发展路径研究[J]. 煤炭经济研究，2017（12）：63-67.

[95] 江崇莲，赵红梅. 资源型城市可持续发展内生增长路径研究[J]. 煤炭经济研究，2018（1）：44-46.

[96] 曲伟，曲晓慧，姜春海，等. 新一轮东北振兴的体制机制、区域合作与资源型城市转型[J]. 改革，2016（9）：59-67.

[97] 倪玉平. 资源型城市发展困境与转型路径[J]. 中国党政干部论坛，2016（5）：63-65.

[98] 陈荣生. 资源型城市新型城镇化发展动力研究[J]. 江西社会科学，2016（1）：68-71.

[99] 郭海霞. 资源型城市转型的国际镜鉴[J]. 重庆社会科学，2015（11）：50-57.

[100] 安淑新. 国外石油资源型城市转型经验借鉴示[J]. 宏观经济管理，2015（10）：86-88.

[101] 黄雪琴，王婷婷. 资源型城市生态效率评价[J]. 科研管理，2015（7）：70-78.

[102] 徐杰芳，田淑英，占沁嫣. 中国煤炭资源型城市生态效率评价[J]. 城市问题，2016（12）：85-93.

[103] 孙秀梅，王格，董会忠，等. 基于 DEA 与 SE-SBM 模型的资源型城市碳排放效率及影响因素研究：以全国 106 个资源型地级市为例[J]. 科技管理研究，2016（23）：78-84.

[104] 孙荣，彭超. 东北地区煤炭类资源型城市转型的路径探索：基于

地方政府主导的视角[J]. 行政论坛，2016（5）：113-116.

[105] 宋煜. 资源型城市转型的困境与出路[J]. 人民论坛，2018（13）：94-95.

[106] 徐杰芳，田淑英. 绿色发展下煤炭资源型城市煤炭产量优化研究：基于生态效率的分析[J]. 华东经济管理，2018（5）：165-171.

[107] 余建辉，李佳洺，张文忠. 中国资源型城市识别与综合类型划分[J]. 地理学报，2018（4）：677-687.

[108] 赵常恒. 资源型城市应如何转型？——基于要素流动视角的考察[J]. 云南财经大学学报，2018（2）：81-90.

[109] 李梦雅，严太华. 基于 DEA 模型和信息熵的我国资源型城市产业转型效率评价：以全国 40 个地市级资源型城市为例[J]. 科技管理研究，2018（3）：86-93.

[110] 罗宣，金瑶瑶，王翠翠. 转型升级下资源型城市绿色发展效率研究：以中部地区为例[J]. 西南交通大学学报（社会科学版），2017（6）：77-83.

[111] 李贵芳，马栋栋，徐君. 典型资源型城市脆弱性评估及预测研究：以焦作—大庆—铜陵—白山市为例[J]. 华东经济管理，2017（11）：112-120.

[112] 李虹. 中西部和东部地区资源型城市转型与发展新动能的培育[J]. 改革，2017（8）：99-103.

[113] 岳利萍. 中西部与东部地区资源型城市可持续发展的长效机制[J]. 改革，2017（8）：110-114.

[114] 王佳宁，罗重谱. 中西部和东部地区老工业基地振兴与资源型城市的转型发展[J]. 改革，2017（8）：89-90.

[115] 张荣光，付俊，杨劬. 资源型城市转型效率及影响因素：以四川为例[J]. 财经科学，2017（6）：115-123.

[116] 王永健，李虹. 资源型城市转型之路怎么走[J]. 人民论坛，2017（13）：112-113.

[117] 李江苏，王晓蕊，苗长虹. 基于两种 DEA 模型的资源型城市发展效率评价比较[J]. 经济地理，2017（4）：99-106.

[118] 郭存芝，黄青，何荧非．资源型城市能耗增长因素分解及差异分析[J].中国人口·资源与环境，2017（1）：73-82.

[119] 赵建英．中国资源型城市转型发展研究回顾与展望[J].经济问题，2021（11）：17-25.

[120] 刘军，边志强．资源型城市经济高质量发展水平测度研究：基于新发展理念[J].经济问题探索，2022（1）：92-111.

[121] 宋文．提升资源型城市财政自给能力[J].宏观经济管理，2021（8）：84-90.

[122] 汪涛，张家明，禹湘，等．资源型城市的可持续发展路径：以太原市创建国家可持续发展议程示范区为例[J].中国人口·资源与环境，2021，31（3）：24-32.

[123] 杨桐彬，朱英明，刘梦鹤，等．资源型城市产业协同集聚、市场化程度与环境污染[J].产业经济研究，2020（6）：15-27，112.

[124] 裴耀琳，郭淑芬．资源禀赋约束下生产性服务业集聚的产业结构调整效应研究：基于资源型城市与非资源型城市的对比分析[J].软科学，2021，35（1）：62-67.

[125] 孙晓华，郑辉，于润群，等．资源型城市转型升级：压力测算与方向选择[J].中国人口·资源与环境，2020，30（4）：54-62.

[126] 张芳．资源枯竭型城市社会保障制度存在问题及对策探析[J].长春工业大学学报（社会科学版），2008（2）：95-99.

[127] 汪晓文，潘剑虹，杨光宇．资源枯竭型城市转型的路径选择：基于经济、社会、资源环境承载力视角的研究[J].河北学刊，2012，32（5）：128-131.

[128] 唐钧．中国城市居民贫困线研究[M].南昌：江西出版社，1998：5-6.

[129] 王朝明，申晓梅．中国贫困与反贫困理论[M].南宁：广西人民出版社，1995：2-3.

[130] 李华．国际社会保障动态：反贫困模式与管理（2015）[M].上

海：上海人民出版社，2015：80.

［131］苏昕，赵琨．发展性福利视域下中国贫困的可持续治理[J]. 山西大学学报（哲学社会科学版），2019，42（6）：73-79.

［132］张玲玲．基于马丁法的辽宁省农村居民最低生活保障给付水平分析[D]. 沈阳：辽宁大学，2016.

［133］王俊文．当代中国农村贫困与反贫困问题研究[D]. 武汉：华中师范大学，2007.

［134］赵琪．东北地区资源型城市贫困问题研究[D]. 长春：东北师范大学，2007.

［135］丁四保．东北地区资源型城市贫困问题的调查与分析[J]. 开放导报，2005（6）：28-32.

［136］赵琪，丁四保，刘绍峰．东北地区老工业城市贫困问题研究[J]. 经济纵横，2007（7）：51-53.

［137］左停，赵梦媛，金菁．路径、机理与创新：社会保障促进精准扶贫的政策分析[J]. 华中农业大学学报（社会科学版），2018（1）：1-12，156.

［138］闫坤，孟艳．反贫困实践的国际比较及启示[J]. 国外社会科学，2016（4）：87-96.

［139］王俊文．国外反贫困经验对我国反贫困的当代启示：以西方发达国家美国为例[J]. 社会科学家，2008（3）：104-107.

［140］张秀艳，潘云．贫困理论与反贫困政策研究进展[J]. 经济问题，2017（3）：1-5.

［141］韩建雨，潘甜甜．安徽省资源型城市反贫困进展与贫困治理研究[J]. 邢台学院学报，2020，35（3）：18-22.

［142］霍萱，林闽钢．中国农村家庭多维贫困识别指标体系研究[J]. 社会科学战线，2018（3）：227-236.

［143］王朝明．矿产资源枯竭城市的贫困问题及其治理[J]. 财经科学，2003（4）：61-65.

［144］揭子平，丁士军．滇桂边境民族地区贫困的特殊性及反贫困对策：

以云南梁河县和广西防城区为例[J]. 中南民族大学学报（人文社会科学版），2018，38（1）：90-94.

[145] 梁凡，朱玉春．农户贫困脆弱性与人力资本特征[J]. 华南农业大学学报（社会科学版），2018，17（2）：95-106.

[146] 李瑞华．内蒙古贫困与反贫困的经济学研究[D]. 武汉：武汉理工大学，2013.

[147] 黄承伟，刘欣．“十二五”时期我国反贫困理论研究述评[J]. 云南民族大学学报（哲学社会科学版），2016，33（2）：42-50.

[148] 崔湛钜．基于减贫目标的资源型地区产业发展与政策支持研究[D]. 北京：中国地质大学，2014.

[149] 谭清华．中国贫困治理七十年：扶贫政策创新视域[J]. 改革与战略，2019，35（8）：24-32.

[150] 郑文升．我国资源型地区发展的补偿与援助[D]. 长春：东北师范大学，2008.

[151] 邓大松，吴祖云，杨晶．中国农村扶贫政策的实践困境与路径优化：兼论农村扶贫和低保制度的衔接问题[J]. 苏州大学学报（哲学社会科学版），2019，40（5）：93-102.

[152] 李晓嘉，蒋承，胡涟漪．民生性财政支出对我国家庭多维贫困的影响研究[J]. 数量经济技术经济研究，2019，36（11）：160-177.

[153] 付铭，宋锋华．新疆资源型城市居民相对贫困研究：来自库尔勒市的经典案例[J]. 生态经济，2011（12）：62-65，71.

[154] 陈培．从供给侧结构性改革看安徽资源型城市的转型之路：以淮南市为例[J]. 新丝路（下旬），2016（9）：36-37.

[155] 刘凯．资源型城市转型发展面临的问题及对策：以安徽省淮北市为例[J]. 中共云南省委党校学报，2017，18（4）：136-140.

[156] 张文鹏．资源枯竭型城市产业转型面临问题与对策研究[D]. 乌鲁木齐：新疆大学，2016.

[157] 韩瑛，郭丕斌，冯文勇，等．煤炭资源型城市耦合下的贫困地区

产业结构分析：以忻州市为例[J]. 哈尔滨师范大学自然科学学报，2012，28（1）：79-82.

[158] 许佳. 国际人口贫困状况和反贫困经验及其对中国扶贫工作的启示[J]. 农业展望，2017，13（12）：29-32.

[159] 杨穗，高琴. 最低生活保障对收入贫困和消费支出的影响[J]. 社会保障研究，2019（5）：63-78.

[160] 杨伦超. 资源枯竭型城镇反贫困路径探索[J]. 北京工商大学学报（社会科学版），2006（4）：110-114.

[161] 季飞，杨康. 大数据驱动下的反贫困治理模式创新研究[J]. 中国行政管理，2017（5）：53-59.

[162] 韩佳丽，王志章，王汉杰. 国内外精准扶贫问题的研究进展与评述[J]. 财会月刊，2018（4）：121-125.

[163] 李凯恩. 精准扶贫视域下的云南省反贫困治理绩效研究[D]. 北京：中国社会科学院研究生院，2017.

[164] 罗登楠，谭子旋. 基于熵值法的渝东北地区贫困程度研究[J]. 科技与创新，2019（14）：56-57.

[165] 吴炯丽，宋建华. 南疆三地州多维贫困测度及减贫措施研究[J]. 新疆农垦经济，2015（6）：62-66.

[166] 黄海燕. 农村贫困治理绩效评价指标体系构建研究[J]. 山西农经，2017（19）：12-13.

[167] 何潇蓉，王晓荣，吴玉婷，等. 熵值法在经济政策综合评价中的应用研究：以河北省张家口市尚义县精准扶贫为例[J]. 河北建筑工程学院学报，2018，36（1）：101-104.

[168] 许启发，王侠英，蒋翠侠. 城乡居民贫困脆弱性综合评价：来自安徽省的经验证据[J]. 经济问题，2017（8）：1-6.

[169] 刘亦文，厉亚，李毅，等. 精准扶贫视角下湖南省贫困治理绩效评价研究[J]. 经济数学，2019，36（2）：95-103.

[170] 杜栋，郝鹏飞. 基于投入产出的贫困治理效果评价：对我国 11 个

年份数据的测算[J].西部经济管理论坛，2018，29（1）：90-96.

[171] 梅丽．中国各地区经济福利与贫困测度[J].统计与决策，2015（16）：127-130.

[172] 刘俊英，时帅．贫困治理绩效评价路径[J].领导科学，2018（24）：20.

[173] 凌经球．可持续脱贫：新时代中国农村贫困治理的一个分析框架[J].广西师范学院学报（哲学社会科学版），2018，39（2）：97-111.

[174] 段忠贤，黄其松．要素禀赋、制度质量与区域贫困治理：基于中国省际面板数据的实证研究[J].公共管理学报，2017，14（3）：144-153，160.

[175] 田恒．区域性反贫困治理研究：回顾与展望[J].上海商学院学报，2017，18（1）：42-47.

[176] 李玲，朱海雪，陈宣霖．义务教育人力资本发展评估：基于反贫困理论视角[J].教育研究，2019，40（10）：124-131.

[177] 陈少君．西部少数民族地区反贫困战略问题研究[D].成都：西南财经大学，2013.

[178] 高剑锋．甘肃省古浪县生态移民影响因素与反贫困对策研究[D].兰州：兰州大学，2018.

[179] 周扬，童春阳．中国经济增长与公共投资的减贫效应测度研究[J].经济经纬，2019，36（6）：32-39.

[180] 黄承伟．中国减贫理论新发展对马克思主义反贫困理论的原创性贡献及其历史世界意义［J］．西安交通大学学报（社会科学版），2020，40（1）：1-7.

[181] 戴兰．“双碳”目标约束下资源型城市绿色低碳发展路径研究[J].中国矿业，2022，31（6）：41-49.

[182] 蒋莉，韩建雨．安徽省资源型城市产业优化升级的金融支持研究：基于面板模型的分析[J].黑河学院学报，2019，10（8）：92-94.

[183] 张艳，郑贺允，葛力铭．资源型城市可持续发展政策对碳排放的

影响[J].财经研究，2022，48（1）：49-63.

［184］刘培林，钱滔，黄先海，等．共同富裕的内涵、实现路径与测度方法[J].管理世界，2021，37（8）：117-129.

［185］李长英，周荣云，余淼杰．中国新旧动能转换的历史演进及区域特征[J].数量经济技术经济研究，2021，38（2）：3-23.

［186］孙晓华，郑辉，于润群，等．资源型城市转型升级：压力测算与方向选择[J].中国人口·资源与环境，2020，30（4）：54-62.

［187］王兴民，吴静，王铮，等．中国城市 CO_2 排放核算及其特征分析[J].城市与环境研究，2020（1）：67-80.

［188］朱晓俊，邢智仓．资源型地区高质量发展面临的问题及需要处理好的基本关系[J].学术交流，2019（12）：119-128.

［189］王小洁，刘鹏程，许清清．构建创新生态系统推进新旧动能转换：动力机制与实现路径[J].经济体制改革，2019（6）：12-18.

［190］赵剑波，史丹，邓洲．高质量发展的内涵研究[J].经济与管理研究，2019，40（11）：15-31.

［191］张维阳，段学军，于露，等．现代工业型与传统资源型城市能源消耗碳排放的对比分析：以无锡市与包头市为例[J].经济地理，2012，32（1）：119-125.

［192］张文忠，王岱，余建辉．资源型城市接续替代产业发展路径与模式研究[J].中国科学院院刊，2011，26（2）：134-141.

［193］郑文升，丁四保，王晓芳，等．中国东北地区资源型城市棚户区改造与反贫困研究[J].地理科学，2008（2）：156-161.

［194］孙豪，曹肖烨．中国省域共同富裕的测度与评价[J].浙江社会科学，2022（6）：4-18，155.

［195］张中祥，宋梅．碳中和背景下资源型城市转型面临的新挑战新机遇[J].国家治理，2022（6）：47-51.

［196］刘志彪，孔令池．从分割走向整合：推进国内统一大市场建设的阻力与对策[J].中国工业经济，2021（8）：20-36.

[197] 刘杨含. 新时代安徽省资源型城市可持续发展长效机制研究[D]. 合肥：安徽大学，2018.

[198] 曹孜. 煤炭城市转型与可持续发展研究[D]. 长沙：中南大学，2013.

[199] 张友祥，支大林. 论资源型城市转型发展及政府责任[J]. 学术探索，2012（7）：26-28.

[200] 张志军. 国外资源型城市经济转型成功经验及对我国的启示[J]. 能源技术经济，2011，23（3）：22-25，30.

[201] 赵紫剑. 科技企业财税金融支持体系的协同机制构建[J]. 中州学刊，2021（6）：26-31.

[202] 胡尧，严太华，石文桂. 资源依赖影响资源型城市贫困减缓的机理与实证：基于产业特征视角[J]. 经济问题探索，2021（1）：91-103.

[203] 郭建辉. 中国互联网金融服务实体经济研究[D]. 长春：吉林大学，2020.

[204] 李霞，刘佳宁. 粤港澳大湾区金融高质量发展：历史沿革、理论逻辑和实践路径[J]. 南方金融，2022（5）：79-88.

[205] 陈妍，梅林. 东北地区资源型城市转型过程中社会—经济—环境协调演化特征[J]. 地理研究，2018，37（2）：307-318.

[206] 唐宇，宋永永，薛东前，等. 资源型城市经济韧性时空演变与障碍因素：以山西省为例[J]. 干旱区资源与环境，2022，36（5）：53-61.

[207] 赵洋. 我国资源型城市产业绿色转型效率研究：基于地级资源型城市面板数据实证分析[J]. 经济问题探索，2019（7）：94-101.

[208] 李小帆，卢丽文. 资源衰退型城市产业结构调整与环境污染的联动效应[J]. 华中师范大学学报（自然科学版），2021，55（5）：900-907，918.

[209] 赵玮璇，马骁，卢昱周. 可持续发展背景下中国资源型城市的双重结构转型[J]. 生态经济，2021，37（4）：88-95，117.

后 记

我与资源型城市研究结缘已久。我的母校东北师范大学地处东北地区，那里是资源型城市最密集的地区，而东北师范大学中国东北研究院在资源型城市转型发展研究领域一直都是业内翘楚，颇负盛名，我的多位授业老师都在院内工作并担任主要领导职务。我的博士生导师支大林教授更是担任了2009年9月成立的全国第一家专门从事资源型城市可持续发展研究的学术机构——东北师范大学资源型城市研究中心主任。我自2005年起师从支大林老师，全程参与了该研究中心的筹建和研究工作，参与了东北三省相关部门委托的资源型城市转型发展和融资研究，研究成果得到国家主要领导人以及国家和发展改革委、国家林业局、国家开发银行等多个部委的高度认可。在对资源型城市转型问题不断研究、调查和思考的过程中，在和课题组成员老师、同学们一次次的头脑风暴中，我对资源型城市转型发展问题的兴趣愈发浓厚，我从中受益匪浅。

任教于安徽大学之后，我对资源型城市转型发展问题保持着持续关注，并指导多位研究生和本科生对资源型城市发展进行研究并指导他们以此为题完成毕业论文的撰写。2015年，在长三角合作与发展领导小组和安徽省政府参事程必定的大力支持下，我获得了长三角合作与发展共同促进基金的支持，承担了新常态下长三角地区资源型城市创新驱动转型发展问题的研究工作。该研究得到了安徽省合作交流办公室的鼎力支持，尤其是作为项目主管的合作交流办公室张芹副主任、陈伟、许陈洁等为课题研究提供了最大程度的支持和便利。我的博士生导师支大林教授，潍坊科技学院副校长张友祥教授，华东师范大学王林辉教授，安徽大学高文武教授、黄祖宏博士、李亚平博士等也为项目提供了倾力支持。我指导的研究生刘杨含、潘甜甜、蒋莉等也积极参与了课题研究工作。此外，调研也得到了安徽省主要资源型城市的发展和改革委以及徐州市、湖州市发展和改革委负责同志的热情接待和友好支持。不负众望的是，这一研究成果得到了安徽省发展和改革委的高度评价并被采纳。以此为契机，我陆续受邀参与了安徽省主要经济问题的内部研讨，并有幸被安徽省政府聘为安徽省推动长三角一体化更高质量发展专家委员会成员，我得以在更重要的岗位上在研究、思考和建议方面发挥更加积极的作用，为安徽省以及长三角地区高质量发展贡献智慧。

得益于之前的研究，2018 年，我成功申请到安徽省社科基金后期资助，对新时代长三角地区资源型城市创新驱动转型发展问题进行研究。三年里，安徽省发展和改革委钟岚副主任，长三角综合协调处黄津润，皖西革命老区振兴发展处、皖江经济发展处、皖浙合作联络处、发展战略和规划处、政策研究室等领导和部门均给予了大力支持。我所在的安徽大学经济学院党委书记田淑英教授、院长徐亚平教授，科研副院长江永红教授、华德亚副院长、杨仁发副院长等领导和同事也给予了最大支持。我指导的硕士研究生葛汉琪、徐若兰、陈茹玉、李燕、张传博、薄冰雪等也积极参与了项目的研究，在此一并表示感谢。感谢各位领导、同事和朋友一直以来的支持和鼓励。

当然，本书的出版更离不开我家人的无私支持，感谢我的母亲、我的夫人、我聪明伶俐的女儿墨墨和我活泼可爱的儿子当当。没有他们的理解和支持，我不可能完成本书的撰写。

2022 年 7 月 30 日

于西园